Volcan apagado

Diseño de portada: Vivian Cecilia González
Diseño de interiores: Alejandra Romero
Fotografías de portada: Archivo personal de Ana Elena Noreña

© 2007, Ana Elena Noroña (Anel), Mauricio Carrera
y Marisa Escribano

Derechos reservados

© 2007, Editorial Diana, S.A. de C.V.
Avenida Presidente Masarik núm. 111, 2o. piso
Colonia Chapultepec Morales
C.P. 11570 México, D.F.
www.diana.com.mx

Primera edición: julio de 2007
Primera reimpresión: septiembre de 2007
ISBN: 978-968-13-4249-4

Impreso en los talleres de Litográfica Cozuga, S.A. de C.V.
Av. Tlatilco núm. 78, colonia Tlatilco, México, D.F.
Impreso y hecho en México −*Printed and made in Mexico*

Volcán apagado

Mi vida con "el príncipe de la canción"

ANEL
Ana Elena Noreña

**Testimonio recogido
por Mauricio Carrera**

A Jesús, quien me amó tanto,
que siendo yo aún pecadora
dio su vida por mí.

I

AROMAS DE INFANCIA

LO ÚNICO QUE LIMPIABA MI CORAZÓN

*L*a infancia de Anel estuvo marcada por los aromas y los pesares.

Creció en una privada muy bonita de la colonia Roma, en la ciudad de México. Ahí, en Quintana Roo 93, casa dos, a poca distancia de la glorieta de Chilpancingo, llegaban los olores del espléndido jardín de la casa colindante, propiedad de doña Carmelita Ortiz Rubio. Era un terreno enorme, ubicado en lo que ahora es el hospital Dalinde. Tenía jazmines, nardos y hueledenoches sembrados por doquier. No importaba a qué hora, toda la privada se impregnaba de ese magnífico olor. Se abrían las ventanas al amanecer y penetraba hasta las salas, hasta las recámaras, hasta los baños, esa delicia de aroma, ese paraíso floral.

También estaban los perfumes. Su mamá usaba *Je Reviens*, de Worth, "que ya no lo hacen", y su tía Ana Teresa, la Güera, *Emir*, de Dana. Su abuelita, quien debido a un fuerte coraje había quedado semiparalítica, también contribuía con su propia esencia a ese hogar impregnado de aromas. La frotaban y limpiaban con aceite de bebé, al que le ponían unas gotas de *Tabú*, también de Dana, una marca de lo más prestigiosa en ese tiempo, que era delicioso. Fumaban, por si fuera poco, como chacuacos, su mamá *Raleigh* sin filtro y su abuelita *Belmont* rojos. La combinación de flores, perfumes y tabaco le parecía fascinante a Anel. Era el aroma del mundo ideal en que quería vivir, no del que la triste realidad le había asignado:

—Todos esos olores los tengo muy grabados en mi memoria —puntualiza—. Era lo único que limpiaba mi corazón ante tanta desgracia que me aquejaba.

Augusto Gras y Ana María Isla, abuelos maternos.

ASÍ HE DE HABER ESTADO DE FEA

Anel nace el 10 de octubre de 1944, a las 7:35 de la mañana, en el Sanatorio del Carmen. El parto, complicado, parecía pronosticar la difícil vida que se le avecinaba. Debido a la incompatibilidad de su sangre y la de su progenitora, Anel estuvo a punto de fallecer en el momento de ver la primera luz. "Tenía factor RH Negativo. Antes te morías de eso. Mi mamá, súper angustiadísima. Rezaba y lloraba, rezaba y lloraba, llena de pánico y con la carga de una angustia tremenda". Los médicos hicieron todo por salvarla. Su nacimiento fue considerado un verdadero milagro. Una vez fuera del vientre materno, le administraron fuertes cantidades de vitamina K para mantenerla con vida. Se puso amarilla. Estuvo así cerca de seis meses. Su aspecto era terrible. Su mamá, apenada, no quería que nadie viera a la pequeña. La tapaba con cobijas para ocultar sus bracitos, su rostro. "Así he de haber estado de fea". Sudaba, y al hacerlo pintaba de amarillo sus chambritas. El peligro no había desaparecido y los médicos eran claros: la posibilidad de que la nena muriera era todavía latente.

—Mi mamá lloraba y lloraba.

Elena, la madre de Anel, era una mujer bella y frágil. Provenía de una buena familia de Sonora, mitad mexicana y mitad francesa. Su nombre completo era Elena Gras Islas. Nació en Nogales. La Revolución hizo que la familia se mudara al DF. Su padre, Augusto Gras, llegó a México con Clemente Jacques y trabajó para una compañía llamada CIDOSA. "Era un excelente contador público, honesto y con actitud de servicio". Vivieron en un departamento rentado en la privada del Buen Tono, en el número 5 de la calle Ideal. "Mi abuelo fue un hombre práctico, aunque con poca visión a futuro. Nunca quiso comprar una casa, para no llenarse de deudas. Decía: para más tarde; ya la compraremos luego. Pero ese luego no llegó nunca. Se enfermó de manera terrible. Tenían que ponerle inyecciones de oro para curarlo. No se alivió. Murió en medio de espantosos dolores". Dejó en la orfandad a sus dos hijas, Elena, la menor, y Ana Teresa, de catorce y dieciséis años respectivamente. Las hermanas tuvieron que ponerse a trabajar. Lo hicieron como secretarias en La Huasteca, la compañía petrolera que después de la expropiación cardenista de 1938 sería Pemex. Ana Teresa "era una princesita bella, con los ojos del azul más intenso que yo hubiera visto en mi vida". Los ojos los había sacado de su madre, Ana María, otra bella sonorense de Ures, que no se quedaba atrás en eso de la belleza. Elena, la madre de Anel, por su parte, "era una señora muy linda, alta y preciosa". Su nariz, que destacaba en su rostro, le daba un aire atractivo al que contribuían unos hermosos ojos color avellana y unas cejas perfectas. De cabello negro, la piel en cambio era blanca, muy blanca. Siempre estaba arreglada y perfumada. Sabía vestirse con elegancia y pulcritud, si bien su ajuar consistía únicamente de dos o tres vestidos y uno, más bonito, de salir. Tenía pocos pares de zapatos pero siempre de buen gusto. No se pintaba mucho, "por lo menos no como a mí me hubiera gustado que se maquillara", como señala Anel, "pero tampoco tenía necesidad: era, como fuera, una señora muy linda". Eso sí, sus uñas y sus labios estaban pintados de un rojo intenso, "un rojo mátame". Fumaba, y mucho. Se le veía continuamente con un cigarro. Olía rico, a *Je Reviens*.

Al morir Augusto Gras, en 1935, la situación económica hizo que tanto Ana María, la madre, como sus dos hijas, Elena y Ana

Teresa, se mudaran a la privada de Quintana Roo. Ahí podían vivir cómodamente y sin tantas preocupaciones a la hora de pagar por su alojamiento, debido a que la renta estaba congelada y era muy baja. La madre comenzó a trabajar para el presidente Abelardo Rodríguez en la implantación y funcionamiento de uno de sus proyectos de beneficio social más ambicioso: los hogares infantiles.

Anel, por su parte, superó los problemas de nacimiento y creció como una niña inquieta y curiosa, pero también muy sensible. Desde pequeña fue llamada Ánel, de cariño. Se trata de una contracción de su nombre: Ana Elena. De hecho, su familia la llamaba Ánel, con acento en la "a". También le decían así sus vecinas y amigas de la privada. Ánel. Entre ellas se encontraban Malú Hartman Villanueva, que vivía en la casa cuatro, Encarna y Encarnita en la diez, la señora Lourdes Manón en la ocho, Beatriz Gurza en la tres, Zoila Pasos y sus hijos en la siete y los Rosas Priego, Alfonso, Oswelia y Patricia, en la seis. El kinder y la escuela primaria los hizo en la escuela "Refugio G. De León", ubicada en la calle Bajío de la colonia Roma. "Me tenía que bañar a las 7 de la mañana y salir con los bucles escurriendo". La llevaba su nana. Las maestras la querían y la consentían mucho. Pero, como su mamá se atrasaba en

"Mi tía Ana Teresa, *La Guera Gras*".

la colegiatura, siempre se la pasaban cobrándole o recordándole del pago. "¡A mí! ¡Yo que iba a saber si mi mamá había pagado o no! Veía a las maestras con cara de choque y ya sabía lo que venía: '¿Cuándo va a venir tu mamá a pagar?', me preguntaban. Me parecía una forma muy cruel de comportarse con una niña. No lo entendía. Fue otra de las cosas horribles que hicieron miserable mi vida".

PARRANDERO Y MUJERIEGO

Anel conoce a su papá hasta 1945, es decir un año después de su nacimiento. Se llamaba Manuel Noreña y estaba de bracero en Estados Unidos. Era un hombre guapo, alto, moreno y muy simpático. Su abuela tenía una carnicería en Iztapaluca y él había crecido en la colonia Santa Julia. Se caracterizaba por ser un bohemio y soñador como ningún otro. Y parrandero. No le dio por el juego pero sí por las mujeres. Era un enamoradizo y mujeriego de primera. Por supuesto, este conjunto de "virtudes" hacía felices y desgraciadas a sus mujeres. "Mi mamá sufría enormemente a su lado pero, por otra parte, lo amaba profundamente".

—Elena, no te juntes con Manuel —le advertían sus amigas.

—Elena, escúchanos, no te entregues a ese hombre —la aconsejaban sus familiares.

—Elena, es un hombre casado…

Elena no escuchó. Se aferró a ese hombre guapo y simpático como si fuera el único sobre la faz de la tierra. Se conocieron cuando ella coqueteaba con la idea de comprarse un automóvil. Manuel era el vendedor estrella de la agencia Ford-Lincoln Mercury. El flechazo fue inmediato. Era una pareja atractiva y joven, llena de deseo y de sueños. Él la maravilló con sus encantos. Ella tenía 19 años y ninguna experiencia del mundo y del amor. Iniciaron un apasionado romance. Comenzaron a vivir juntos. Todo hubiera sido miel sobre hojuelas a no ser porque Manuel era un hombre que le gustaba divertirse, ligero de cascos y, por lo mismo, con otras mujeres y otros amores. Probablemente estaba casado con otra mujer. Lo único cierto es que tenía muchos quereres por aquí y por allá. Uno de ellos fue Elena. La adoraba, pero también se desaparecía por largas temporadas. "Mi mamá sufría mucho. Lloraba y lloraba porque mi papá no llegaba".

Cuando Manuel Noreña reaparecía era una fiesta. Llegaba cargado de regalos, de bolsas de abarrotes y de planes para el futuro. Era un soñador. Planeaba abrir un hotel en Acapulco. No cualquier hotel. Un hotel tipo indios y vaqueros, con cabañas de troncos y *tipees*, es decir con la típicas chozas de piel de los indígenas norteamericanos. Se habían puesto de moda las películas del oeste, con John Wayne, Randolph Scott, Henry Fonda, Gary Cooper y Alan Ladd como protagonistas, y estaba convencido de que un hotel con estas características no podría ser más que un gran éxito. Serían millonarios. No sólo les platicaba de su proyecto, sino que también les hacía dibujos y hasta planos de lo que su encendida imaginación le dictaba. "Te hacía soñar tan padre. Te transportaba a su mundo, ideal y maravilloso". Su entusiasmo terminaba por contagiar a Elena y a Anel, que lo escuchaban convencidas de que el hotel se convertiría en una rotunda y promisoria realidad. Sería una muy palpable mina de oro. Tendrían para pagar la colegiatura y para comprar lo que les viniera en gana. Saldrían al fin por entero de sus deudas y de las penurias económicas.

El sueño no tardaba mucho en disiparse. Por celos o por incompatibilidad de caracteres, o por problemas de dinero o por lo que fuera, Elena y Manuel terminaban peleándose.

—Las primeras veintiséis horas que pasaban juntos estaban muy bien todo, pero a la hora 27 empezaban a volar las almohadas y las palabras.

Se decían de todo. Se gritaban, se insultaban. Anel está segura que Manuel nunca le pegó a su madre, pero sus pleitos eran verdaderamente monstruosos, feos de presenciar, terribles.

—Todo eso era muy devastador para mí. Mi papá me caía tan bien, le creía todo, y, a pesar de eso, se desaparecía. No lo volvías a ver.

Se marchaba furioso. Daba un tremendo portazo al salir. Lo hacía con tanta rabia que el marco de la puerta se salía de su lugar. Tenía que llegar Camilo, el hijo de la nana, que era albañil, a resanar el daño.

Anel en Quintano 93 Interior 2.

Elena y Anel.

"Yo me pregunto: ¿Qué hubiera pasado si él nunca hubiera tenido el problema de la droga y el alcohol; y yo el problema de las anfetaminas?"

Anel a los cuatro años.

"Elena, mi tía Chelo y yo a los dos años en Cuautla".

José de 2 años.

El primer instrumento de José.   La infancia de José.

El abuelito que tanto lo amó,
don Francisco Ortiz.

Elena y Anel a los nueve meses.

NO ENTENDÍA NI UN CARAJO

Anel no entendía nada pero lo sufría enormemente. Atestiguó pleito tras pleito entre su padre y su madre.

—Él la celaba mucho, sin razón. Quería que no saliera ni a la calle. O que se vistiera de tal o cual manera. A mi mamá le gustaba jugar canasta en la tertulia que organizaba Zoila Pasos, una de sus amigas, vecina de la casa 7 en la privada. Ni eso podía hacer porque él se ponía como loco. Armaba un irigote espantoso. Le constara o no que había ido a la canasta, de todas maneras armaba tremendo escándalo. Uy, y si se enteraba que andaba por ahí Guillermo, el hermano de Carmelita Cano, otra de las vecinas, un hombre muy guapo y encantador, peor todavía. Le gritaba, la acusaba de todo. Era un infierno.

Por supuesto, Manuel no se medía con la misma vara. Le gustaba gozar de la vida libre y sin complicaciones. Sus largas ausencias tenían otros motivos, pues le gustaba enredarse entre las faldas y los corpiños ajenos. No era un secreto que, al mismo tiempo que andaba con Elena, había tenido otras mujeres y, con algunas de ellas, otros hijos.

Todos los hombres han tenido el mismo problema y nosotras las mujeres debemos tener una confianza enorme en nosotras mismas para salir adelante. Así es el hombre y no lo va a cambiar nada ni nadie, más que Dios.

Ningún consuelo le era útil a la madre de Anel, quien rompía en llanto, "lloraba como loca", y se refugiaba en su único vicio: el cigarro.

Pasaba largas temporadas triste, deprimida. Su vida giraba alrededor de Manuel y, una vez que éste daba el portazo y se iba, el pesimismo la invadía.

—Eran como el agua y el aceite. Estoy segura que los dos se querían pero se hacían también muy pesada la vida.

Intentaron poner un departamento propio pero no funcionó. Manuel terminaba por no pagar la renta y los echaban. Volvían a la casa de la abuela, en Quintana Roo 93. En otra ocasión vivieron por una temporada en un edificio muy bonito de nombre *Anita*, en la calle Mazaryk, en Polanco. El gusto no les duró mucho. El papá de Anel contrajo tuberculosis, le tuvieron que quitar tres cuartos del pulmón izquierdo y se vieron obligados a regresar otra vez al mismo domicilio de su abuelita. La situación no era muy cómoda. Para pasar a la recámara de Elena tenían que pasar por la de la abuela. No había intimidad. Nadie estaba a gusto. La abuela no aprobaba esa relación y Elena, aunque sufría horriblemente, era incapaz de separarse del hombre que amaba.

—Que yo sepa, creo que nunca se casaron. Al principio, ni en cuenta. Después me percaté de que en la casa no había por ningún lado la foto de su boda, vestida de blanco y con esa colota que se estilaba al casarse. Nunca les pregunté. Pero nunca se divorciaron, así que supongo que nunca se casaron. No sé. Las malas lenguas aseguraban que vivían en flagrante pecado. De hecho, cuando hice mi primera comunión, mi madre no pudo acompañarme. Pretextó que el cura la había excomulgado. Fue terrible. Mi mamá me había hecho un vestido precioso. Todos los papás de mis compañeritas estaban en mero enfrente con ellas, orgullosos y contentos, y yo sola. Ese día sufrí mucho. Empecé a tener mis dudas con Dios, pues no entendía cómo podían excomulgar a mi madre, si su único pecado era amar fuertemente a alguien. Qué flojera todo lo relativo a Dios y a la iglesia. Era parte del sentimiento de frustración que me invadió por entero durante la infancia. Odiaba mi vida y todo lo que me rodeaba.

No era una niña feliz. Los pleitos de sus padres le provocaron muchos sentimientos encontrados. Los amaba pero no los toleraba. Le parecía que Elena sólo vivía para Manuel. Se sentía incomprendida y desplazada. Ansiaba su cariño y, por andar ocupados en sus pleitos y reconciliaciones, parecía que la rechazaban. Bien pronto, esta problemática empezó a influir negativamente en su conducta. En la escuela, por ejemplo, iba mal. "Sentía un profundo aburrimiento hacia la escuela. Nunca reprobaba, porque supongo era una buena copiona o siempre tenía de mi lado a una amiguita que me soplaba. Pero no entendía nada de lo que explicaba la maestra. La aritmética, los quebrados, las tablas, no entendía ni un carajo". Sus calificaciones eran bajas. La mamá nunca se aparecía en la escuela por temor a que le cobraran la colegiatura. Tampoco le ayudaba con la tarea. Eso sí, le reprochaba su bajo aprovechamiento. "Las Gurza siempre están en el cuadro de honor, se sacan todas las medallas por aplicadas, y tú nunca. Me decía que era una floja, una tonta, como si se tratara de un crimen o una ofensa directa a su persona. Me acusaba de irresponsable y luego se ponía a llorar. Pero no lloraba por mí sino por mi padre, que otra vez estaba ausente".

Nunca la llevó a la escuela. Siempre la dejaba y la recogía la nana. Cuando Anel le pedía que la acompañara, su mamá le respondía:

—No, porque no tenemos automóvil.

Nunca quería salir si no era en carro. Ni al pan o a comprar leche. Como Manuel trabajaba en una agencia automovilística, siempre llegaba por ella al volante de un flamante último modelo. Salían a dar un paseo y a presumir. En momentos así Elena era feliz. Pero el gusto le duraba poco. No tardaban en pelearse y en andar, de nuevo, como perros y gatos.

—¡Me voy a volver loca! —decía, presa de la desesperación más total porque Manuel se había ido otra vez dando un portazo.

Anel la veía llorar y deprimirse.

—Mamita —le decía, tratando de consolarla—, no te quiero ver así. Ya no le abras la puerta. Olvídalo. Lo que quieras te doy. Mi vida, si es preciso, pero ya no le abras…

Ella misma quedaba convertida en un mar de lágrimas. No entendía cómo su madre podía quedar convertida en un guiñapo por amar a ese hombre que, además, de gritarle e insultarla, era un irresponsable con el gasto y no les dejaba dinero. Sufría, y mucho. La existencia, en efecto, era triste y miserable.

Manuel Noreña, papá y Elena Gras, mamá.

MOJAR LA CAMA

El trauma emocional provocado por la pésima relación, melodramática y disfuncional, que mantenían Manuel y Elena tuvo otras consecuencias.

Anel comenzó a tener pesadillas, cada vez más frecuentes y cada vez más horribles. Soñaba que se perdía o que se quedaba sola. Se despertaba bañada en sudor. La abuela la confortaba, le tomaba su manita y le decía: "Duérmete, no pasa nada". Pero ella tenía miedo. Sentía que sus padres no la querían, que querían deshacerse de ella. Si hubiera desaparecido, ellos ni lo habrían notado, eso pensaba, presa de la más absoluta desesperación por sentirse no amada. Recordaba la vez que acompañó a sus padres a la colonia Doctores. La dejaron dormida en el auto. Cuando se despertó y no vio a nadie, creyó morir. "Me dio un ataque de pánico. Por poco y araño los vidrios, porque pensé que me habían dejado". Se sentía abandonada e insegura, falta de amor. Temía que, al dormirse y despertar, sus padres ya se hubieran ido para siempre. A tanto llegó su miedo que todas las noches sin faltar se orinaba en la cama. No fue un problema efímero sino algo que le afectó por años, hasta bien entrada la adolescencia.

—Me regañaban y me regañaban. Mi mamá decía que me hacía pipí por la flojera de tener que levantarme en la noche para ir al baño. Nadie entendía que orinarme en la cama era una reacción al tipo de vida triste y vacía que llevaba. Lejos de tratar de buscar una solución en el terreno emotivo, me tachaban de tonta. Yo me ponía pañales sobre pañales para evitar, simplemente, que mojara el colchón. O venía la mamá de mi nana y me untaban sebo de cordero caliente en el vientre como remedio.

Anel tenía cinco años y no dejaba de sufrir y lamentarse del mundo que le había tocado. Por esa época, para empeorar la situación, su abuela sufrió un ataque de hemiplejia.

Sucedió tras un pleito mayúsculo entre sus padres. Manuel, de nueva cuenta ausente, no se había hecho cargo del cuidado de Elena durante un nuevo embarazo. Cambió de hospital para aliviarse, el Metropolitan. No recibió la atención médica adecuada y el bebé falleció durante el parto. Manuel, al enterarse, lejos de asumir su proverbial irresponsabilidad, la culpó feamente. Fue una regañiza colosal. "Los hombres son así: nos culpan de todo". La abuela, que intervino en el pleito para defender a su hija, temblaba del coraje, incapaz de comprender cómo ese hombre que tanto daño le hacía a Elena pudiera achacarle la muerte de su hijo. El coraje fue tanto que de un día para otro perdió la movilidad de su lado derecho. Quedó semiparalítica para siempre.

Manuel y Elena se volvieron a reconciliar, ella se embarazó de nuevo y al año tuvieron a Manuel chico y a Marcela. Esto ocurrió en 1951. Por supuesto, Manuel no estuvo presente durante el parto de los gemelos, tal y como tampoco lo había hecho con el bebé fallecido y con la propia Anel. No lo hizo porque, casi al mismo tiempo, tuvo otro hijo con otra mujer. Era un mujeriego y un irresponsable de primera. Ana Teresa tuvo que pagar por los gastos del hospital y del médico. Cuando nace, en 1956, su hermana Gaby, sucedió lo mismo. La situación no era buena, y como Manuel no daba para el gasto, tenían que pedir prestado a su tía Anita Garay, y también a un generoso matrimonio, muy amigo de la familia, los Fimbres, que siempre estaban dispuestos a sacar a Elena de cualquier dificultad económica.

—Elena, te presto el dinero con gusto —le decía su prima, dueña de unos baños públicos en la calle de Luis Moya—, pero acuérdate que te lo dije: ese hombre no te conviene. ¿Para qué te amargas la vida? Olvídalo.

—No te preocupes. Sí te voy a regresar tu dinero. Voy a empezar a viajar al otro lado y a traer ropa. La vendo aquí, y te pago de inmediato —se defendía Elena, quien, en efecto, trabajó como *chivera* por algún rato, sufriendo los abusos o "manzaneadas" de los empleados de aduana o del tren.

—Si no me importa el dinero. Me importa que no cometas tonterías. Le estás facilitando todo a Manuel. Oblígalo a que responda por ti y por tus hijos. Mira, qué barbaridad, a Anel. Pobre criatura, te necesita.

Para completar el gasto, Elena hacía indumentarias para muñecas. Las vendía a Lourdes Magnon, la vecina de la casa 8. Tenía una máquina Singer y empezaba a trabajar a las seis de la mañana. Tras una jornada de más de ocho horas de labor, confeccionaba cerca de cincuenta vestiditos. Anel recuerda que "lo de arriba era tejido en cristal con angora y las faldas eran de tafeta y tul con un encajito rosa, azul, amarillo y durazno". Le pagaban un peso por cada una de sus confecciones.

Isabel Romero Cisneros, abuela paterna.

Elena y Anel vestida de Manola, festival escolar de 1951, afuera de Bellas Artes.

LA TIERRA PROMETIDA

La relación amor-odio entre Elena y Manuel, también la experimentaba Anel. Amaba a su madre pero odiaba su depresión y que su cariño entero pareciera estar volcado a él y no a sus hijos. "Era muy linda pero muy impersonal. ¿Por qué? Porque ella vivía obsesionada con mi papá. ¡Y un problema de amor te mata!"

En cuanto a Manuel, lo odiaba profundamente por el daño que le hacía a su madre, pero lo amaba por su idealismo y simpatía, por la seguridad en sí mismo y por su gran alegría.

Una de las actividades que más disfrutaba al lado de su padre era cuando lo llevaba a casa de Chabela, su abuela paterna. Era una mujer muy guapa, con una cinturita de cincuenta centímetros y una cadera sensacional. Tenía mucho pegue. Tanto así que cada hijo que tuvo fue con un papá diferente. Uno, con un periodista, otro, con el director del Centro Mercantil, otro con un pintor, otro con un contador de reconocida fama y tres con el señor Noreña. Era dueña de un cuerpazo y muy sensual. Tenía un cabello largo y sedoso. A Anel le gustaba peinárselo. Con ella empezó a despertársele su gusto por verse bien. Le agradaba el glamour que tenía su abuela, siempre bella y bien vestida. Le parecía una mujer muy atractiva. Y muy independiente. Hacía de su vida lo que le viniera en gana. Tenía su propia casa, allá por Santa María la Ribera, y un oficio que parecía importante.

"Mi tía Margarita."

"Mi papá."

"DOÑA ISABEL ROMERO, ALTA COSTURA"

Eso decía un rótulo a la puerta de su casa. Era una costurera magnífica. A través de las hermanas Blanch y las Griffel se había hecho de una buena clientela, que alababa y buscaba sus creaciones. Hacía vestidos de novia y disfraces para toda ocasión. También vestidos elegantes y casuales. Tenía un maniquí y rollos de tela muy fina. A Anel le gustaba ir a casa de su abuela porque podía ser, por fin, ella misma. Su madre era muy rígida. "Era como estar siempre en una clase de moral, de civismo y de buenas costumbres". Todo era comportarse bien. Siempre le decían lo que tenía que hacer. Con Chabela, sin embargo, ella podía tener la conducta que quisiera sin que la reprendieran o la vieran con malos ojos. Así, mientras en Quintana Roo 93-2 nadie quería dormir con ella por temor a amanecer mojado de orines, su abuela paterna ni se burló ni la rechazó. Le hizo un calzón de hule y asunto olvidado.

Otra diferencia: mientras en casa de su madre todo era orden y pulcritud, en casa de la abuela paterna los días eran una verdadera fiesta. Tenía el radio prendido todo el día. Escuchaba lo mismo a Pérez Prado que a los Panchos. Había un ambiente alegre y relajado, no tenso ni deprimente como el que caracterizaba el entorno de Elena. En una casa reía y en la otra lloraba. A su mamá le daba por preparar, además, unos menús muy sofisticados. Debido a su herencia francesa, cocinaba vísceras: hígados y riñoncitos. "Ha de haber guisado espectacularmente bien, pero a mí sus platillos no me gustaban. Me hacía tonta y no comía". Con Chabela, en cambio, lo devoraba todo. Le gustaba llegar a esa casa olorosa a mole de olla, a albóndigas. "Hacía una enchiladas muy ricas y unas hamburguesas con una ensalada de lechuga y pepino picada de manera muy fina. Y papas fritas. Todo era para chuparse los dedos".

— ¿Qué quieres comer, mamacita? —le preguntaba su abuela y a Anel se le hacía agua la boca.

Le encantaba la sopa de fideos y unos pastelillos que compraba en *El globo*, llamados *éclairs*.

—Me podía comer veinticinco *éclairs*, aunque en la noche los vomitara…

La consentían. Le dejaban hacer lo que le viniera en gana. Su tía Margarita, la hermana más pequeña de su papá, llegaba de trabajar y le contaba historias maravillosas, como aquella de la bruja que hacía arroz con leche. "Era como llegar a la tierra prometida Yo me la pasaba de peluche con mi abuelita, con mi tía y con mi papá".

Por supuesto, no todo era felicidad. La casa de Chabela era frecuentada por las mujeres de Manuel.

—Son amigas de Magos —trataban de despreocuparla, pero Anel empezaba a comprender la realidad. Todo le parecía hipócrita y lleno de mentiras. Una vez vio cómo una de estas mujeres acariciaba el cabello de su papá y lloró. Ahora comprendía por qué él nunca estaba en las fechas importantes: el día de la madre, la Navidad, Año Nuevo, el nacimiento de ella misma. Y tampoco durante los días de quincena.

Su mamá le hizo el vestido de primera comunión.

LA TIERRA DE LALALÁ

Anel se refugió en el cine y en la comida. Empezó a comer compulsivamente. Al principio no había ningún problema pero después fue evidente que empezaba a engordar y a engordar. Su mamá se lo achacaba a las comilonas que hacía en casa de Chabela:

—Claro, engordas porque allá comes sin medida.

A los doce años había engordado mucho. Comía de todo menos lo que le preparaba Elena. "Era una especie de rebeldía a sus platillos, a su vida ordenada y sin embargo deprimente". Todo en esa casa estaba en su sitio, todo muy limpio y arreglado, con excepción del amor. Su madre jamás andaba de chanclas. Al contrario, siempre bien vestida, bien maquillada, incluso hasta para limpiar la casa. Lo hacía seguido. Agarraba la fibra y tallaba los pisos de madera de la sala y el comedor. Lo hacía junto con la nana. Volteaban todo al revés para dejarlo reluciente. Era una casa pulcra y bonita. Pero detrás de ese orden y pulcritud se escondía una gran tristeza, un vacío muy grande y un enorme aburrimiento.

—Necesitaba a mi mamita. Quería estar con ella, salir a pasear juntas. Pero ella estaba en otro lado, ausente, enamorada. Me hizo falta su compañía, su comprensión, así que renegaba de mi vida. Me sentía muy cucha. Algo me faltaba.

Ese algo fue el cine. Su tía Ana Teresa, la Güera, apenas regresaba del trabajo, le decía:

—Anda, arréglate, vamos a ver una película.

A Anel, harta a sus siete años de la existencia que le había tocado, no tenían que decírselo dos veces.

—Pero, antes, te tienes que terminar la comida y hacer la tarea —intervenía su madre.

Era una lata. Rechazaba los platillos pero no tenía permiso de levantarse de la mesa hasta que no hubiera terminado. Debía comerlos fríos si quería ir.

—Por supuesto, me apuraba. Aunque fueran riñones, me los comía con tal de ir al cine.

Desde chica le gustó. A los siete años ya conocía a Emilio Tuero, quien llegaba a la privada a visitar a los Rosas Priego. Don Alfonso, un destacado productor cinematográfico, había montado una sala de proyección en su casa. María Oswelia la invitaba a ver películas que su papá exhibía. Aún tomaba mamila, pero aún así soñaba con ser artista. Se ponía las batas de su abuelita, se maquillaba como mejor podía, se ponía unos guantes y bajaba las escaleras en medio de una gran pompa y circunstancia, como si se tratara de toda una estrella del celuloide. Beatriz Gurza, además, quien vivía en la casa tres, le dejaba ver revistas con fotografías de los artistas de moda. "Su papá era un alto ejecutivo de la IBM, y como viajaba seguido a Nueva York, le traía todo tipo de publicaciones cinematográficas, entre ellas el *Photoplay*. A mí me encantaba John Derek. Hubiera dado todo por conocerlo. Recuerdo que Beatriz me dejó arrancar una foto de Derek en calzones, lo cual era escandaloso para la época". De él vio *El conde de Montecristo*, que la dejó gratamente marcada para toda la vida. Con esta amiga jugaba a que Beatriz era Debbie Reynolds y Anel Jane Powell.

Con su tía la Güera fue casi diario al cine. Iban a ver películas musicales, de moda por aquel entonces. Su madre le prohibió ver a Elvis Presley en *El rock de la cárcel*, que se exhibía en el cine Las

Américas, "lloré muchísimo del coraje", pero pudo burlar la vigilancia para ver *Rebelde sin causa*, con James Dean, en el Estadio.

—"Haz la tarea y te llevo al cine", me decía mi tía. Yo, por supuesto, ni tarda ni perezosa me ponía a hacerla, porque ansiaba escapar, huir de casa. Mi vida cobraba sentido cuando salíamos. El atardecer me gustaba porque presagiaba que pronto estaríamos en el cine. Fue la única manera de quitarme el hastío, de borrar aunque sea por unas horas lo alucinante y miserable de mi vida. Llegábamos a casa como a las ocho. Volvíamos a la realidad, pero ya no importaba. Yo vivía en la tierra del lalalá con mi tía. Mi mente se llenó de películas. Yo definitivamente quería ser artista.

Un día feliz en la boda de Estelita Pacho.

LA GORDA CONVERTIDA EN ESTRELLA DE CINE

El día que Anel y la Güera fueron a ver *Gigante*, con James Dean y Rock Hudson, el 13 de agosto de 1957, regresaron a casa y se encontraron con que su abuela Ana había muerto. Colocaron el ataúd en medio de la sala y ahí la velaron. Anel se asustó. No dejó de llorar y de sentirse vulnerable toda la noche. "Mi mamá, mi tía la Güera y yo nos abrazamos muy fuerte. ¡Qué soledad la que sentimos! Fue terrible. A raíz de ese fallecimiento, "nuestra familia entró en un nuevo desbarajuste". Se mudaron a la casa cinco, en la misma privada.

—No quisieron estar en la misma casa donde murió la abuela pero, por tontas y tarambanas, se mudaron de una casa donde se pagaba una renta muy baja y congelada, para cambiarse a otra donde debían pagar ochocientos pesos de renta.

Las cosas con Manuel tampoco mejoraron. Discusiones y reconciliaciones marcaron su relación de toda la vida. Para este entonces Elena le confiaba más de su vida privada a su hija, Anel:

—Tu papá se encela. Se pone como loco. Piensa que hago cosas malas.

—Ay, mamá. ¿Y las haces?

—No. ¿Cómo se te ocurre preguntarme eso?

—Entonces, ¿por qué no se lo dices?

—Porque no se le puede decir nada a tu papá. Él no oye, nada más grita. Su ley es lo que está en su cabeza, y ya. Pero, claro, él me cela y mientras tanto anda por ahí, paseándose con su séquito de viejas.

Y lloraba. También lo hacía su tía la Güera, quien andaba con un hombre casado.

—Tal vez por eso me llevaba al cine: para hacer a un lado sus penas e ilusionarse con el amor verdadero.

Anel trataba de convencer a su madre que las acompañara a ver una película.

—No. Me da miedo.

—Pero, ¿por qué?

—Porque no tenemos auto y no me gusta andar en camiones ni que nos vean solas.

"Mi mamá actuaba como si se la fuera a llevar un robachicos". Por aquel entonces Anel hacía sus estudios en el Instituto Covadonga. Se ubicaba en la calle Danubio, donde hoy está el hotel María Isabel. Era un colegio de monjas teresianas. Sus mejores amigas eran Leonor Turanzas y Lupita Ballesteros. A ellas sí les podía contar que se orinaba en la cama y que su sueño más profundo consistía en convertirse en una estrella de cine. "Otro deseo de esa época es que Adalberto Santín, un vecino guapo, me hiciera caso".

—Ni él ni Hans, otro amigo de la adolescencia, me volteaban a ver. Me sentía sola y desdeñada. Estaba gorda, muy gorda. Pero, eso sí, soñaba con triunfar como artista.

NUEVA VIDA, NUEVA CIUDAD

Un día, la pesadilla más terrible de Anel se hizo realidad. Sus padres no regresaron a casa.

Ella tenía trece años y todo el peso del mundo en sus hombros. Era 1956. Manuel y Elena estaban felices, más felices que nunca. Él había conseguido un estupendo contrato para producir autos de juguete fabricados con fibra de vidrio. El diseño corría por su cuenta. Era muy creativo. El dinero provenía de Gabriel Ávila Camacho. Tenían un pedido muy grande que entregar a las jugueterías ARA. Por fin saldrían, así sea brevemente, de sus deudas. Un noche antes de la entrega asistieron a una reunión organizada por el socio capitalista. El papá de Anel era simpático y podía ser el alma de la fiesta. A la medianoche le informó su decisión de retirarse.

—No te vayas.

—Ya es tarde, don Gabriel.

—No te vayas.

—Me tengo que ir. Mañana debemos hacer la entrega muy temprano.

—Bueno…

La mamá de Anel recordaba con precisión ese "bueno", que le sonó lleno de reto.

A la mañana siguiente ardió Troya. Manuel Noreña se encontró con sellos de clausura en las bodegas —que colindaban con la casa de don Gabriel en Iztapalapa— y con una orden de aprehensión a su nombre. Fue aprehendido por unos agentes. Hubiera permanecido una temporada en la cárcel, a no ser porque Elena solicitó la intervención de Rafael, hermano de Gabriel. Era el único que podía controlarlo. Lo fue a buscar a Teziutlán y, presa de un gran nerviosismo, le contó lo sucedido y le pidió su ayuda.

Rafael comprendió de inmediato los alcances de lo que su hermano había hecho. Hizo unas llamadas y por fin se dirigió a Elena, que no dejaba de ser presa de la más profunda de las angustias.

—No se preocupen, yo me encargo de todo. Ya he dado instrucciones para que liberen a Manuel. Pero necesitan irse lejos, lejos, como de rayo, para evitar alguna represalia por parte de mi hermano.

Ese lugar lejos, lejos, resultó Tijuana. Abordaron un autobús y huyeron como alma que lleva el diablo. Anel, por supuesto, no sabía nada. Esperó su llegada, y nada. Pasó un día y otro más.

Estaba de lo más preocupada y pensando lo peor. La Güera estaba hecha un mar de lágrimas. Nadie les sabía dar razón. No fue sino hasta el tercer día que establecieron contacto.

—¡Mamá…! —fue lo primero que exclamó cuando le llamaron por teléfono.

Elena no tenía tiempo para sentimentalismos. Apenas le dijo que estaba bien y le dio instrucciones muy específicas:

—Hijita, hazte cargo de tus hermanos. Vende todo lo que tenemos en la casa, muebles, ollas, todo, y espera nuestra llamada.

—¿Dónde están?

—No te lo puedo decir.

El mundo se le derrumbó a Anel. "Cuando todas las mujeres llegaban con la mayor ilusión a los quince años, esa edad representó para mí la debacle más horrenda de mi vida". Sin entender nada y con toda la responsabilidad de sus hermanos y de su casa tras sus espaldas, puso manos a la obra. Lo hizo con mucha diligencia y seriedad. La recámara se la llevó el lechero, en pago de los adeudos que le debían. Lo demás fue vendido aquí y allá, a vecinos y amistades. "Les quedaré eternamente agradecida por haberme ayudado en esos momentos de angustia". Por supuesto, muchas cosas tuvieron que malbaratarse. Anel lloraba cuando se deshacía de un mueble, de la vajilla. Para los demás eran objetos, simplemente, y para ella recuerdos de toda una existencia en la privada.

Pasó otra semana y su mamá le dio a conocer su paradero.

—Toma un camión y vente. Tráete a tus hermanos.

Abordaron un autobús de Transportes del Norte en la avenida de los Insurgentes. Anel no dejaba de llorar.

—Me sentí más miserable que nunca. No sólo dejaba una vida atrás de mí sino que temía que mis padres no nos estuvieran esperando en la estación de autobuses. Que estén, por favor, dios mío, que estén, recuerdo que imploraba. Compré cuatro boletos, uno para Gaby, de tres años, para los gemelos, de ocho, y para mí, a punto de cumplir los quince años. Compré pan, hice unas tortas, y me llevé unas cajas de Tin Larín y de Almond Ris. Me vi y me sentí como la mamá de mis hermanos. Tenía miedo, mucho miedo. Recordé el temor de mi madre cuando se iba la luz. Temblaba, se asustaba. Así me sentí en todo ese tiempo: sin luz. Angustiada, temerosa.

El viaje duró cuatro días.

—Imagínense, con toda esa angustia y con la responsabilidad de cuidar a mis hermanos.

Lo único que mitigaba su dolor era el recuerdo de los olores que impregnaban su casa.

—Fue el bálsamo que necesitaba para hacerme fuerte y continuar.

"Yolanda Rodríguez, mi protectora y amiga en Tijuana. Gracias por mi fiesta de 15 años".

Anel vendía sus muebles para ir a Tijuana.

II

CENICIENTA EN HOLLYWOOD

BUENA PARA NADA

*T*ijuana era la cuna de la perdición y el vicio. Ciudad maldita, llegaron a llamarla. Ciudad impura.
Ciudad de una sola calle, donde a
un bar le sucedía otro bar, y a éste un
cabaret, y a éste un hotel de paso.
Alcohol y prostitutas por doquier.
Enorme burdel fronterizo donde el
pecado adoptaba forma de tequila,
sexo, psicotrópicos, mariguana. So-
doma y Gomorra para los turistas
gringos ávidos de despojarse de al-

Soñando con ser una estrella.

gunos dólares y de paso de su proverbial puritanismo. Vida licen-
ciosa y violenta. La Babilonia del juego y de sus acostumbrados
incautos y tahúres. De las rockolas un sonido estridente que invitaba a perderse en el baile. Las deslumbrantes luces de neón

como recordatorio que la noche se había hecho para gozar, no para dormirse.

Anel tenía 14 años cuando arribó a Tijuana. La avenida Revolución la impresionó enormemente. Grabada en su memoria quedó la imagen de los *güigüis*:

—Te tomaban del brazo y te jalaban al antro.

Su mamá lloraba y lloraba. Le asustaba el ambiente. Le pedía que se cuidara.

—Yo no sabía de qué. La ciudad me parecía linda, alegre y muy iluminada. Además, no tenía ni la menor idea de lo que era eso de la perdición o el vicio. No tenía miedo. Mi papá me subía a su auto, me dejaba poner el radio a todo volumen y me llevaba a pasear por la avenida Revolución.

Tras huir del DF, Tijuana se convirtió en un refugio, en la posibilidad de iniciar otra vida. No fue fácil. Anel se encontró de pronto en una ciudad en apariencia hostil y desconocida. Sus padres, aunque juntos, no dejaban de pelear a cada rato. "Era uno de los tantos ramalazos que la vida me daba en esos años". El dinero escaseaba. La venta de los muebles de la casa de Quintana Roo 93-2 había servido para pagar viejas deudas. La recámara, por ejemplo, había ido a parar a manos del lechero. No tenían nada o muy poco. Se mudaron a la colonia Hipódromo, a una casa muy linda, muy mona, que les había prestado su tía la Chata Noreña de Belloso, "quien fue nuestro ángel guardián en esa ciudad". Después se cambiaron a la calle de General Cano, en la colonia Cacho. Su nuevo hogar estaba a la orilla de una barranca. Las calles estaban sin pavimentar y se metía la tierra por todos lados. Era una casa humilde, austera, hecha con materiales prefabricados en Estados Unidos, pero con el toque hogareño de su mamá, que hacía que todo se viera sensacional; no sólo por lo limpio sino por la forma de acomodar y sacarle provecho a sus escasas pertenencias. Su papá seguía con sus planes: el hotel en Acapulco. Lo decía con tanta convicción que parecía estar a punto de convertir en realidad su más preciado sueño. Nunca lo hizo. Se dedicó, simplemente, a lo suyo: vender coches. No le fue bien. Apenas y podía sacar para pagar la renta. Anel, sensible y por lo mismo vulnerable, no dejaba de sentirse desasosegada. Seguía orinándose en la cama. Extrañaba a su tía la Güera. Extrañaba el DF. Comía mucho: engordaba.

—No era una gordísima pero sí una gorda. Bueno, una gordita.

En agosto de 1959 empezó a estudiar taquimecanografía. Su destino parecía ser el de todas las mujeres: convertirse en secretaria.

—¡Cómo sufría cuando me tapaban el teclado! Nunca pude escribir así. Me consideraba una inútil, una buena para nada. Era horrible, me sentía muy a disgusto con todo y, muy en particular, con la vida que llevaba…

Anel quería ser actriz. Se detenía a mirar los escaparates de las tiendas y se imaginaba vestida a la última moda, convertida en estrella cinematográfica. Algún día, lo deseaba con todas sus fuerzas. Al tiempo. Por lo pronto debía buscar trabajo. La situación económica en su hogar no era buena. Un día vio un anuncio en *Woolworth*, que abría una sucursal en Tijuana "Se necesita personal". No lo meditó ni un momento. Entró al establecimiento y pidió empleo. Tuvo que mentir en cuanto a su edad.

—Dije que tenía 18 cuando en realidad estaba por cumplir 15 años. Como estaba gordita, me veía más grande.

Entró a laborar en el departamento de cosméticos. "Siempre me gustó la pintarrajeada", como ella misma afirma. Desde niña tenía en mente la imagen de la mamá de Lupita Ojeda, una de sus compañeritas de la escuela primaria. Era una mujer elegante y bien maquillada, guapísima. Se aparecía en el salón de clases y abría la puerta para preguntar, con voz de mujer que se hace la interesante: "Maestra, ¿ya mero acaban?". Anel quedaba con la boca abierta. "¡Guau!", exclamaba. Quería parecerse a ella, tan súper arreglada, tan súper maquillada, con un olor delicioso. "Vete tú a saber qué era ese perfume, pero yo no dejaba de decirme: cuando crezca, quiero ser como ella".

Su mamá, que por todo lloraba, lloró cuando Anel le contó de su nuevo empleo.

—¡Pero, mi niña…!

La tienda se ubicaba en la pecaminosa avenida Revolución. Tenía miedo de que su hija cayera en esa tentación de bares y música llamativa. Lloraba y lloraba. Se imaginaba lo peor. Pero la realidad se imponía por sobre la moral con toda su crudeza: no había dinero. Esa semana el papá pasaba por otra más de sus malas rachas. No tenían ni para comer. Su mamá no tuvo más remedio que ceder y darle permiso. "Sí, mijita, hazlo", y lloraba. "Lloraba más que Mónica, la mamá de San Agustín", recuerda Anel, no sin una sonrisa. En *Woolworth* hizo muchas amigas: Meche Lobato, Concha Camacho, Yolanda Rodríguez, Orquídea Casillas. Una amistad que persiste a pesar de los años. "Cuando voy a Tijuana les hablo y nos vemos. Es formidable, nos divertimos mucho". Con ellas iba a comer al *Old Helderberg*, que tenía un bonito balcón amenizado por un trío, al *Río Rita*, un lugar donde todos los norteamericanos iban a fotografiarse con un burro, así como a *La especial* y a *El pulpo*. Incluso iba a bailar al *Nicte-Ha* con sus amigas Yolanda y Carmen Rodríguez. También iba al boliche. Fue el deporte de moda. Por aquí y por allá, comenzaron a proliferar por todos lados. En la colonia Hipódromo asistía al de unos hermanos "guapísimos" apodados "Los tarzanes".

Le fue entrando el gusto por su nueva ciudad.

—La gente era divina y el lugar maravilloso.

"Estrenando mi vestido, regalo de Edith".

"Hermosa realización de un sueño".

CHACHA EN BEVERLY HILLS

Eran otros tiempos. El paso fronterizo no era tan tardado ni tan riguroso en sus controles de acceso. Anel y su familia iban con regularidad a San Diego o San Isidro. Tenían pasaporte y pasaban como si se tratara de una extensión más de Tijuana. Por supuesto, era diferente. De un lado se encontraba el barullo y el caos, del otro la tranquilidad y el orden. México con sus calles polvosas y Estados Unidos con sus jardines relucientes. Allá compraban la despensa o lavaban la ropa.

Un día a su mamá le ofrecieron trabajo. Era como ama de llaves en Los Ángeles. No era el mejor de los empleos pero les permitía soñar con abrirse paso y salir adelante.

—Nos vamos todos.

Anel y sus hermanos tomaron sus cosas y viajaron a la urbe angelina. Lo hicieron en una limusina enorme, "como de doscientas puertas". La dueña de la casa, esposa de un connotado empresario y político de origen mexicano, se las había mandado hasta Tijuana para recogerlos. Todo el camino se fueron haciendo ilusiones. Tal vez era el comienzo de una nueva vida. Al llegar se encontraron con una fastuosa residencia, ubicada en Crescent Drive y Sunset Boulevard, en contraesquina del famoso hotel Beverly Hills. Se encontraron, también, con la primera desilusión. El no rotundo de la dueña.

—No, con niños no —fue la advertencia.

Tamaños ojotes que había echado esa mujer, distinguida y ricachona, al ver a Anel con sus hermanos, Manolo, Marcela y Gaby.

—Pero, señora...

—No, no, no...

No hubo peros que valieran.

—Entonces, no hay más remedio —dijo la mamá con un dejo de tristeza—. Ni modo de dejarlos solos. Me regreso a Tijuana. Gracias.

—No, mamita, tú quédate —intervino Anel-. Yo me hago cargo de mis hermanos.

Tal vez fue el tono en el que lo dijo. La fuerza de sus palabras. La capacidad de decisión de esa adolescente obesa pero tan segura de sí misma.

—¿Cuántos años tienes?

—Dieciséis.

—Mmmmm…

La señora lo pensó por un momento. Después pidió que esperaran:

—No se vayan. Quizá pueda colocarte a ti en otra casa —y señaló a Anel.

Levantó el teléfono e hizo una llamada.

—Listo. Todo quedó arreglado —dijo al colgar.

Anel y sus hermanos se dirigieron a otra regia residencia en Beverly Hills. Era la zona más exclusiva de Los Ángeles. Millonarios y magnates vivían en sus mansiones. Estrellas de cine como Elizabeth Taylor, Gloria Swanson, Charles Chaplin, Kirk Douglas, Douglas Fairbanks, Marilyn Monroe, Rita Hayworth, Claudette Colbert, también la habitaban, dotándola del prestigio y el glamour hollywoodesco.

Los recibió una mujer menuda y delgada, de fleco en la frente, con unos lentes que le daban a su rostro un aspecto entre oriental y de ardilla. Vestía de manera elegante, con ropa de la mejor calidad, e invariablemente de beige y de negro. Cargaba un fox terrier blanco, al que no dejaba de acariciar en el lomo. Era Edith Head.

Anel se presentó. Lo hizo en su muy escaso inglés, dándose a entender como mejor podía. Quería el trabajo pero con una condición: ellos, sus hermanos, tenían que quedarse con ella. Si no…

—Tcht, tcht —la Head le pidió silencio. Lo hizo con sus muy acostumbrados chasquidos de boca. —Pásenle… —les franqueó la puerta.

Los condujo por el hall, "un hall maravilloso", como recuerda Anel. La casa contaba con dos espaciosas y muy elegantes salas. En el fondo estaba el comedor con una mesa redonda hermosamente barnizada de negro. Por las ventanas podían ver la alberca, en el patio de atrás. La decoración era fastuosa.

—En las paredes alcancé a distinguir unas pinturas que me parecieron horribles. Luego supe que eran Picassos…

Llegaron a la cocina. Lo que más le impresionó a Anel fue el refrigerador. Enorme. De seis puertas, que se abrían para albergar los más exquisitos manjares.

—Esto es para ustedes. Co-mi-da. La que quieran —trataba de darse a entender hablando pausadamente en inglés.

A Anel se le hizo agua la boca. Todo se le antojaba. Las penurias económicas habían hecho que no pudiera satisfacer sus antojos. Cuando acompañaba a su papá al mercado de Chulavista le pedía que comprara esto o aquello y él siempre se negaba. "No nos alcanza, hija, entiende: no hay dinero". Ahora tenía todo ese gran refrigerador a su disposición. "¡Guau! Dios mío, no es posible tanta felicidad", se dijo, verdaderamente sorprendida y contenta. La cocina era preciosa. La estufa con su horno, funcional y moderna. Había una mesa de mármol al centro con sus bancos hechos de hierro forjado. Sobre el fregadero había un espejo enorme. Edith Head le mostró los anaqueles, muy ordenados y limpios y con más comida. Abrió el *pantry* para enseñarle la vajilla y la cristalería. Anel no daba crédito a sus ojos. "Me impactó ver tantos utensilios de cocina. Tantas ollas y sartenes. Los platos eran de oro y de plata y pesaban como la fregada. A lo mejor eran de *pewter*, pero para mí fue como entrar a la cueva de Aladino. Qué fastuosidad. Lo que le habrá costado. Y, aparte, con un gusto excelente, divino". La condujo hasta una recámara con cuatro camitas.

—El baño era precioso, de un mármol blanco sensacional. ¡Los grifos de agua eran pavorreales de oro!

Edith Head acarició la cabeza de los cuatro pequeños. Anel se sintió segura y aceptada. ¡Ya tenían un lugar donde vivir!

Para el lunes la propia Edith Head ya había inscrito a Manolo, a Marcela y a Gaby en una escuela, la *Elementary School* de Beverly Hills, en Whittier Dr. y Wilshire Bld. Les compró ropa, pues no se estilaba el uso de uniformes. La zona era muy segura y podían caminar sin ningún problema por Santa Monica, Olympic, Pico y Robertson. Tomaban el camión de la escuela en la esquina y ahí mismo los dejaba de regreso. A Manolo le regaló una bicicleta para que repartiera periódicos y se ganara algún dinero. En cuanto a Anel, le dijo:

—Sé que no hablas inglés, pero trata de leer mis labios. Fíjate —lo pronunció lentamente: —*This is your uniform...*

Le hizo entrega de unas batas. Unas batas de sirvienta.

¡Anel quería ser actriz en México y terminaba como chacha en Estados Unidos!

Le dio instrucciones:

—Éste es el interfón. A las cinco de la mañana te voy a timbrar, ya que debo salir a las seis y media, *sharp*. Te bañas, te arreglas y me subes el café. Lo sirves junto con un platito de *corn-flakes*. Tres cucharadas, nada más. La leche debe ser *non fat*. Ah, y le pones dos o tres fresas, partidas en cuatro.

Anel cumplía con eficacia sus deberes.

—Le llevaba el desayuno en una charola que cómo pesaba. Era de plata maciza con asas de pavorreal. Las jarras para el café y la leche también eran de plata. Las tazas y los platos eran de *limoges*. Todo era muy elegante y muy caro. El *bowl* para el cereal, por ejemplo, costaba 150 dólares. ¡Una fortuna! Me di cuenta porque una vez rompí uno ("tcht, tcht, no importa", dijo) y Edith me mandó a comprar uno nuevo. Le dejaba la charola sobre su mesita de desayunar. Le hacía entrega del periódico y abría las cortinas de su recámara. "Anita, *good morning*". Así me decía: Anita.

La recámara había sido decorada por Paul Ferrante y Helen Morton con un gusto exquisito. Las paredes estaban forradas en seda color crudo, los candiles eran italianos y los marcos de los espejos de oro.

—Le gustaba *Shalimar* y la casa entera olía a este perfume.

Anel quería ser actriz en México y terminaba como chacha en Estados Unidos.

UN VISTAZO A LAS ESTRELLAS

El destino acercaba a Anel a una de sus grandes pasiones: el cine. Edith Head era la diseñadora de vestuario más famosa de Hollywood.

Había ganado el Óscar en varias ocasiones, por películas como *La heredera* (1949), *Sansón y Dalila* (1950), *Todo sobre Eva* (1950), *Primavera romana* (1953) y *Sabrina* (1954). Su último Óscar lo ganó en 1973 con *El golpe*, protagonizada por Paul Newman y Robert Redford. Se había encargado de vestir a las luminarias más famosas del firmamento cinematográfico: Bette Davis, Victor Mature, Cary Grant, William Holden, Charlton Heston, Rossano Brazzi, Elizabeth Taylor, Grace Kelly, entre muchas otras.

Tenía su taller de diseño y confección en su propia residencia, en una espaciosa habitación. Le ayudaban Louise y Kimi, una chica de origen oriental, a cortar y coser la prueba del vestuario. Las telas estaban colocadas en nichos que cubrían toda una larga pared, como si se tratara de una cava de exquisitos vinos. Ponía una escenografía en papel cebolla, para que ella desde la distancia pudiera ver qué textura le iba a dar al traje. Contaba con algo así como 50 diferentes tipos de tijeras. El lugar parecía un set cinematográfico y estaba lleno de maniquíes. Ahí llegaban los más famosos actores y actrices de Hollywood. Para ella, la meta fundamental del vestuario en una película era hacer que los protagonistas sean lo que no son. "En la vida real el vestuario es para protegerse del clima y en una cinta para ayudarles a ser creíbles en su papel". Había vestido a Gloria Swanson, a William Holden y a Eric Von Stroheim en la clásica película de Billy Wilder *Sunset Boulevard*, a Burt Lancaster para hacer de él un muy creíble bucanero, a Charlton Heston como el Moisés bíblico, a los romanos y primeros cristianos en *Quo Vadis* y a Frank Sinatra como el drogadicto de *El hombre del brazo de oro*. Había contribuido a resaltar más la elegancia y guapura de Cary Grant y el refinado encanto de la futura princesa Grace Kelly. Fue muy aclamada por Alfred Hitchcock, con quien trabajó en *La ventana indiscreta*.

El diseño de vestuario, decía, "es una mezcla entre magia y camuflage".

Anel conoció en casa de Edith Head a Elizabeth Taylor y a Marlon Brando. Por aquellos días ambos filmaban una de las películas más importantes del realizador John Huston: *Reflejos en tus ojos dorados*, basada en la novela de la escritora sureña Carson MacCullers. El pesado ambiente de opresión sexual debía reflejarse en la ropa de los actores, y a la Taylor le probaba atuendos que realzaran su belleza y atractivo erótico y a Brando, vestido de militar, su desesperado intento de mostrar como fuera su machismo y virilidad.

La Head los recibía en su estudio, les dibujaba bocetos de las prendas, les tomaba medidas, les probaba el vestuario y conversaba con ellos. Lo hacían acompañados de café, te ("un te de clavo que les gustaba mucho") y pastelillos servidos por Anel.

—Yo era la chacha. Pero, imagínense, una chacha que tenía el gusto de conocer a esos actorazos. Por poco y me infartaba.

Anel los conocía a todos, fruto de sus idas al cine con su tía la Güera.

A Cary Grant lo conoció brevemente, una ocasión que se presentó con un regalo: unas llaves de agua de oro macizo. Tenían la forma de unos pavorreales. A Edith Head le encantaban estas aves. Gloria Swanson le había regalado unos grifos con esta misma forma. Los de Cary Grant los puso en su propio baño. Los ojos eran de diamante. A William Holden también lo conoció. La impresionó por su guapura pero también por sus problemas con el alcohol. Fue su primer encuentro con un alcohólico. Lo había visto en *Los puentes de Toko Ri* y en *El amor es una cosa esplendorosa*, y le pareció hermoso pero también vulnerable y desvalido.

Edith Head le decía:

—Espérate, no te puedes ir así —y el "así" significaba ahogado de borracho—. Tómate otro café. Espérate, Billy…

Pero William Holden no hacía caso. Subía a su auto deportivo de lujo, "un MG o un Alfa Romeo, no recuerdo con precisión", y desaparecía a toda velocidad.

—Un hombre tan maravilloso —se lamentaba la Head— y míralo, consumido por el alcoholismo.

Anel se fijaba en todo eso. Aprendía de los famosos, de sus conductas y de sus charlas:

—Elizabeth Taylor no dejaba de hablar de comida. Estaba gordita. Tenían que fajarla bien para que entrara en sus vestidos. Además, era muy chaparrita. Su plato favorito consistía en muslos de pollo preparados al tarragón y al vino. Los muslitos de pollo eran para ella muy importantes. Yo me decía: guau, lo que hablan las estrellas.

Aparte de servir el café y los pastelillos, Anel debía cuidar el perfecto orden que Edith Head mantenía en su residencia. Era una obsesiva en cuanto a tener todo bien organizado, limpio y en su lugar. Los clósets debían estar bien ordenados, lo mismo que las despensas y los cajones de la cocina. Todo debía verse reluciente, impecable. La limpieza la hacía Thelma, una negra grandota de cuerpo firme, unas caderas enormes y una cinturita, que llegaba a trabajar en Cadillac y con una estola de piel. Ella se encargaba de los candiles y la plata. Había una mesa de mármol en la cocina con taburetes de hierro forjado, "la cosa más divina", recuerda Anel, donde comían. A Thelma le gustaba desayunar un grueso steak. Se tomaban una taza de café y conversaban. Así, poco a poco, Anel fue entendiendo más y más inglés. La Head también la ayudaba. Le tomó cariño y la aceptó como un miembro muy querido en la casa. Cuando se ponían a ver la televisión le decía: "fíjate en los labios, escucha lo que dicen y sigue la acción".

—Medio le entendía al principio, pero luego me tomó unos tres o cuatro meses entender casi todo.

Era 1961 y Anel se ponía a ver programas de concursos. Los de belleza le encantaban. Soñaba con ser Miss Universo. "¡Imagínate, tan gorda y queriendo ser la más bella de todas!". También se entretenía con los *Honeymooners*, donde actuaba Jackie Gleason. Veía a Gardner Mac Kay en *Adventures in Paradise*. O *Los intocables*. *I love Lucy*. A Johnny Carson y Carol Burnett. También *El show de Ed Sullivan*, donde admiró a Elvis Presley y a los Beatles.

"Fue una época de ensueño para mí". En parte por su cercanía al mundo hollywoodesco y en parte porque ya no vivía con sus papás. "Fue maravilloso. No que no los extrañara pero por fin encontraba la tranquilidad que quería para mi vida. Desde que llegamos a casa de Edith sentí mucha confianza y seguridad. Mis hermanitos estaban bien, cada uno en su cama, como en el cuento de los ositos. La primera noche no pude dormir por temor a orinarme. ¡Imagínense, en esa casa tan hermosa y yo orinándome en la cama! Pero nada sucedió. Como por arte de magia, una vez que estuve lejos de mis padres, dejé de tener ese problema". Sus padres terminaron peleados y separados. Él se quedó en Tijuana y su mamá en Beverly Hills, en la mansión de Crescent y Sunset Boulevard. Con ella se veía los fines de semana. Se abrazaban gustosas de verse de nuevo, y se ponían a caminar y a platicar por todo Wilshire Bld.

—Mamá —le contaba súper entusiasmada-: le abro la puerta a Angie Dickinson, a René Russo, à Elizabeth Taylor…

—¿Y de qué hablan? Cuéntame, cuéntame.

—De comida, mamita. Marlon Brando presume de las torres de hotcakes que se come. Les pone jamón, tocino, queso cottage, miel, de todo…

A ambas les iba bien en su nueva vida norteamericana. Anel sobre todo estaba muy contenta.

—Empecé a vivir en un sueño. Mis hermanos y yo lo teníamos todo. Comían rico y se bañaban con burbujas. Hacían la tarea y se ponían a ver la televisión. Para Gaby fui casi como su mamá. Ella tenía cuatro años cuando llegamos. Al cumplir los cinco Edith le compró un pastel y un vestido muy lindo. Era una buena mujer. Exigente, pero muy linda.

GRETA GARBO, KIRK DOUGLAS Y EL LLORAR COMO CHISGUETE

Anel hablaba con Greta Garbo, quien era muy amiga de la Head, ya que ambas eran suecas, nacidas en Estocolmo.

—Anita —le preguntaba—, ¿ya llegaron los pastelillos y los chocolates que mandé?

La Garbo vivía en Nueva York y no faltaba semana en que no enviara algo por correo. Hablaba con su voz gruesa de diva, de verdadera leyenda de la pantalla de plata.

A Anel todo eso le resultaba fascinante. Cada tarde la Head recibía a una estrella diferente en su taller.

Un día le pidió:

—Anita, invité a unos amigos a cenar. Quiero halagarlos mucho y se me ocurrió ofrecerles algo mexicano, que tú vas a preparar. Consomé, taquitos de pollo, guacamole, arroz y frijoles refritos…

Anel se esmeró en preparar la cena, que quedó muy rica. "Lo único que no preparé fue el postre, que mandé pedir a Bailey's, la pastelería en Canon Dr.".

Los invitados no tardaron en llegar. ¡Pero qué invitados! ¡Sonaba el timbre y aparecía Rock Hudson! ¡Y Kirk Douglas! ¡Y Tab Hunter! Así como Louis B. Mayer, que era el *escort* de Edith.

A Anel le temblaron las piernas. A Rock Hudson lo había visto en *Sublime obsesión* y le había encantado. Y ahora lo tenía ahí, frente a ella. "Me quedé bizca de tan sólo verlo". Era un hombre altísimo, como de dos metros, precioso. Kirk Douglas, ni se diga, con mucha presencia, atractivísimo. Y Anne, su mujer, bella, muy bella. Anel estaba emocionada pero también tensa y nerviosa, muy nerviosa.

Cuando la Head le pidió servir la comida, Anel entró con una charola al comedor. Llevaba el consomé servido con cebollita picada y cilantro. Olía riquísimo. Estaba nerviosa, pues no recordaba si Edith le había dicho que debía servir del lado izquierdo o del derecho. No pudo avanzar más. Apenas vio a todas esas estrellas juntas y se quedó paralizada.

—Anita, ¿qué tienes?

Anel no respondió. Con la charola en las manos se puso a llorar.

—¿Qué le pasa a esta muchacha? —todo mundo preguntaba. "Yo, llore y llore. A chisguetes", recuerda ahora, no sin una sonrisa compasiva, la propia Anel.

—Anita…

Anel por fin respondió, hecha un inagotable mar de lágrimas:

"Los amigos de la Head".

—Es que me da pena. Tengo mucha pena, señora…

Le avergonzaba darse cuenta que ellos eran sus muy grandes y admiradas estrellas y ella una simple sirvienta.

—Mira, mi corazón —la esposa de Kirk Douglas se levantó de su silla y fue a consolarla. La abrazó y le dio de palmadas en los hombros. —¿Sabes tú cómo llegué a este país? Igual que tú. Tuve que empezar desde abajo. Trabajé de todo. De niñera. Cambiaba pañales y todo eso. Le limpiaba la cola a los niños. Eso fui: una limpia colas.

—Sí, pero tú ahora estás casada con Kirk Douglas y yo no…

—Anel no dejaba de llorar.

LAS BLACK BEAUTIES

Edith Head la consoló:

—Tú no eres la sirvienta. Tú eres mi asistente.

Fue muy buena con ella. Le permitía intervenir en conversaciones y pasaba mucho tiempo a su lado. También la enseñó a manejar. "Paras y aceleras, paras y aceleras", eran las instrucciones que recibía. Tenía un Rolls-Royce equipado con televisión y con bar. Las vestiduras eran de piel de tigre con acabados de armiño. Una vez que dominó el arte de conducir por calles y avenidas, Anel la llevaba a veces a los estudios de la Warner en Burbank. Debía estar ahí a las siete de la mañana. A las cinco de la tarde la recogía y la llevaba a casa. O la conducía al aeropuerto. Casi cada fin de semana la Head viajaba a Nueva York para ver a su amiga Greta Garbo.

Una mañana, a punto de partir con rumbo al estudio, Edith Head la hizo detener el coche.

—Olvidé algo —dijo.

—¿Qué Edith?

—Mi *hunger pill*. Ve por ella.

—¿Dónde están?

—En el botiquín de mi baño. Son unos frascos que dicen *Swab's Pharmacy*.

A Anel se le hizo muy extraño. ¿Cómo que la gente tomaba *hunger pills*? "¡Y yo todo el día con hambre!". Se encontró con tres o cuatro frasquitos llenos de ese misterioso remedio. Le entró la curiosidad e ingirió una de las pastillas.

—Me entró una energía padrísima. Subía y bajaba sin cesar. Me metían mucha vitalidad.

Se trataba de anfetaminas, recetadas por el Dr. Sheinkopft, el mismo que atendía a celebridades como Judy Garland, Marilyn Monroe y Shelley Winters.

—Además, lo más importante de todo, fue descubrir que me quitaban el hambre. Antes, en lo único que pensaba durante todo el día era en comer y comer. De pronto, esa sensación desaparecía. Me dije: de aquí soy, y empecé a sustraer una pastilla diaria a Edith. Ella ni lo notaba.

Anel por aquel tiempo estaba gorda, muy gorda. Sus muslos y pantorrillas eran tan gruesos que no podía usar medias, pues le apretaban tanto que le cortaban la circulación. Usaba unas batas y filipinas enormes, no sólo para disimular la gordura sino porque era lo único cómodo para vestir ante el tamaño de sus carnes.

"Mi gordura me molestaba. Era yo muy infeliz. El color de mi piel me molestaba, el grosor de mis pies me molestaba. ¡Ser gorda me molestaba! Yo por aquel entonces no sabía que se trataba de una enfermedad emocional. Me veía en el espejo y me decía, con desprecio: ¡puaf, otra vez tú!"

"A mi derecha, Nonito, mi primer amor."

LOS RATONCITOS DE LA CENICIENTA

Anel recibía 70 dólares mensuales por su trabajo. Entre su sueldo y el de su mamá les alcanzó para pagar sus deudas en Tijuana y para comprarse un Chevrolet Super Sport en 1963, nuevecito. También, para rentar un departamento en Olimpic y Roxbury, en Beverly Hills. Su mamá había dejado de trabajar en la mansión de Crescent Drive y Sunset Boulevard pero había comenzado a dedicarse a limpiar casas. Iba recomendada por Paul Ferrante y Tom Reinor, una pareja homosexual de diseñadores amigos de Edith Head, que le habían tomado mucho aprecio a Anel y a su mamá. "Eran muy generosos. Nos regalaron muebles de su ático para nuestro departamento".

Fueron ellos los primeros en decirle:

—Anita, eres muy guapa. Estás perdiendo peso y te ves mejor cada día.

Anel, por supuesto, no se creía nada. Tenía serios problemas de autoestima. A sus propios ojos no dejaba de ser una gorda enorme y además fea. "Parecía tamal".

Thelma, la negra encargada de la limpieza, también la chuleaba:

—Oye, eres una muchacha muy bonita.

El lechero, entre admirado y pizpireto, no dejaba de piropearla:

—*You are a raving beauty*, como Blanca Nieves.

Anel buscó de inmediato en el diccionario aquello de *"raving"*. Lo de *"beauty"* ya lo sabía. *"Raving"*, lo encontró, era igual a loco, furioso, deslumbrante, despampanante, extravagante. Una loca belleza. Una despampanante belleza. Una extravagante belleza.

Sonaba muy bien, pero ¿eso era? ¿Blanca Nieves? No, no. Más bien la bruja. *A raving beauty*. No podía serlo. Se burlaban de ella, pensaba. Bastaba verse ante el espejo para saber la verdad: era una gorda fea. No le cabía ni la menor duda.

Pero la transformación, como en los cuentos de hadas, comenzaba a tener efecto. Con las *black beauties* que sustraía del botiquín de la Head, que inhibían su hambre, comenzó a bajar de peso.

—Bajé como 45 kilos en un año —sonríe al recordarlo.

Al principio ni lo notó. Un buen día, sin embargo, Edith Head la llevó a comprar ropa.

—Vamos a *Lanz* —le dijo—, porque ahí hay unos vestiditos para jovencitas bien bonitos.

La llevó a la tienda y se dieron cuenta de la talla. Las dos se quedaron de lo más sorprendidas. Anel había llegado a pesar cerca de cien kilos. ¡A los quince años! Era una gorda enorme. Siempre había usado unos faldones y unas blusas sueltas para disimular, pero ahora era por completo distinto. Había bajado varias tallas. No era más una gordita. Al contrario, tenía un cuerpo bonito, que despertaba admiración y piropos.

Para la Navidad de 1963 Anel estaba convertida en una muchacha esbelta y bella.

—Voy a ofrecer una fiesta navideña a mis amigos del estudio —le informó Edith Head—, así que prepárate. Va a ser algo muy elegante, distinguido.

La Head acababa de ingresar como diseñadora de vestuario de la Metro Goldwyn Mayer y estaba muy contenta y motivada.

—Sí, Edith. ¿Qué quieres que cocine?

—Nada. Tú vas a ser una más de las invitadas.

—Pero, Edith —Anel balbuceaba sin entender nada.

—Tcht, tcht. Nada, no digas nada. Vas a disfrutar de la fiesta, al igual que todos los demás. Y, te tengo una sorpresa, esa noche no vas a usar tu uniforme sino esto...

Le entregó una caja. La abrió y se encontró con un vestido de noche. "La cosa más linda que se puedan imaginar. *The basic black dress*. La tela era como de *cashmere*, bien entallada al cuerpo. Los hombros descubiertos y con unas manguitas lindas. Me compró también unas zapatillas lindas. Edith me veía y me decía: 'Anita, qué bárbara, estás guapísima'. Yo no cabía de felicidad. Imaginé que Edith era mi hada madrina y que el vestido había sido hecho por los ratoncitos de la *Cenicienta*".

Anel fue la sensación de esa fiesta.

—Edith, ¿quién esa chica tan guapa? —todo mundo preguntaba. Cary Grant volteaba a verla. Y Paul Newman. También Tony Curtis. Y George Hamilton. Rory Calhoun.

—Anita —respondía con una gran sonrisa de satisfacción su hada madrina.

LA MODELO MUDA

Esbelta y guapa, Anel seguía con sus labores domésticas.

—Yo era una buena chacha —afirma convencida-. Yo nací para servir, definitivamente. Qué bueno, porque es algo que me gusta y que disfruto enormemente.

Cada vez era más dueña del manejo de la casa y objeto de todas las confianzas de Edith Head. Pedía la cena a *Chasen's* o compraba lo necesario en un supermercado gourmet de nombre *Vendome*. También la acompañaba a sus sesiones de masaje con una rusa grandota y gorda. "Te daba unos golpazos pero era muy buena". Ahí encontraba a estrellas como Suzanne Pleshete, Connie Stevens, Sandra Dee, Bobby Darin. En ocasiones le encargaba ir por su maquillaje al *Beverly Wilshire*, el mismo hotel que aparece en *Prettty Woman*. Era el estudio de maquillaje de Aída Gray.

—Aída era una mujer muy guapa y diligente. Al principio no se fijaba para nada en mí. Sin embargo, al percatarse de mi metamorfosis, me pidió que trabajara para ella. "Necesito una chica como tú", me dijo, "que sea linda y que hable inglés y español". ¡Qué padre!, me entusiasmé, pero no tenía papeles, es decir la famosa *green card* que permite trabajar legalmente en Estados Unidos, y se lo dije. Se molestó mucho: "¿Cómo no te ha dado papeles la muy *bitch* (es decir la muy cabrona)?". En ese momento que descuelga el teléfono, le marca y le reclama: "¿Cómo es posible que explotes a esta niña?", le dijo de todo. Yo me quería morir.

Edith fue la que por poco y se muere del coraje. "La muy *bitch*", también se quejaba de la maquillista. Como a los seis meses, sin embargo, le consiguió los papeles y le dijo: "Anita, si gustas puedes ir a trabajar con Aída Grey". Anel aceptó. Lo hizo no por desagradecida ni por estar a disgusto en esa casa sino por abandonar su papel de sirvienta. Quería hacer otra cosa, tener un trabajo de mayor prestigio y al mismo tiempo estar más cerca del mundo del maquillaje, que le atraía enormemente, y del firmamento cinematográfico hollywoodesco, con el que soñaba.

"Con Edith duré tres años. Fue una mujer excepcional. No tengo palabras más que de agradecimiento para ella. Gracias a ella empecé a vivir en una burbuja maravillosa de sueños. Edith me enseñó que se podía soñar y que algunos de esos sueños podían convertirse en realidad. A mí me parecía una fuente inagotable de monedas de oro y plata, perfumes y pieles. Tenía muchas cosas, a cual más bonitas. Todo era perfecto. Yo no alcanzaba a comprender cómo podía haber en el mundo tantas cosas tan bonitas, pero ella me enseñó a valorarlas y a pensar que yo tambíen podía ser merecedora de ellas. No sólo eso. Con Edith supe que existía y que tenía derecho al plato que me comía. Se mostró muy generosa conmigo. Y, cuando le externé mi deseo de trabajar con Aída Grey, lo entendió y aceptó. Quedamos en que iría a verla los fines de semana para arreglar sus cosas personales".

Fue por esa época que Anel volvió a ver al animador de TV Nono Arsu. Se encontraron en Los Ángeles, en una reunión en casa de Amanda Ramos, en Chulavista, en 1960. A Anel le seguía gustando la prestancia y elegancia de este hombre, cerca de veinte años mayor que ella. Le atraía su olor, su forma de vestir y de fumar, la manera como dirigía a sus empleados. Era judío, con unos ojos claros preciosos. Todo mundo lo trataba con respeto y atención. Había sido director del canal 12 de televisión, en Tijuana, donde se conocieron, y en ese momento producía un programa en el canal 34 de Los Ángeles. La primera vez que se encontraron, "me dio el avionazo porque estaba gorda. Pesaba cerca de cien kilos". Pero, al paso del tiempo, Nono se percató de inmediato de la transformación. Anel había cambiado. Estaba más guapa, mejor. Y qué cuerpo tan bonito. Le brillaron los ojos de puro gusto al verla. "Antes parecías refrigerador y mírate ahora, qué guapa y qué linda", le dijo. Ella tenía 17 y él 55. "Me trató como todo un caballero. Si él lo hubiera querido, yo le hubiera entregado todo. Fue una relación muy platónica pero muy bonita. Me invitaba a comer. Lo llevaba al aeropuerto y siempre perdía su avión por quedarse a conversar conmigo. 'Ya tomaré el otro', me decía, al fin que los vuelos de la aerolínea PSA salían cada media hora y nos quedábamos a contemplar el atardecer en el maravilloso restaurante giratorio de la estación aérea. Cómo suspirábamos el uno con el otro. Yo, súper entusiasmada. Quería ser su novia o su marinovia, lo que fuera. Por supuesto, nos conteníamos. Él estaba casado. Yo conocía a Carmelita, su esposa, que era muy linda, y a sus hijas. Nuestra relación fue así: intensa y muy bonita, pero prudente. Nos tomábamos de las manos y ya. El único beso que me dio fue durante un Haloween.

Arsu fue el primero que le dio la oportunidad de trabajar en la televisión.

—Necesitamos una chica guapa como tú.

Anel, por supuesto, se entusiasmó.

—Pero hay un problema…

—¿Cuál? —preguntó Anel.

—Que, para evitarnos problemas con el sindicato de actores, no vas a decir ni una palabra. Vas a ser una modelo muda. ¡Pero muy bonita!

Él fue quien le dio su primer nombre artístico:

—No vas a ser Ánel sino Anel, sin acento. Y, además, te vamos a quitar el Noreña.

—Pero, Nono…

—Está bien, está bien —lo meditó por unos momentos—. Ya está. Te llamarás Anel Nor. Eso, Anel Nor. Me gusta —sonreía satisfecho.

SEÑORITA MÉXICO EN LOS ÁNGELES

El estrellato se le acercaba a Anel. La tele, el cine. El canal 34 estaba a un lado de la puerta de entrada de los famosos estudios Paramount en Melrose Av. Cuando iba a visitar a Nono Arsu en su oficina, se imaginaba siendo descubierta por un famoso director o productor cinematográfico. Esperaba más y más oportunidades de trabajar frente a las cámaras. Ese mundo le gustaba, le atraía en grado sumo. Era su sueño y debía de cumplirlo. Su oportunidad vendría pronto, más pronto de lo que esperaba. Vino en forma de aquello que tanto ansiaba: un concurso de belleza.

Fue el propio Nono quien se lo dijo:

—¿Por qué no participas?

Anel hizo cara de no entender.

—En el concurso "Señorita México de Los Ángeles". Mira —y le entregó un folleto con las bases de participación.

—Pero, Nono…

Volvía a aparecer la gorda, la fea.

Su propia madre se lo dijo:

—Pero, mi niña. ¿Cómo se te ocurre? Vas a perder. No lo hagas —y se soltó a llorar.

—Mami, ¿y si gano?

—Ay, hija, no vas a ganar.

Anel estaba indecisa. Por un lado, su falta de auto-estima. Por el otro, su deseo de triunfo, sus sueños de ser otra cosa en la vida, no nada más una sirvienta, y de regresar a México lo más pronto posible.

Habló con Edith Head.

—Ah, ¿vas a llorar? —la recriminó—. Mira, mi reina, si te metes a un concurso es porque vas a ganar. Tú ve con ánimo de triunfo. Participa —fue casi una orden

Anel se decidió por fin y se registró en el concurso. Lo organizaba el Comité de Beneficencia Mexicana Inc., con sede en Los Ángeles. El certamen tenía cinco años de instaurado y el año anterior la ganadora había sido la señorita Pilar Garcilazo. Tony de Marco fue el maestro de ceremonias. La competencia se anunciaba como "de belleza y de personalidad". Participaban 21 jóvenes avecindadas en la metrópolis angelina pero provenientes de distintos puntos de la República mexicana, como Reneé Ardon, de Baja California, Estela Guerena, de Aguascalientes, Armida Baylón, del Estado de México, Dora Elva McDonald, de Tamaulipas, Celia García, de Guerrero, Eugenia Valdez, de Veracruz, y Ana Elena Noreña, ¡de Querétaro! Las edades de las concursantes oscilaban entre los 19 y 23 años. Anel tenía 21 en ese momento.

El dr. José Alonso, uno de los promotores del concurso, les dio el siguiente "Consejo" en forma de verso:

A las bellas concursantes
de este evento anual,
que reflejan en sus labios la sonrisa angelical
y cuyas pupilas radiantes
de alegría y de ilusiones,
se roban los corazones
de niños y sesentones,
un CONSEJO les voy a dar.

(...)

Luchen con fe, resolución y energía;
piensen siempre en el triunfo
noche y día;
créanse la superiora;
díganse a sí mismas:
¡Yo seré la vencedora!,
mientras no llegue la hora
de que un buen juez de mal gusto
le produzca un gran disgusto
premiando a su... competidora.

De nuestra parte,
todos deseamos que usted triunfe
y que obtenga el primer premio.
Abogamos porque todas luchen
con empeño,
por lograr el dorado fruto de su ensueño.

Pues la chica que porte el Regio Manto,
luzca en su frente la corona
y en su diestra empuñe el Cetro Real...
Será proclamada VENCEDORA
al son de música marcial.

El evento se llevó a cabo el 4 de septiembre de 1965, en el
Coconut Grove del hotel Ambassador. Se trató de un baile de co-
ronación amenizado por la orquesta de René Touzet. "El baile
estuvo muy concurrido y la animación se notó desde muy tem-

prano cuando empezó a llegar la selecta concurrencia y las candidatas", como informó una nota periodística.

Anel estaba nerviosa y preocupada:

—No tuve dinero para mandarme a hacer mis vestidos, pero sí tuve un hada madrina mágica, Edith Head, quien me vistió como verdadera princesa.

Resolvió no dejarse vencer por el desánimo ni por la belleza de las demás participantes. Desfiló en traje folklórico y de noche. De inmediato dio muestras de su natural dominio escénico, de su rostro bello y de su inigualable simpatía, lo que le abrió las puertas del corazón primero del público y luego de los jueces.

Cuando le preguntaron por qué quería ser electa reina, respondió:

—Todo mundo hablaba de México como si fueran maestras de historia o descendientes de Huitzilopochtli, Nezahualcóyotl o Quetzalcóatl. Yo simplemente dije: "Me gustaría salir electa Señorita México de Los Ángeles, por tener el orgullo y la responsabilidad tan hermosa de representar a mi patria, y por regresar a México, el país que tanto quiero".

Agregó ante el micrófono que le ofreció Tony de Marco: "La oportunidad brindada a mi humilde persona de participar en este concurso llena en mí un vacío de ilusiones que nunca olvidaré mientras viva".

Pidió al jurado ser benévolo en sus juicios y de paso felicitó a "todas las preciosas concursantes, deseando que gane la mejor, ya que el triunfo es de todas".

—Luego me sinceré y les dije: yo no quiero hablar de Huauchinango o de Popocatépetl, ni descubrir mi árbol genealógico ante ustedes. La verdad es que deseo ganar este concurso porque quiero regresar a México y no tengo dinero para hacerlo.

Por supuesto, obtuvo la admiración de propios y extraños.

Los jueces entregaron los resultados y el maestro de ceremonias se encargó de darlos a conocer públicamente. Se le otorgó el título de Señorita Simpatía a Reneé Ardón. La categoría de Damas, a Anita Díaz, Armida Baylón, Carmen Chávez e Irene Garza. El de Princesa a Yolanda Gómez, Virginia Solís e Inés de la Luz Pérez Fraga.

Anel sudaba frío, pues su nombre no se mencionaba en absoluto.

Por fin, Tony de Marco anunció:

—Y ahora, la triunfadora del certamen Señorita México de Los Ángeles 1965-1966: ¡Ana Elena Noreña!

Ganó. Ganó no sólo el título sino un viaje por avión a México para dos personas, un traje donado por la señora Rosa Tafoya, un traje y abrigo de la casa "Garbo", una caja de chocolates y cinco mil dólares en efectivo. De inmediato fue rodeada por sus demás compañeras, quienes la felicitaron efusivamente. Anel, "la agraciada damita", como la llamó un reportero, fue la primer sorprendida. Su madre se levantó de su asiento para aplaudir con entusiasmo y luego se puso a llorar como una Magdalena. Su

Anel, de regreso a México, a la espera del éxito.

padre estaba henchido de orgullo. Edith Head no pudo asistir, "pero sé que estuvo conmigo en espíritu". En una fotografía Anel aparece en los momentos en que Pilar Garcilazo le hace entrega de la corona y el cetro. Atestigua Edmundo González, Cónsul General de México. En una entrevista para la revista *Kena* le preguntaron si había llorado y contestó: "Bueno… un poquito. Pero después no podía contener la risa".

15 de septiembre de 1965. Miss México.

Mi primera cena
como Miss México.

"Recibiendo regalos a mi llegada a México, en el Consejo Nacional de Turismo".

III
UN VOLCÁN APAGADO

TODO MUY BONITO Y BLA-BLA-BLÁ

Nace Súper Uvita.

*A*nel regresa a México en marzo de 1966, convertida en reina de la belleza.

"Anel Nor, como es conocida en Hollywood", informaba una nota periodística aparecida en *Excelsior*, "es una consumada estrella de la televisión y el año pasado participó en los programas Carrusel y Ruleta Musical, del Canal 34 de Los Ángeles, cuyo animador es Nono Arsu".

La prensa la recibió con los brazos abiertos. Hospedada en el hotel Del Prado, concedió entrevistas al por mayor. Un reportero la definió de la siguiente manera: "Grácil donaire que se despliega en simpatía, eso es Ana Elena Noreña". Manou, para la revista *Kena*, escribió: "Unos inmensos ojos, negros y pícaros, vivaces, inteligentes, sin el dejo de esa melancolía que caracteriza a los ojos muy grandes y muy negros; una sonrisa suave, juvenil, muy cálida; una silueta menuda, con gracia latina... Basta y sobra para comprender por qué Ana Elena Noreña ha sido elegida Miss México de Los Ángeles 1965".

El sueño se había convertido en realidad. Anel tenía 21 años y otros sueños por alcanzar: el príncipe azul y el estrellato televisivo y cinematográfico. Se distinguía por su belleza, muy acorde con la época. Eran los años sesenta, alocados y cambiantes. La juventud se rebelaba. El presente a go go se abría paso ante lo anquilosado de la moda y las costumbres de antaño. Las minifaldas, el movimiento de caderas de Elvis Presley, los gritos histéricos de las fanáticas de los Beatles, la quema de brassieres como símbolo feminista, la píldora anticonceptiva como parte de una revolución sexual gratificante y sin embarazos, el amor y paz, la psicodelia, el rock and roll y la vida como una piedra rodante, caracterizaban una década caótica pero sin duda maravillosa.

La inocencia de Anel contrastaba con la liberalidad de la época. Sentía mariposas en el estómago cuando arribó al DF. Lo hizo en compañía de su mamá, quien fungía como una muy orgullosa y feliz chaperona. Viajaron por la capital y por Oaxaca. Anel captó de inmediato la atención por sus atractivos físicos pero también por su inocencia y su candor.

—¿A qué edad descubrió su propia belleza? —le preguntaron.

—¡Ay! Todavía no la descubro —respondió—. A los quince años era un costalito de papas y a los dieciséis ya era yo una tonelada. De los diecisiete en adelante empecé a convertirme en una mujer presentable.

—¿Cuál es su platillo favorito? —continuó el interrogatorio.

—En lo primero que pienso al despertarme por la mañana es en un suculento plato de enchiladas. Pero no soy remilgosa. Me gusta de todo, excepto las espinacas. ¡Qué horrible es el destino de Popeye!

—¿Le han dicho algún piropo que le haya hecho especial gracia en estos días que ha pasado en México? —fue otra de las preguntas de Manou en *Kena*.

—Me sentí especialmente halagada cuando esta mañana me dijeron: "Señorita, por usted hasta trabajaría…"

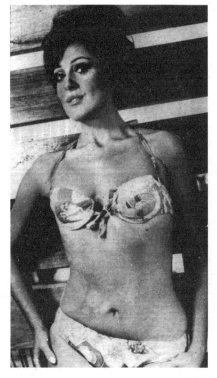

¿Cómo te llamas? Pues Anel.

—¿Preferiría casarse con un mexicano o con un norteamericano?

—Con un mexicano, aunque no lave los platos.

Parecía atrevida pero en realidad era curiosa. Le interesaba saber, enterarse de todo. Parecía como una mariposa a punto de salir de la crisálida. Tenía prisa en vivir, en dejar atrás los años como gorda y sirvienta y disfrutar su reino de juventud y de belleza.

—Parecía yo una muñequita de *Squire*, por lo bien vestida y maquillada. Edith Head me regaló el guardarropa y los accesorios. Llevaba siete vestiditos, siete trajes sastre y siete pantalones, preciosos… También una cajita negra con plumas y un abrigo muy elegante y lujoso.

Miguel Alemán Valdés, en su calidad de presidente del Consejo Nacional de Turismo, le regaló un rebozo de Santa María. El propio Consejo le organizó una gira por periódicos y programas radiofónicos y televisivos.

—Me llevaron al programa del Loco Valdés. Fue sensacional. Ni se imaginan lo bien que me sentí cuando me vi en la cámara. Dios mío, quería volverme a ver pero no había repeticiones en video. Me encantó ese mundo, que yo había soñado desde chiquita. En ese entonces me ponía las batas de mi abuelita y subía y bajaba por la escalera como toda una artista.

Conoció a mucha gente importante. A la gente *popof*, como le llamaba el cronista de sociales más distinguido de esos tiempos, Agustín Barrios Gómez. Algunos niños popis la invitaron a salir. El hijo del dueño de una cadena de cines y subdirector de *El Heraldo de México*, un periódico que por aquel tiempo empezaba a circular con un fuerte enfoque al mundo del espectáculo, la llevó a fiestas y reuniones de la alta sociedad, donde Anel se distinguió por lo bonita pero también por su facilidad de conversación. Los galanes le salían por todas partes. Un junior le ofreció su *pent-house* en Paseo de la Reforma. No sólo eso: darle lo que quisiera, ponerle el mundo a sus pies…

—Me pareció muy lindo ese México, tan padre. Todo era muy bonito y bla-bla-blá. Solamente que era yo muy joven e inexperta. No acababa de entender dónde encajaba yo en todo eso.

Anel se sentía incómoda. Le halagaban las atenciones que recibía en todas partes, pero algo en su interior le decía que no podía dedicarse eternamente a eso. No quería ser una simple cara bonita en las fiestas o en las fotografías. Ansiaba abrirse paso como actriz. Sentía el llamado de los escenarios y del aplauso del público.

Pasó tres meses de una intensa actividad social. Cumplido ese periodo, estaba triste e insatisfecha. Más aún, porque debía regresar a Estados Unidos a continuar su reinado de belleza en tierras angelinas. Se daba cuenta de lo mucho que se había divertido. Sin embargo, no había logrado la oportunidad de tener acceso al cine o televisión. Hizo sus maletas verdaderamente compungida. Se dirigió con su mamá rumbo al aeropuerto, documentaron su equipaje, y cuando el avión ya estaba a punto de salir, Anel decidió su destino:

—Mamita —le dijo—, no te voy a acompañar, yo me quedo.

—Pero, ¿cómo? —la mamá se sobresaltó con la noticia.

—Me quedo. Tú sabes que lo único que deseo es ser actriz. Voy a probar suerte. Quiero cumplir mi sueño. Me quedo…

Su mamá lloró y lloró desconsolada.

—Mijita —le pedía que recapacitara pero Anel se mantuvo firme. Se despidió de su mamá, que sí abordó el aeroplano, y se quedó en el DF. El corazón le palpitaba con fuerza y sentía una punzada en el estómago, pues tenía miedo de haber tomado una decisión equivocada. De quedarse sola, sin dinero, sin trabajo. Le

Resucitando a un muerto

habló al galán que le había ofrecido el *pent-house* de Paseo de la
Reforma, y éste quedó de pasar a recogerla en el aeropuerto.
Anel esperó y esperó. El vuelo a Los Ángeles había salido a las
diez de la mañana. Pero eran las tres de la tarde y el junior no
llegaba. Lejos de angustiarse, pensó rápido. Les habló a las Xivillé, que eran sus vecinas en Quintana Roo 93, para pedirles
asilo. Por supuesto, ellas aceptaron.

NACE SÚPER UVITA

La ciudad de los palacios era inmensa. La capital mexicana se
distinguía por su desmedido crecimiento. Y Anel estaba sola. Las
Xivillé eran divinas y se portaban con ella de manera atenta y
por demás generosa. También los del Consejo Nacional de Turismo, que actuaban como dignos anfitriones ante su distinguida reina de la belleza. Pero también soñaba con el amor, con el
hombre ideal. En el transcurso de unos cuantos meses había pasado de niña a mujer y se percataba del cambio. Empezaba a ver
la vida de otro modo, a los hombres de otro modo. No había en
ella un sentido pecaminoso del mundo. Era bella y atractiva pero
inocente. A sus 21 años seguía siendo virgen. Su experiencia amorosa se limitaba a unos cuantos picoretes y manitas sudadas con
Nono Arsu. Era todo. Podía parecer atrevida, pero no lo era.
Por aquel tiempo ella misma se empezó a definir como Súper
Uvita, mitad mujer osada y mitad niña ingenua. Se empezaba a
dar cuenta de las mentiras de los hombres y de la importancia
que le daban al sexo antes que al amor. Era una caperucita roja
entre muchos lobos feroces. Aún así, aceptaba los piropos por

Super Uvita

sentirse halagada en su nueva personalidad de bella y esbelta y no de fea y gorda. Le gustaba sentirse mimada y ansiaba la compañía masculina. No por acostarse con alguien sino por necesidad de ser amada y aceptada, y por temor a la soledad.

La ausencia de sus padres, la sensación de falta de cariño que había sentido durante toda su infancia y adolescencia por parte de ellos, le pesaba enormemente. Quedarse sola continuaba siendo uno de sus miedos más grandes. Quería estar con alguien que la cuidara, que la protegiera.

Ese alguien fue un hombre guapo, fuerte y muy alto. Un príncipe azul de nombre Jorge.

Anel lo había conocido cuando ella tenía once años y él veintiuno. Era un junior acostumbrado a lo mejor. Manejaba Corvettes último modelo y se vestía de manera elegante y a la última moda. Era hijo de un rico empresario de la industria minera. Manuel Noreña había trabajado para él. Apenas y conocía a Jorge, que por aquel entonces se destacaba como un muchacho impulsivo y de armas tomar. Un día, durante una pelea a un lado del Teatro de los Insurgentes, Jorge sacó una pistola y se enfrentó a unos muchachos que le buscaban pelea. Manuel Noreña intervino, calmó los ánimos y le quitó el arma. Nadie supo nada hasta el día en que el propio Jorge se presentó en la casa de Quintana Roo 93-2 para reclamar la pistola. Anel no lo vio pero le agradó sobremanera su voz, varonil y muy distintiva. Era una niña pero el recuerdo de Jorge se mantuvo de forma casi indeleble con el paso del tiempo.

Nueve años después volvieron a verse. Sucedió de manera azarosa, tras una serie de afortunadas casualidades. Un amigo de Jorge, Rubén Ruiz Alcántara, que trabajaba en el Consejo Nacional de Turismo, vio que Anel estaba muy fatigada debido a la intensa vida social que llevaba, y sugirió que tomara un descanso.

—¿Por qué no te vas de vacaciones? Tengo un amigo con una casa en Acapulco que te va a encantar.

A Anel la idea no le disgustó. Pensó en llevarse a su tía la Güera. Descansaría de lo lindo. Se olvidaría de fiestas y vestidos de noche. Se iría de chanclas. De incógnito. Como Anel y no como la afamada reina de la belleza. Por fin, lejos de todo. Hasta del maquillaje.

Ruiz Alcántara tomó el teléfono y llamó a su amigo.

—Jorge, a que ni sabes a quién tengo frente a mí —le dijo con evidente presunción y orgullo-: a Miss México de Los Ángeles, Anel Noreña.

Anel se asustó al escuchar el Noreña. Desde el lío aquel en que su padre fue acusado de abuso de confianza, trataba de ocultar lo más posible su apellido, por si las dudas. Temía que el largo brazo de la ley quisiera todavía saldar deudas pendientes.

Jorge respondió:

—Pregúntale qué es de Manuel Noreña.

Anel se volvió a sobresaltar.

Tomó el teléfono y le preguntó personalmente cómo sabía de su padre y por qué. Al principio lo hizo enérgicamente, casi enojada. Después, cuando él le contó lo de la pistola, ella se suavizó. Recordó la voz, "esa voz de hombre".

Jorge le dijo:

—Mira, la casa de Acapulco no puedo prestártela ahora porque la está usando mi madre. Pero te invito a cenar. No te arrepentirás —aseguró, entre coqueto y misterioso.

Anel aceptó. Se quedaron de ver esa misma noche. Le dio su dirección, pues pasaría a recogerla más tarde. Cuál sería su sorpresa al encontrar, en casa de las Xivillé, un enorme ramo de rosas con una tarjeta que decía: "Con los atentos saludos del ingeniero Jorge V." Tanto ella como sus anfitrionas se entusiasmaron: "¡Guau! ¡!Qué maravilla! ¡Qué caballero tan atento!". Se pusieron alegres y nerviosas. Dorita, una de las Ivillé, se encargó de darle consejos mientras Anel se arreglaba para la cena.

—Si tomas, que no sea más de una o dos copas. Y, antes, te tomas un vaso de leche bien grande. Así, nunca se te van a subir las copas.

A las nueve de la noche en punto alguien tocó a la puerta. Abrió la muchacha y una voz muy atractiva que preguntaba por Anel resonó por el pasillo.

—Se me cayeron las medias de tan sólo escucharlo. Y luego,

Mi primer reportaje en periódico.

verlo: era un hombre como de dos metros. ¿Guapo? Hay cierto tipo de hombre que definitivamente atrae. Un hombre como él. Alto, delgado, súper bien vestido. Un dandy. Yo estaba fascinada. Me dije, sonriente: ¿cuánto me debe el destino que contigo me pagó?

Anel también estaba linda. Se había puesto *Je reviens*. Él alabó su aroma y lo bien torneadas de sus piernas. "Cómo has crecido", le dijo. "¿Cómo no me había fijado en ti?". Aparecía de nuevo el lobo feroz diciéndole piropos a Súper Uvita. Qué linda, qué bonitos ojos, qué dulces orejitas. "Lo que sucede es que te quiere comer el lobo. ¡Y me comió!". Fueron al *Jacarandas*. A Jorge lo recibían con alfombra roja, verde, amarilla, lo que a él se le antojara. Los meseros muy atentos con él. Cenaron delicioso y tomaron champaña. Anel recordó el consejo de Dorita: "Dos copas, nada más. Yo llevaba mi cálculo. No pensaba pasar de ahí. Nos la estábamos pasando bomba, muy divertidos. Pero la orquesta comenzó a tocar y me sacó a bailar. Yo nunca había bailado antes. Él me dijo: nada más déjate llevar. Eso hice. Holgadita y al caer. Me dejé llevar hasta donde él quiso".

Verano del 70.

Esa noche la llevó hasta un departamento que tenía en la parte alta de una gasolinería de su propiedad, en la Avenida de los Insurgentes.

EL ABORTO

Jorge era casado, con tres hijos.

A esa primera noche de estar juntos en su departamento le sucedieron otras, y en todas ellas el príncipe azul se levantaba de la cama a las cuatro de la mañana para salir corriendo a su casa y ocultar en lo posible a su esposa el desliz, la infidelidad.

A Anel no le importó. Estaba con un hombre que le gustaba mucho. Haber perdido su virginidad con él fue parte de otro sueño convertido en realidad. Su relación le parecía rodeada de magia y de encanto. Era un tipo sensacional. Le gustaba ir a su oficina y ver cómo manejaba sus negocios, con tanto aplomo, con tanta seguridad. "Se veía guapo, guapísimo, junto a la chimenea". Además, el que Jorge tuviera esposa le parecía perfecto, pues en su proverbial inocencia no quería compromisos que la alejaran de su sueño de artista. "Yo quería el firmamento cinematográfico. Quería ser vedette y andar libre por el mundo". No era falta de moralidad sino de experiencia. Su ignorancia llegaba a tanto que de principio no se preocupó por la posibilidad de un embarazo. Todo le parecía normal, sin ataduras o complicaciones. Fueron algunas de sus amigas las que la alertaron: "Debes cuidarte". Recurrió a métodos poco ortodoxos. "Métete una aspirina en la vagina", le recomendaban, y ella se ponía seis o siete, por si las dudas. Su amiga Dorita le aconsejó usar Norforms, una marca de óvulos.

—Era un lío. No me los ponía a tiempo o usaba toda la caja, pues la posibilidad de quedar embarazada me aterraba.

A los tres meses de una relación maravillosa, Jorge le puso a Anel un pent-house en la colonia Anáhuac. Se mudó ahí, llena de esperanzas y de ilusiones. Fue un amor deslumbrante y muy intenso. "Me tenía súper apantallada y súper consentida. La verdad, muy ameno todo. Dentro de lo superficial, muy ameno". Anel decoró su nuevo hogar a su antojo, al estilo elegante que había aprendido de Edith Head. "La verdad, me sentó muy bien jugar a la casita". Jorge la mimaba y la hacía partícipe de su ritmo de vida. Ella lo veía con admiración: "Tenía como cuarenta y ocho carros, uno por cada traje que tenía. Entre ellos, un Mercedes Bez gris metálico Gull Winds divino". Cenaban y pasaban noches llenas de pasión. Eso sí, apenas daban las cuatro de la mañana, Jorge salía corriendo a su casa.

Un buen día, Anel descubrió algo que la sobresaltó. Estaba a punto de volar a Los Ángeles a entregar el cetro de Miss México. Se daba una ducha, se enjabonaba con un Zest y de pronto cayó en la cuenta que su menstruación se había retrasado. "La regla, la regla", se desesperó, por completo nerviosa y asustada. "Qué cosa. Me sentí rara". Algo había pasado. No habían funcionado las aspirinas ni los óvulos. Estaba embarazada. Habló con Jorge y se encontró con un hombre amable y tierno, que la tranquilizaba:

—No te preocupes, yo me encargo —dijo con una gran seguridad.

Anel viajó a Los Ángeles inquieta y preocupada. "Más bien, aterrorizada. Me espantaba la idea de traer un hijo al mundo. Estaba muy peleada con la vida. Me preguntaba: ¿yo, traer hijos a este valle de lágrimas, a que pasen y sufran lo que yo pasé y sufrí? Ni loca". Jorge, por el contrario, estaba tranquilo, relajado. Una vez que regresó a México, le dijo:

—Te voy a llevar con un amigo, que es una persona maravillosa.

Llegaron a una casona en la calle Rosas Moreno, en la colonia San Rafael. Los atendió un doctor, un viejito muy amable parecido a Santa Claus.

—No te preocupes, mi reina, déjalo todo en mis manos —le decía.

Anel no entendía nada pero se dejaba hacer.

—Tu relojito se retrasó, pero vamos a volverlo a poner a tiempo…

Le inyectaron algo y se durmió.

Cuando despierta le dicen que ya todo estaba arreglado.

—No se habló nunca de aborto, pero eso fue. Me hicieron una raspa.

Por supuesto, Anel tuvo sentimientos muy encontrados. No quería tener hijos pero algo en su interior le decía que había hecho algo malo. Jorge la despreocupaba. Para él, nada había pasado. Es más, ese mismo día la llevó al *pent-house* e hicieron el amor.

Anel, a pesar de su ingenuidad, se preguntaba qué pasaba, por qué. Sentía un extraño y curioso dolor, pero no precisamente en el cuerpo sino en el alma. Empezaba a aprender de mala manera lo nefasto de la vida. Eran sus primeros frentazos como mujer.

QUIERO CANTAR

Faltaban otros frentazos. Un día Jorge llegó temprano al *pent-house*. Apenas la saludó y entró al baño a tomar una ducha. Nunca llegaba a esa hora y mucho menos a bañarse, por lo que Anel entró en sospechas. Se asomó a la ventana y vio a una mujer sentada en el carro de su amante. Le reclamó:

—¿Quién es esa mujer?

Lo hizo de forma airada, y con el recuerdo muy vivo de las infidelidades de Manuel Noreña hacia Elena. Llegó a tanta su furia que le cerró la llave del agua fría:

—¡Eh! —reclamó Jorge al sentir sobre su espalda el chorro de agua hirviendo.

—¿Quién es esa tipa? Dime.

—Ya, ya, ya, no es nada.

—¿Cómo que no? Dime quién es.

Jorge no le hizo caso. Se vistió, se perfumó y se fue a los brazos de la mujer que lo esperaba en el carro.

La rabia de Anel era enorme. Experimentaba un coraje mayúsculo. Se sentía engañada, defraudada. Tenía ganas de vengarse. "¿Qué hago, qué hago?", pensaba en el desquite. De principio, lo borraría de su vida. Nunca más le permitiría el acceso al *pent-house* y mucho menos a su cama. Luego, más calmada, pensó en la mejor forma de ganarse la vida. Sin el dinero de Jorge, tendría que trabajar. ¿De qué, cómo?, eran las preguntas que se hacía. Tras mucho pensarlo se le ocurrió una idea que era como una tabla de salvación. Una idea por supuesto descabellada pero que en su ingenuidad sonaba fabulosa.

—Voy a cantar.

Recordó que no lejos del *pent-house* se encontraban las oficinas de la compañía discográfica Mussart. Preguntó por el nombre del director artístico y se presentó ante su secretaria.

—Busco al señor Guillermo Acosta. Dígale que quiero grabar un disco.

—Está en una grabación con la señora Olga Guillot. Va a tener que esperarlo. Tome asiento, por favor…

Anel se entusiasmó. Había escuchado a la Guillot en el *Quid*, el lugar de moda. Jorge la había llevado. Al igual que en otros lugares, lo trataban como rey. Esa noche, la Guillot le había dedicado casi todo el *show*. Lo conocía, pues Jorge le rentaba un departamento en la Nápoles. Esperó y esperó a que salieran. Había llegado a las diez de la mañana y no fue sino hasta las cinco de la tarde que terminaron con la grabación. Parecían contentos y satisfechos. La secretaria señaló a Anel.

—La señorita quiere cantar —dijo.

Guillermo Acosta la miró de arriba abajo. "Ha de haber pensado que yo era María Callas o una mujer lo suficientemente rica como para pagarme yo misma mi disco". No la despidió de inmediato sino que le dio el beneficio de la duda.

—A ver, maestro —le pidió a Salomón, el pianista, que la acompañara.

—¿Cuál quiere cantar? —le preguntó éste.

El mundo de Anel era el de las canciones en inglés: Ramsey Lewis y Frank Sinatra se encontraban entre sus favoritos. Jorge le había regalado un hermoso tocadiscos y una colección de fonogramas que escuchaba sin cesar todos los días.

—*I left my heart in San Francisco…*

—¿En qué tono?

—El que quiera, maestro, yo lo sigo…

Esa fue la primera señal. Guillermo Acosta se dio cuenta de inmediato de la falta de experiencia como cantante de Anel. Apenas la escuchó cantar, no hubo ninguna duda. La interrumpió:

—Mujer, dedícate a otra cosa.

—Pero, señor...

—No, no, no. Nunca, ni con cien micrófonos, podrás hacerlo. Ni siquiera sabes respirar. Eres guapa. Tienes una cara mona. Mejor dedícate a modelo, no a cantante.

Anel le lloró. "Deme una oportunidad. Necesito trabajar, por favor". Le ablandó el corazón al director artístico de Mussart, quien le extendió una tarjeta de presentación y le dijo: "Busca a mi hermano, Jesús Acosta. Trabaja en Televicentro. A ver si te da chamba como modelo..."

Fernando Wagner, el mejor director de telenovelas en esa época.

Ni tarda ni perezosa, Anel se presentó al día siguiente, en las instalaciones de Televicentro, hoy Televisa, en avenida Chapultepec 18. Llegó a las diez de la mañana al Estudio A. Esperó y esperó y nadie llegaba. A la hora de esperar decidió marcharse, por completo triste y desesperanzada. "Ni modo, voy a tener que pedir trabajo de nuevo en Woolworth".

En ese momento sucedió la magia.

Anel caminaba "toda lampareada, porque en ese pasillo brillaban los nombres de las estrellas de Televicentro", cuando vio a una mujer alta, guapa y esbelta, que había bajado de un auto muy bonito.

Era Pilar Candel, una de las modelos más famosas de la época. Conducía la Revista Fílmica del Canal 2, además de ser dueña de una de las escuelas de modelos y personalidad más importantes de México.

Una entraba y la otra salía. Al momento de cruzarse, Pilar Candel le preguntó:

—¿Adónde vas?

—¿Me habla a mí?

Anel no salía de su asombro. Se reprochó: "qué idiota, se me hace que me fui a meter a otro sitio".

—Por supuesto que te hablo a ti —dijo la modelo, totalmente convencida—. Apúrate, vamos, que se nos hace tarde.

La tomó del brazo y la condujo por el pasillo. Caminaron juntas mientras Pilar Candel no dejaba de hablar: "Hermes nos mandó unas bolsas y unas mascadas, Ted Lapidus unos lentes, y Jumex quiere lanzar hoy su jugo de mango". Se metieron al estudio C. La modelo se quitó la gabardina, y ordenó: "Ponte esto". Eran unos lentes. "Y esto". Una mascada. Llegó la productora, Gloria Jiménez Pons, quien preguntó, nerviosa y terminante: "¿Ya? Estamos a punto de salir al aire. Rápido, rápido". En esa época los programas seguían transmitiéndose en vivo y se acercaba la hora de transmisión. "¿Y qué hago, qué digo?". Anel estaba encantada pero sin saber qué hacer. "Nada, no vas a decir nada. Te paras frente a la cámara, te quitas los lentes, luego la mascada, y ya". Anel lo hizo. Fue una buena toma, pues era una modelo nata. Había nacido para el estrellato. Aún así, en el estudio resonó la voz metálica de Gloria Jiménez Pons, quien regañaba toda airada desde el *talk-back*: "¡¡¿Quién es esa niña?!!" Pilar Candel, que sin lentes no veía bien, se acercó a Anel, entornó la mirada y le preguntó: "¿Quién eres?". "Anel", respondió ella, sumida en la más completa de las inocencias. "¿Pero qué haces aquí?". "Usted me invitó", para Anel era claro. "Ni te conozco". "Yo tampoco, pero usted me tomó del brazo y me pidió que me apresurara. Y aquí estoy". La confusión era extraña y maravillosa. Gloria Jiménez Pons estaba desesperada. "¡La siguiente toma, la siguiente toma!". Se debía transmitir otro comercial y no hubo más remedio: que lo haga Anel. Bebió frente a las cámaras, con naturalidad y con delicia, una lata de jugo de mango. Lo hizo bien, muy bien, casi como si se tratara de una modelo profesional. Aún así, Gloria Jiménez Pons bajó de la cabina hecha una energúmena. "Nos van a multar", parecía una pantera furiosa. "¿Qué pasó? Exijo explicaciones". Pilar se disculpaba y disculpaba, pero tampoco entendía cómo es que había pasado todo. Anel atestiguaba la escena, apenada, sí, pero también contenta. Era su primera intervención en la televisión mexicana.

—Necesito trabajar.

—¿Qué?

—Que necesito trabajar.

—Pero, ¿quién eres tú? —la interrogaba cada vez más airada Gloria Jiménez Pons.

La confusión duró un buen rato. Una de las modelos, Alicia Echeverría, se compadeció de Anel y medió para arreglar la situación. "Yo la llevo a la ANDA a que tramite sus papeles". Anel se asustó: "¿Pero cuánto cuesta eso? Sólo traigo diez pesos".

Adivinen mi chamba con Wolf Rubinsky, Lolita Ayala, Luis Spota, Anel, Paco Malgesto e Irma Dorantes.

Amparo Riveles, Anel y Ofelia Guilmain en *La Hora de Mauricio Garcés*.

LA FRIGIDEZ, LOS POLÍTICOS Y
LOS MILLONARIOS

Ése fue su mágico y singular arribo a la televisión mexicana. El año, 1967. A partir de entonces iniciaría una meteórica y sólida carrera tanto en cine como en TV. Su primer trabajo fue al lado de su "descubridora", Pilar Candel, en el programa matutino *Revista femenina*. A éste le siguió un pequeño papel en una tele-novela, *Los desarraigados*, al lado de Carlos Ancira y Columba Domínguez. "Curiosamente, trataba sobre trabajadores mexica-nos en Estados Unidos, sus amores y sus dramas. Me dieron un papel muy bonito, que me dio no sólo para comer sino también muchos ánimos para salir adelante. Yo era la sobrina que se que-da en México mientras los personajes interpretados por Carlos y Columba se van del otro lado. Marco Antonio Muñiz cantaba el tema principal, *El Despertar*, y Mona Bell hacía su presentación con aquella canción de *Trenes, barcos y aviones*…" Después entró a *Música y estrellas Mussart*, como modelo, ahora sí bajo las órdenes de Jesús Acosta. De ahí pasó a *Hoy* bajo la dirección de Juan "el Gallo" Calderón, quien de inmediato notó sus aptitudes para la comedia y que retrataba muy bien para la pantalla. En *Hoy* actuaba también como modelo, al lado de Cristina Rubiales y Jessica Munguía. En este programa famosos cantantes como Carlos Lico o Armando Manzanero se dirigían a ellas mientras cantaban sus canciones. Era la época en que Manzanero colocó un nuevo éxito: *Adoro*. Conoce a Paco Sañudo, quien se convierte en su representante. Antes era representada por Blanca Estela Limón, pero como se descuidó brevemente y empezó a subir de peso, unos cinco kilos de más, ella se negó a representarla si estaba gorda. Con Sañudo entró al cine. Lo primero que hizo fue *Siempre hay una primera vez*, dirigida por Guillermo Murray y compuesta por tres cuentos. Los actores eran Ana Luisa Peluffo, Héctor Bonilla y Enrique Rambal, entre otros. Anel representaba el papel de hermana de una muchacha atormentada por haber perdido la virginidad con el hombre que amaba y la necesidad de casarse con un rico y viejo abarrotero por el que no sentía nada. El papel de mamá era actuado por Ofelia Guilmáin. Eran los tiempos en que las películas contribuían a poner sobre el tapete de las discusiones el tema de la virginidad y el embarazo, para romper tabúes y moralismos anquilosados.

Todo iba muy bien en la vida de Anel. Empezaba a tener más apariciones en la tele y a ser requerida en papeles para el cine. Uno de sus sueños empezaba a convertirse en realidad, el del estrellato. Pero el otro, el del príncipe azul, se había complicado.

La favorita de Fanny: Anel.

Después de la desilusión con Jorge se volvió a sentir sola, triste, desprotegida.

Por eso cayó en la trampa de la prostitución.

La prostitución elegante, de altura.

Fue una ecuación muy sencilla: mientras ascendía en el mundo de la farándula, también comenzó a ser asediada por políticos y empresarios. "Estos señorones, porque esa es la palabra, señorones, con mucho poder y mucho dinero, te invitaban a desayunar, comer o a cenar. Era estupendo, pues la atmósfera de que se rodeaban era maravillosa. ¡Qué conversaciones! ¡Qué mundo de todos ellos!". Ahí descubrí la fórmula de un intercambio perfecto y ventajoso así como muy productivo: Tú tienes mucha juventud y ellos mucho dinero... Me dijo Dolly "¿entiendes?" y así entró en contacto con la señora Dolly, quien tenía una impactante cartera de hombres notables y encumbrados. "Era la *match-maker*, es decir la encargada de ponerme a las órdenes de esos señorones. Todo lo arreglaba ella. Era una cosa verdaderamente sensacional y divertida. Tenía los lugares más lindos, los penthouses más encumbrados. A mí me pareció maravilloso. Me invitaban a viajes, me hacían regalos y convivía yo con la plana mayor de aquella época. Era una forma amena e interesante de pasar las tardes, las noches y las mañanas". En su ingenuidad característica, Anel se dijo: ¿Quién se va a dar cuenta? Nadie. La clientela era tan distinguida, tan conocidos como políticos o empresarios, que cualquiera que hablara de más de seguro firmaba su sentencia de muerte. "A mí se me hizo sensacional. Y, además, tener esas conversaciones, y esas bebidas, y esas comidas". Todo era sencillamente de lujo. A las mansiones o pent-houses llegaban tríos o grupos como Los violines de Villafontana a amenizar. Anel recuerda "una mansión con una terraza hermosísima en Las Lomas", donde Barry Manilow ofreció un *show* para nosotros que eramos únicamente ocho personas, cuatro hombres y cuatro mujeres. Se sentía a gusto porque de esta manera no se sentía sola. Era Súper Uvita al rescate de sí misma. Viajó con políticos de primer nivel y empresarios de lo más opulentos. Todos ellos estaban casados. Para ella mejor, pues así se quitaba de problemas. Disfrutaba de la vida sin las angustias del matrimonio. Sus acompañantes le daban regalos fastuosos como autos, vestidos, joyas. "Me sentía la reina de la noche e intercambiaba belleza y juventud y ellos mucho dinero. Yo aprendía de la vida. Aprendí que, no importando qué tan finos o corrientes sean los vinos o licores, los hombres igual se emborrachan. Y lloran o se vomitan. También aprendí de astronomía, pues todos sin faltar te bajaban las estrellas. De gastronomía, por supuesto, y de negocios y de política. De hecho, acostarme con ellos era como ir a una clase de biología. No sentía placer más que en las conversaciones, donde te enterabas de cada cosa que sucedía en México que ni veas. Pero, en la cama, no. Si llegábamos o no a las nupcias, por mí no había ningún problema. Me dejaba hacer pero sin sentir nada. Lo sé ahora, estaba yo helada. Era una mujer frígida. Un volcán apagado".

No sentía remordimientos ni tampoco culpas. Su idea del sexo se reducía a malas experiencias en su niñez. Una vez vio a sus padres hacer el amor, lo que le pareció feo y terrible. En otra ocasión un amigo de la familia, hospedado en el hotel *Roosevelt*, abusó de ella. Desde entonces trataba de no sentir, de no involucrar sus sentimientos. Era un volcán, sí, pero un volcán apagado. Además, como era bella y joven, terminó por sacar el mejor provecho de sus atributos. Esperaba al príncipe azul y mientras tanto se divertía. No esperó mucho antes de que un nuevo hombre apareciera como alguien significativo en su vida. Se llamaba Eduardo y era un chico distinguido y de buena familia. A Anel le gustaba su sentido del humor y la manera como la trataba. Fue el primer hombre soltero que conoció en su vida y se enamoró perdidamente de él. "Me llevaba como trece años. Lo conocí en *La Fonda del Refugio*. Aquello fue otra vez como un sortilegio. ¡Guau! No tenía la dinamita de Jorge, pero sí un *savoir faire* tan especial, tan educado, tan pausado. Era aficionado a los toros. Empezamos a salir. Fue una gente hermosa".

Un buen día, sin embargo, todo terminó. Anel conoció en casa de Ernesto Alonso a don Aníbal, un famoso banquero.

Éste quedó prendado de la belleza de la joven actriz y fue directo al grano:

—Óyeme, chula. Yo tengo el dinero y tú tienes la belleza. Me encantaría enseñarte a capitalizar tu tiempo y tus encantos. Me encanta viajar. Los viajes que quieras, los hacemos.

Súper Uvita aceptó. Don Aníbal era un hombre mucho mayor, casi cuarenta y cinco años más grande que ella. La llevó a París, en un viaje inolvidable. "Paseamos por los Campos Elíseos como si fuéramos reyes. Bebimos champaña junto al Sena. Me regaló el sol, la luna y las estrellas en lo alto de la Torre Eiffel. Asistimos a los mejores *shows* en el Maxims y en Pigalle. Escuchamos una *chanson d'amour* tras otra. Nos bebimos todo el vino que pudimos en Montmartre. Nos detuvimos a comprar en todas las tiendas importantes. Un viaje en verdad fabuloso". En México le puso una hermosa casa a sus órdenes, en la calle de Bartolache, en la colonia del Valle. La paseaba con orgullo en bares y restaurantes. Una vez, en la inauguración del Luigi, Anel se enfrentó con un sentimiento que parecía no conocer: la vergüenza. Llevaba un vestidito precioso de Pucci, "en tonos azulitos, lindísimos, con sus medias, como una auténtica muñequita", que, por supuesto, don Anibal le había regalado. Era una noche formidable con muchas estrellas, invitadas por Mauricio Garcés y Antonio Badú, los dueños. Se sentaron en una mesa de pista y pidieron champaña. En ese momento vieron llegar a Eduardo. Anel se quiso morir. "Fue horrible".

—Perdóname —le dijo, tartamudeando y por completo sonrojada.

Pero ya era tarde. Don Anibal se quedó con Anel. La mujer joven y el viejo rabo verde, con dinero. La vergüenza, que apareció de repente, así se fue, de repente. También su sentido de la moralidad. En ese momento, como ella misma lo reconoce ahora, "la vida me venía valiendo que-que. Fui una mujer que hizo un montón de tonterías pensando que todo estaba bien, que no pasaba nada. Su existencia transcurría entre este tipo de relaciones por dinero y su trabajo en la televisión. Juan Calderón seguía creyendo en ella y la hacía estrella. Le dieron, además, un papel protagónico en *El amor tiene cara de mujer*. "Fue una telenovela especialmente linda, donde todas enseñábamos las piernas". Esto último contribuyó a que fuera más solicitada en la exclusiva cartera de clientes de la señora Dolly. Anel aprovechó un viaje de

Don Anibal a Medio Oriente para aceptar una película con Mauricio Garcés, con el que inició una sólida y bonita amistad. Con él hizo *Tápame contigo; Espérame en Siberia, vida mía; y Fotógrafo de modelos.*

—Mauricio sabía ser un gran amigo.

Cuando don Anibal regresó de su viaje Anel estaba involucrada de lleno en su carrera artística. No tenía tiempo para el amor.

—Debemos separarnos —le dijo a Don Anibal—. Si quieres, te regreso tu casa de Bartolache.

—No, quédatela —le dijo éste.

Los PEG, Pepe, Enrique y Gilberto.

"Los dos Nippers de oro de José."

"El Patio, julio 1970. El comienzo de todo, rodeado de amigos, Consuelo Velázquez, Roberto Cantoral y Eduardo Magallanes."

Anel 1969.

IV
EL BESO EN EL HOMBRO

¡ARROZ!

El 17 de mayo de 1969 Anel
fue entrevistada por Raúl Velasco para *El Heraldo de México*. La
describió como una "muchacha
de piel apiñonada, mirada sugestiva y personalidad distinguida".
Anel estaba a punto de aparecer
en la serie televisiva *Amor se es-
cribe con Arden* y estudiaba "como
loca actuación con Dimitrio Sa-
rrás, quien me parece un genio".
Anel, agregó Velasco, "tiene un
extraordinario don de gentes,
un calor interior que proyecta intensamente; es muy desenvuelta,

Anel en 1970.

tiene categoría, se viste muy bien y tiene otros atributos que ya iremos descubriendo, pues la acabamos de conocer". Su carrera iba en ascenso. "Es Anel, no lo olviden", puntualizaba el entonces periodista y luego conductor de *Siempre en domingo*. En ese año comenzó a filmar *La mula de Cullen Baker*, especie de taco-western, y fue comparada por Alberto Catani como la Shirley McLaine mexicana. "Nosotros creemos que aún no descubren lo que puede ser su línea única y definitiva, y en la que no tiene rival en México: Anel es una magnífica actriz sexy y cómica a la vez".

—Por aquel tiempo yo quería ser una especie de Lucille Ball. Muchas veces intenté convencer a los productores de hacer un programa tipo *I love Lucy*, pero se negaban de manera rotunda. "Las cómicas son gordas y feas, y tú no lo eres", me decían.

Esta faceta sexy y cómica la hizo participar como dama joven en películas de Mauricio Garcés.

—¡Guau, qué hombre más atractivo era Mauricio!

Mauricio Garcés era el galán de moda, el prototipo del *play-boy* latinoamericano, guapo y aventado. Fue el soltero empedernido en el cine y en la vida real. Su grito de batalla se hizo famoso, traspasando las barreras del tiempo: ¡Arroz!, les decía a las mujeres bellas que pasaban frente a él. Era un grito casi felino, de ardiente tigre a punto de aventarse sobre su presa. En sus películas, de *Espérame en Siberia, vida mía*, a *Fotógrafo de modelos* y *Modisto de señoras*, las mujeres no sólo eran coquetas, bonitas y fáciles, sino que sus maridos o novios lucían espectaculares cornamentas. De ahí el ¡arroz!, que dicho al revés adquiere su verdadero significado: zorra. Todas caían ante sus encantos, desde su voz educada para seducir hasta su vestirse a la última moda y sus rasgos físicos, el perfil atractivo, el bronceado perfecto, el cuerpo esbelto, la fama de sempiterno mujeriego. Otra de sus frases más famosas refleja con exactitud la vanidad de su personaje: "Ha de ser difícil tenerme y después perderme". Era el nuevo Don Juan en una época caracterizada por el despertar a nuevas formas de entender y practicar el amor y la sexualidad. Los antiguos valores morales se modificaban gracias al empuje de la revolución sexual y del uso cada vez más difundido de la píldora anticonceptiva. Mauricio Garcés representó al nuevo macho, otoñal, sexy, atrevido, a go-go, y las actrices de sus películas a la nueva mujer, moderna y atrevida, dispuesta a la libertad y al goce de los sentidos, para dejar atrás la rigidez de los convencionalismos sociales. Anel fue una de estas actrices.

Participó en tres películas al lado de Mauricio Garcés. El galán cinematográfico también lo era en la vida real y Anel cayó seducida ante su innegable donaire donjuanesco.

—A Mauricio no le costaba ningún trabajo echarte los perros —recuerda Anel—. Fue una de las gentes más divertidas y sensacionales que he conocido. Muy divertido, también.

Fue un romance de filmación. Si uno se puede enamorar en una oficina o en un supermercado, más aún durante el rodaje de una película. "Los actores son gente fuera de lo común. Hay los pesados que se creen mucho, pero en general es gente muy especial. Si las mujeres se enamoran de los galanes que ven en una pantalla, imagínense cuando se les tiene en vivo y a todo color. Por eso es que se dan tanto los romances en el *set*. Nos pueden tocar actores muy guapos y con mucha personalidad, como Mauricio Garcés. Y uno cede, sin remedio". Para ella, el rumor de la supuesta homosexualidad de este actor no es cierta. "Claro que yo no viví con él eternamente ni muchísimo menos, pero no, no creo. Lo que pasa es que en este ambiente, al caer la noche, pasan muchas cosas. Desgraciadamente, donde hay alcohol y drogas hay mucha disolución. Uno se pierde. Lo que sí te puedo decir es que conmigo no se comportó como homosexual, al contrario. Durante el día era un hombre bueno que quería salvar al mundo, pero de noche se transformaba en el mujeriego que quería comerse a Súper Uvita. Me gustaba su estilo de tratarme: de hombre tipo papá. Me protegía, me cuidaba, me mimaba…"

En ese 1969 Mauricio Garcés se embarcó en un ambicioso proyecto: la puesta en escena de *Vidita negra*. Necesitaba a la actriz principal y Anel se ofreció de inmediato para representarlo.

—Me sentía con el derecho sentimental y profesional de actuar en ese papel, que me parecía estupendo.

Pero Mauricio Garcés la rechazó.

—No tienes el *look* adecuado. Tú eres pelirroja, necesito a una morena de los trópicos.

—Para eso hay maquillaje. Y pelucas —Anel se defendía.

Nada funcionó. Mauricio Garcés terminó escogiendo a Macaria, una bella y joven actriz. "Me rompió el corazón y me quería morir. Hice el coraje de mi vida", recuerda Anel. Pero faltaba más.

—Entonces, dame el papel de Charlotte —la esposa del protagonista.

Tampoco le dio este papel. Se necesitaba una actriz de más edad. Lo único que consiguió fue quedar como sustituta de la actriz que lo representaría: una mujer madura, rubia, atractiva, con aspecto de come hombres y de armas tomar. Una actriz y cantante llamada Natalia Herrera Calles. La Kiki.

Con don Oscar Ortiz de Pinedo y Raquel.

OOOOOPS, ¿QUÉ HICE?

Anel se refugió en el trabajo. Fueron meses de una intensa actividad. Se había convertido en uno de los rostros favoritos de los productores y aparecía de manera continua tanto en cine como en televisión. Actuaba en *La cosquilla*, uno de los programas más populares de la época, al lado de su conductor, Raúl Astor, y de actores tan destacados como Héctor Bonilla, Bárbara Ramsom, Raquel Olmedo, Eugenia Avendaño, Fernando Luján y Héctor Suárez. Era una calca del programa norteamericano *Laughing*, y consistía en diversos *sketches* que buscaban, mediante chistes o escenas divertidas, la risa del público. Anel representaba el papel de la mujer sexy, o de la difícil fácil. Dos de las secciones más gustadas eran la de las ventanas y la de la fiesta psicodélica. La recia personalidad de Raúl Astor, quien también tenía un programa al lado de Topo Gigio, así como su muy especial manera de darle seriedad al humor, contribuían al éxito del programa, lo mismo que su carácter ligero con chistes entre ingenuos y subidos de tono.

La fiesta de *La Cosquilla*. Héctor Suárez, Héctor Bonilla, Fernando Luján, Raúl Astor y Chela Nájera.

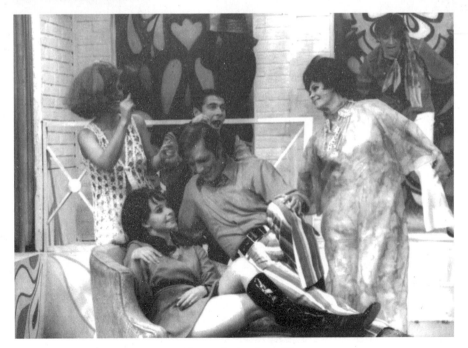

La fiesta de *La Cosquilla*.

Es una época donde su rostro comenzaba a aparecer en las principales revistas y periódicos de espectáculos de moda. Su rostro era común encontrárselo en las portadas. Su rápido ascenso en el gusto televisivo se debía, informaba una publicación, a su tenacidad, a una buena administración promocional y a su singular personalidad. "Claro que también debe tenerse en cuenta esa su cara tan expresiva y ese gesto simpático que acompaña todas sus actitudes, tanto en la vida social como en la del momento de actuar para el público".

También participaba en programas como *MM 4-21*, con Manolo Muñoz y Juan Calderón como productor, *Hoy*, al lado de Marco Antonio Muñiz y Carlos Lico, y *Mujeres, mujeres y algo más*, con Óscar Ortiz de Pinedo y Óscar Pulido. Con Ángel Fernández hacía mancuerna para presentar las películas transmitidas a través de canal Cinco. En una nota periodística se hacía notar que Anel tenía "facilidades para animadora, se ha mostrado capacitada como actriz y a todo esto se agrega su belleza y simpatía, virtudes que la colocan como futura triunfadora". En ese 1970 también hizo *Adivine mi chamba* y *Visitando a las estrellas*, al lado de Paco Malgesto. No sólo era un rostro bonito sino que trataba de aprender de sus maestros el arte de la conducción televisiva. No se quedaba callada. Trataba de participar con preguntas que lo mismo eran muy pertinentes o muy simples y casi ingenuas. Era como su sello personal. Anel seguía gustando por su frescura, ingenio y espontaneidad. A Raphael, así de la nada, lo fusiló preguntándole por qué la "H" de su nombre: ¿Por qué no llamarse, simplemente, Rafael? El cantante español tartamudeó y todo mundo terminó riendo en el programa.

Con Jacobo Zabludovsky y Raphael.

El hotel del Gallo Giro.

Con Marco Antonio Muñiz.

En un cuestionario para la revista Cinelandia, esto fue lo que dijo con respecto a sus gustos y preferencias:

Día: Todos.

Libro: El que enseñe.

La ropa: Moderna y original.

Hombre: El que sepa dar amor.

La noche: Con luna.

Paco Malgesto la quiso mucho, precisamente por estas cualidades. Le decía "Mosquita", de cariño. Con él participó en dos temporadas del Tenorio, Malgesto como don Juan y Anel como la bella y casta Inés. También hizo *Ensalada de locos*, con Héctor Lechuga, Chucho Salinas y Manuel el Loco Valdés. En cine, ni se diga. Participó en *Tampico*, con Julio Alemán. También en *El arte de engañar*, de Alfonso Rosas Priego, con Julio Alemán, y *Siempre hay una primera vez*, dirigida por Guillermo Murray.

Conoció a Manuel el Loco Valdés, quien le parecía de lo más simpático, alegre y jovial. "Era una persona linda. De las personas más limpias de alma que conozco. Muy generoso. Su manera de darse y de compartirse era sensacional. Manuel bailaba, cantaba, y te podías pasar los amaneceres más regios a su lado. Su amistad era como una continua fiesta".

Eddie Fisher fue otro de sus galanes. Lo conoció en el *Forum*, donde actuaban los Hermanos Castro. Se prendó de la belleza de Anel y la invitó a Las Vegas. Cuatro días con sus noches pasó a su lado. Eddie Fisher tenía un súper show en el *Frontier*, uno de los hoteles más famosos de la capital norteamericana del juego. Fueron días maravillosos: "pasaron muchas cosas, me enteré de muchas otras y me la pasé sensacional". Cuando regresó a México se dijo: "oooops, ¿qué hice?". Pero, lo bailado, ¿quién se lo quitaba? Era una época donde Anel parecía tener tiempo para todo, lo mismo para trabajar de manera continua e intensa que para saborear las mieles del romance.

Anel con Tintan.

Anel con Marco Antonio Muñiz.

¿PUEDO BESAR TU HOMBRO?

El amor aún estaba por llegar. Anel había conocido a muchos hombres, a cual más interesantes, pero en realidad jamás se había entregado en cuerpo y alma a ninguno de ellos. La imagen de su padre siempre ausente y de su madre llorando por su ausencia, le afectaba profundamente. Se negaba a caer en ese pozo de amargura. Podía andar con cuanto hombre quisiera, pero nunca se enamoraría. "Soy soltera de nacimiento", declaró a un periódico. No quería sufrir ni llorar a consecuencia del amor. Para ella, divertirse era la consigna; no enamorarse.

Todo cambió el día que conoció a José José.

"Éramos jóvenes y nos gustamos."

José y Anel.

Sucedió en Los Ángeles. La capital angelina parecía destinada a cambiarle la vida. Ahí había ganado el Miss México, que había hecho realidad sus sueños de Cenicienta, y ahí encontraría también a su príncipe azul.

Sucedió de una manera más que inesperada. La fecha: abril de 1970. Anel viajó a Hollywood para asistir a la ceremonia de premiación del Disco de Oro. El ganador absoluto era José José, quien en poco tiempo había alcanzado la cima de la popularidad con *La nave del olvido*, pero sobre todo con *El triste*, de Roberto Cantoral. Esta canción se había colocado rápidamente en el gusto del público, en medio de un ambiente muy encendido de verdadera pasión y polémica. Un mes antes, durante la celebración del Segundo Festival de la Canción Latina en el Mundo, el joven y carismático cantante se había convertido en el evidente favorito para llevarse el reconocimiento como mejor intérprete de la canción iberoamericana. Aún así, el día de la gran final, ocurrida el 15 de marzo, el jurado decidió dárselo a otro artista. El veredicto fue recibido entre rechiflas y abucheos en contra. Para todo el mundo, José José había sido el ganador indiscutible. El jurado lo mandó al tercer lugar, pero el gusto popular lo colocó en primer lugar en ventas y en transmisiones de *El triste* por la radio.

A sus 22 años, José José entraba de lleno al mundo de la música. El Disco de Oro en Hollywood fue uno de los tantos reconocimientos que recibió ese año. Estaba contento y agradecido. Al término de la ceremonia de premiación sus ojos se posaron en una bella mujer. Era Anel, ataviada con un hermoso vestido de noche. Ni tardo ni perezoso, se dirigió a ella y le dijo:

—¿Qué tal si te invito a tomar una copa?

No hubo tiempo de contestar. En ese momento llegó Guillermo Acosta, de RCA, y los instó a apurarse:

—Vamos, vamos, que nos esperan.

Debían llegar a la mansión de Teddy Fregoso en Hollywood Hills, quien ofrecía una magna recepción en honor del premiado cantante.

Muchacha de piel apiñonada, mirada sugestiva y personalidad distinguida.

Anel y José José abordaron un auto y se sentaron atrás. Él no dejaba de admirarla. Le gustaba esa chica, bonita y a la moda. Se presentaron. A Anel le pareció curioso ese nombre repetido: José José. Estuvo a punto de preguntarle por qué, como lo había hecho antes en un programa de TV con la "H" de Raphael, pero se detuvo. Para ella no era más que un guapo desconocido. Nunca lo había visto y menos lo había oído cantar. Como ella sólo escuchaba música en inglés, bien a bien no sabía ni qué clase de música interpretaba su nuevo acompañante. Lo único que supo es que su mirada estaba fija en ella. No dejaba de recorrer su rostro, su cuerpo. "Me fascinó su piel", declaró el joven cantante a la revista *Activa*. Llevaba los brazos desnudos y parecía de porcelana". Finalmente, José José se le acercó al oído y le preguntó, por completo atrevido:

—Oye, ¿puedo besar tu hombro?

Anel se ruborizó. Se sentía halagada y al mismo tiempo regiamente acosada. Terminó por decir que sí. Fue un flechazo inmediato. Él la besó con suavidad y ambos terminaron sonriendo todo el camino.

Cuando llegaron a casa de Teddy Fregoso, un compositor de éxitos como *Sabrás que te quiero*, la fiesta estaba en todo su apogeo.

"No cesaban los brindis en honor de José José. Todos estaban encarrerados y con media estocada adentro".

José José era el centro de la atención. Lo requerían para un autógrafo, para una foto, para un abrazo o una breve charla. Aún así, nunca perdió de vista a Anel. De esta forma, apenas tuvo la oportunidad de hacerlo, se acercó a ella y le propuso:

—¿Por qué no nos vamos a tomar una copa a otro lado?

Cómplices, idearon un plan de escape. José José diría que tenía que ir al baño y, a una seña convenida, ella lo alcanzaría y saldrían de aquella casa. Así lo hicieron. Entre risas, como si se tratara de un juego, huyeron de la fiesta. Tomarían un taxi, ése era el plan. No fue tan sencillo. Estuvieron a punto de ser descubiertos por Lucha Villa y Guillermo Acosta, quienes salieron en su búsqueda. Anel y José José, para esconderse, se tiraron al piso debajo de un coche. El vestido de ella se rasgó y el *smoking* de él se llenó de polvo y piedritas. Pero no importó. Estaban de lo más divertidos, cuidándose de no reír demasiado alto para no dar a conocer la ubicación de su escondite. Cuando Lucha Villa y Memo Acosta se cansaron de buscarlos, Anel se quitó los zapatos y, tomada de la mano de José José corrieron colina abajo. Por fortuna encontraron a alguien que les dio un aventón. No dejaron de carcajearse a todo lo largo del camino. Estaban alegres, seguros de que jamás en su vida se habían reído tanto.

José recibe sus Nippers junto a Estela Nuñez y Roberto Jordán.

Anel con el elenco de *El amor tiene cara de mujer*.

NOS RECONTRAGUSTAMOS

Llegaron hasta su hotel, el Hilton del centro de Los Ángeles. La habitación de ella estaba ocupada por Claudia y la de él por su representante. Decidieron beber algo en el *lobby*. Era tarde y el bar estaba cerrado, pero José José se encargó de conseguir una botella, hielos, vasos y refrescos. Estuvieron platique y platique hasta el amanecer. "Fue maravilloso", recuerda Anel. "Nos dieron como las seis de la mañana juntos. Nos contamos de nuestras vidas, de la soledad que desde adolescentes sentíamos, de nuestros trabajos, él con su representante Chel Peraza Ancona en Orvivox y yo de los programas de televisión en los que participaba. Lloramos, porque coincidíamos en muchas cosas tristes. No dejaba de brindar: ¡salud! ¡salud!, por t. No, por ti, yo le respondía. Bueno, por los dos, él me contestaba. José no quería despegarse de mí ni yo de él, pero tuvimos que hacerlo debido a que él tenía un compromiso en Puerto Rico y debía tomar un avión".

Fue el primero de muchos amaneceres juntos.

"Nos amábamos."

A las dos semanas el destino los volvió a juntar. Anel se encontraba en el estudio de maquillaje de Lupelena Goyeneche, en Televicentro. Se preparaba para participar en una emisión de *Mujeres, mujeres y algo más*. Lourdes, una de las maquillistas, le preguntó:

—¿A que ni sabes quién está en el maquillaje de al lado?

—¿Quién? —quiso saber Anel.

—¡José José! —se entusiasmó la maquillista. Parecía a punto de derretirse, pues el joven cantante le parecía guapísimo. Tenía su programa *El mundo joven joven de José José*, que patrocinaba las galletas Lara, y lo maquillaban antes de entrar a escena, en el otro estudio, el de María Luisa Álvarez del Castillo.

—Dile que le mando un saludo.

—¿A poco lo conoces?

—Claro —y Anel se sonrió en recuerdo de su escapada angelina.

Lourdes transmitió el mensaje. Cuando regresó lo hizo acompañada del propio José José. Era todo sonrisas y cortesías para con Anel.

—Dentro de unos días debuto en *El patio*. Me gustaría que fueras a escucharme.

—Por supuesto —contestó Anel.

"Yo estaba toda empanizada por el maquillaje pero no me importó. Fue bonito volverlo a ver. Por supuesto, me dije que debía ir a escucharlo. No estoy segura si fui para el estreno o unos días más tarde, pero su actuación me pareció simple y sencillamente espectacular. ¡Qué voz! Me pareció celestial. ¡Qué presencia! ¡Qué sentimientos los que lograba transmitir! ¡Qué hombre tan guapo y bien vestido! Yo iba acompañada de algunas amistades, pero al término de su actuación me dirigí a su camerino y le dejé una tarjeta con mis felictaciones". Fue un viernes del mes de julio de 1970.

Al día siguiente Anel se encontró con una sorpresa. José José se presentó en su casa. Lo hizo en medio de una gran movilización policíaca. En *El Patio* ofrecía dos *shows* diarios, de miércoles a sábado, y se había salido entre uno y otro para ir a verla. Patrullas y motociclistas de tránsito lo acompañaban para permitirle llegar rápido con Anel y regresar con la misma celeridad al Patio.

—Tenía muchas ganas de verte —le confesó. Anel, claro, estaba no sólo sorprendida sino muy halagada. Le dijo: —Estoy muy ocupado ahora con mis *shows* y con la promoción de *El triste*. Pero apenas termine la temporada me voy dos semanas a Cozumel. Acompáñame.

Anel no lo pensó mucho. Estaba maravillada con ese

"Aquí empezaban sus promociones en radio."

muchacho que le parecía tan guapo, tan atento, tan talentoso, tan bien vestido, tan soltero.

—Por supuesto.

Viajaron a Cozumel en agosto de 1970. "Fueron dos semanas maravillosas. José fue de lo más lindo y lo más tierno conmigo. Nos identificamos plenamente y nos recontragustamos. Nacho González, el gran compositor, fue nuestro anfitrión. Tenían una muy buena relación laboral y amistosa, tanto así que José José lo quería mucho y lo llamaba "papá" y él, a su vez, "hijo". Fue un viaje de trabajo pero también de diversión. Por las mañanas era cosa de hablar de música o de que José José cantara acompañándose de una guitarra, y por las tardes y las noches del mar y las estrellas. De amor. "Eran unos amaneceres y unos atardeceres sensacionales. Nos compaginamos de manera muy especial".

Ya no pudieron dejarse. Cuando regresaron al DF se siguieron viendo. O se llamaban por teléfono, en virtud de las giras del trabajo del cantante. "Al llegar de su trabajo descansaba un poco y después nos veíamos por las noches, más bien, en las madrugadas. Él pasaba por mí a mi casa de Bartolache. Por aquel tiempo vivía con su mamá y Gonzalo, su hermano, en una linda casita en San Ángel". Se iban de inmediato al mirador de Cuernavaca a disfrutar la madrugada y el amanecer. José José llevaba una botella, su guitarra, y se ponía a cantar, entre otras, canciones de Manuel Merodio ("Tengo mil noches de amor que regalarte...), de Álvaro Carrillo ("Como se lleva un lunar, todos podemos una mancha llevar...") o de Luis Demetrio ("Levántate. Asómate a mi alma y dime si puedo ser feliz contigo").

Al final le cantaba "Regálame esta noche":

> *No quiero que te vayas.*
> *La noche está muy fría.*
> *Estréchame en tus brazos*
> *hasta que vuelva el día.*

Por supuesto, esas noches-madrugadas terminaban en la recámara del cantante. "Eran momentos deliciosos. Recuerdo muy bien su preciosa cama con cabecera y piesera de latón, que pertenecía a sus abuelos".

Lucy Escala y sus muchachas.

Anel con Manolo Muñoz.

"Mi ídolo, Angélica María".

LA SEDUCCIÓN DEL ALCOHOL

El amor triunfaba. Pero el amor no es sólo miel sobre hojuelas. El amor también pasa por pruebas, desencantos, desilusiones, separaciones, amarguras. En octubre de 1970, el azar trabajó para separar a la joven pareja.

Por un lado, José José emprendió una gira de trabajo por Venezuela. Por el otro, Mauricio Garcés llevó a Caracas su obra de teatro *Vidita negra*.

Kiki Herrera Calles, la Charlotte de aquella puesta en escena, y José José, el magnífico intérprete de *El triste*, coincidieron en la misma ciudad, en las mismas fiestas, en los mismos bares, en la misma cama. Ella le doblaba la edad pero qué importaba. Era una mujer atractiva y, además, le gustaba el trago. José José se dejó seducir por su imponente y bella presencia, pero también por su afición a la bebida. Ella llevaba ya una larga historia de borracheras y él apenas comenzaba.

Familia es destino. La herencia genética es implacable. José José provenía de una familia de artistas. Su padre, José Sosa Esquivel, era un conocido tenor de ópera, y su madre, Margarita Ortiz, una destacada soprano coloratura y concertista de piano. De ellos heredó su gusto por la música, así como su privilegiada voz. Pero, también, de su padre obtuvo sus luchas con los demonios artísticos y la necesidad del alcohol como refugio. Le gustaba beber y lo hacía de manera fuerte y consuetudinaria. Su esposa, avergonzada con este proceder, trataba de disimular su gusto por la borrachera. Cuando recibían visitas rellenaba botellas de coca cola con una porción de ron. De esta manera se emborrachaba pero lo disfrazaba. José José fue sorprendido en varias ocasiones bebiendo de esas coca colas. Por supuesto, era una travesura de niño. Pero el terreno se abonaba para lo que vendría después.

El padre era abusivo e irresponsable. En sus borracheras los maltrataba, les gritaba, los injuriaba. No quería que José José se dedicara al canto. Estaba frustrado por no haber sido el gran cantante operístico que todo mundo esperaba y esa frustración se traducía en maltrato, en melancolía, en depresiones y excesos alcohólicos. Sus problemas existenciales y emocionales los resolvía mediante el alcohol. José José tomaba nota y aprendía.

El padre los abandonó, dejándolos con un fuerte sentimiento de desamparo. La situación económica se complicó. No pasó mucho tiempo antes que el padre muriera, a los 44 años de edad, en 1968. José José tenía 20 años y todo el dolor del mundo sobre sus hombros. Tuvo que trabajar en una litografía por la colonia Álamos, llamada Repro Arte. En una radio portátil escuchaba a Frank Sinatra, Barbara Streisand, Johnny Mathis, y los imitaba; también a Pepe Jara, de quien admiraba el ritmo de la respiración y el fraseo: quería cantar como ellos. Como tenía buena voz, sus amigos le pedían que los acompañara a llevar serenata. Al poco tiempo formó un trío con su primo Francisco Ortiz y su amigo Alfredo Benítez. Él tocaba el bajo y cantaba.

En 1965, una serie de afortunadas coincidencias lo hicieron grabar su primer disco, en Orfeón. Era un disco sencillo compuesto por dos canciones: *El mundo* y *Ma vie*, firmado con el nombre artístico de José Sosa. No pasó nada. En 1966 se integró a un nuevo grupo, junto con Enrique Herrera y Gilberto Sánchez. Se bautizaron como *Los Peg*, debido a las iniciales de sus nombres: Pepe, Enrique y Gilberto. Tocaban en el *Semiramis*. Eran noches de música, bohemia y borrachera. La noche le atraía por lo que tenía de alcohol y aventuras con mujeres. Dos años transcurrieron, perdidos en los bares del *Hotel Alameda*, del *Bamerete* o del *Elefante Rosa*, del *Señorial*. Una noche que tocaban en el *Apache 14*, propiedad de Carmela y Rafael, su amigo Poncho Ontiveros, después conocido como Guadalupe Trigo, el famoso compositor de "Mi ciudad", llevó a Rubén Fuentes, de RCA, a escuchar a los Peg y en particular a José Sosa. A Rubén Fuentes le encantó esa voz y lo llevó a su compañía disquera, donde grabó: *Sólo una mujer*. Fue su primer *long play*. "El del tololoche", lo llama Anel, pues en la portada se ve a José José acompañado de una bella modelo y un bajo, que era el instrumento musical que el cantante tocaba. Fue también la primera vez que utilizó su nuevo nombre artístico: José José. Era un homenaje a la memoria de su padre, los dos José Sosa de la familia, o tal vez un ajuste de cuentas por lo mucho que su progenitor había rechazado sus incursiones en la música vernácula. La grabación fue del agrado del cantante, quien hasta la fecha lo considera uno de sus mejores discos. Sin embargo, el éxito se le resistía. No fue sino hasta diciembre de 1969, cuando aparece *La nave del olvido*, de Roberto Cantoral y Dino Ramos, y más tarde, en marzo de 1970, cuando se le declara por unanimidad popular como triunfador no oficial del Segundo Festival de la Canción Latina en el Mundo, que su destino cambia.

De la noche a la mañana José José se convierte en un éxito absoluto, en el ídolo musical de moda. A una joven edad le cae el mundo encima. La fama le atrae pero también lo asusta. Los años de penurias económicas han pasado y ahora tiene todo el dinero que quiere para hacer lo que se le antoje. No le faltan brindis ni fiestas. Al igual que su padre, sus propios demonios artísticos se apaciguan con el alcohol. Antes de cada una de sus presentaciones bebe para quitarse los nervios. Considera al alcohol como un refugio, como un fiel amigo que lo protege del mundo circundante.

En Caracas, en octubre de 1970, José José encontró a una excelente compañera de borracheras.

Inició un sonado y escandaloso romance con Natalia "Kiki" Herrera Calles, quien le doblaba en años. Comenzaron a apodarlo el Novedades, pues no veía edades entre él y ella. Uno de 22 años y la otra de 44. Kiki le confió algunos secretos de la vida de Anel y José José, celoso y furioso, cambió a la mujer joven por la mujer madura. Iniciaron su propia fiesta juntos, una fiesta de sexo, alcohol y drogas.

Anel, por supuesto, no estaba enterada de nada. Cuando José José regresó a México, en noviembre de 1970, ella le preparó una estupenda cena de Acción de Gracias. Era una costumbre típicamente norteamericana que había adquirido tras su larga estancia en Estados Unidos. Estaba fatigada, pues llegaba a casa después de haber hecho una función más del Tenorio. Ella actuaba en el papel de Doña Inés. Paco Malgesto era Don Juan y Delia Magaña la Celestina. También intervenían Chabelo, el Loco Valdés, Enrique Guzmán, Héctor Lechuga y Chucho Salinas entre otros. La representación, por supuesto, era hilarante. Había pasado antes por doña Margarita, la madre de José José, y por Gonzalo, su hermano, invitados de honor al festejo. Elena, la mamá de Anel, preparó el pavo, el puré de camote y la ensalada verde y la salsa de arándanos. Marcela, su hermana, que trabajaba para la Western Airlines, contribuyó con Egg Nogg, una bebida parecida al rompope pero sin alcohol. Anel misma se esmeró en la preparación de dos pays de calabaza, conforme a una famosa receta de Edith Head. La conversación era animada.

Anel estaba feliz. No sólo le encantaba que las familias Sosa-Noreña se conocieran sino que iba a ver de nuevo a José José. Todo mundo esperaba al cantante con ansia. De un momento a otro llegaría, tras viajar en avión luego de hacer una gira por Venezuela.

Tocaron a la puerta. Anel misma fue a abrir, pues esperaba con ansia la llegada de su amado cantante. Se alegró, pues era él, en efecto. Pero, sorpresa, José José tenía un rostro duro, implacable.

—Es la última vez que nos vemos —fue lo primero que dijo.

—Pero, José…

—Es la última vez que nos vemos —repitió muy serio.

En la telenovela de "Los desarraigados" donde alternaban Kiki y Anel.

TRÁEME UN HOMBRE GUAPO

Fue Paco Sañudo el que informó a Anel de la noticia que iba a formar parte de los corrillos y chismes del mundo del espectáculo:

—¿Qué crees? José José y Kiki Herrera Calles están en Acapulco. Él ya le regaló tremendo anillo y andan baile y baile, beso y beso.

Los habían visto muy acaramelados en *Le Club*, el bar de moda, propiedad de Armando Sotres y Teddy Stauffer, que por aquel tiempo eran los solteros más codiciados del puerto.

—¡Ya hasta se van a casar! .

La noticia cayó como una bomba en el ánimo de Anel.

Todavía recordaba la última conversación con Kiki. Fue una conversación frívola, a propósito de la gira de *Vidita negra*:

—Me voy a Venezuela, ¿qué quieres que te traiga?

—¿Qué hay allá?

—Hombres muy guapos. Guapísimos.

—Pues tráete muchos y acá nos los repartimos entre las dos —y se carcajearon.

No eran amigas íntimas pero Anel le enseñó trucos de maquillaje y llegó hasta prestarle ropa "que nunca me regresó". Se habían conocido en la oficina del productor guatemalteco Manuel Ceceña en Tecamachalco.

Kiki había regresado de Venezuela después de haberse portado mal con Anel. Fue una desleal de primera. No sólo no le había traído un hombre guapo sino que le había quitado el suyo, a José José. "Me quise morir", explica Anel. "Sentí unos celos terribles. No entendí qué pasaba. A ella le gustaba la copa, tocaba la guitarra y era una señora mayor que todos nosotros. Pero, bueno, una cosa es que quisiera andar con ella pero, luego, lo otro. Lo de su casamiento. Para el mes de junio o algo así de 1971 se casa con Kiki Herrera Calles. Sentí muy feo, la verdad. ¿Cómo era posible que me hubiera dejado por ella? Me dolió muchísimo".

De nueva cuenta, Anel se refugió en el trabajo.

"Quiero ser vedette", declaró a un periódico de espectáculos. Presentó un espectáculo en el cabaret *La Fuente*. Un espectáculo musical que la enorgullecía. "No sabes lo entusiasmada que estoy con esto, lo que me emociona oír los aplausos del público y lo orgullosa que me siento cuando me piden otra canción". Compartía créditos con Verónica Castro y Sasha Montenegro. Intervino también en *Santo contra la hija de Frankenstein* y *Padre nuestro que estás en la tierra*. Era la nueva cara joven de México, acaparada por los productores y los reporteros de espectáculos. En un cuestionario aparecido en la revista *Cinelandia* del 8 de mayo de 1971, Anel respondió de la siguiente manera:

—¿Cómo vistes?

—Con lo menos que se pueda.

—¿Cuál es la parte de tu cuerpo que más te gusta?

—Los ojos.

—¿Cómo son?

—Dos.

—¿Cómo debe ser tu hombre?

—Mío.

—¿Qué tipo de piel te gusta?

—La mía para conservarla y la de visón para ponerme.

—¿Eras novia de José José.

—Sí.

—¿Qué te parece José José?

—Un magnífico… cantante.

José José, por su parte, subido en el tren de la popularidad que le había traído *El triste* y los dimes y diretes en torno a su matrimonio con Kiki, no dejaba de cantar, de hacer giras y de filmar películas. Con los Galindo hizo *Buscando una sonrisa* y *La carrera del millón*. Eran cintas que servían lo mismo para promocionar la actividad musical del cantante que para que los productores pudieran capitalizar el éxito de su protagonista en la taquilla.

—Era el *ay nanita* de muchas cosas— como afirma Anel.

Además de sus múltiples actividades, también estaba ese otro aspecto importante de su vida: la fiesta. José José y Kiki Herrera Calles eran una excelente pareja de parrandas y borracheras. Él comenzó a beber y a beber sin parar. Una vez, a finales de 1971, durante un mano a mano con el cantante B.J. Thomas, en Guadalajara, José José salió al escenario muy bebido, en condiciones lamentables. No pasó desapercibido, al contrario, todo mundo se dio cuenta de su estado etílico. El cantante de *Gotas de lluvia sobre mi cabeza* se llevó los aplausos del público, en tanto que José José recibía llamadas severas de atención debido a su alcohólico comportamiento, por parte de los promotores y los directivos de su disquera. En RCA crecía el malestar hacia él. Su creciente afición por la bebida lo llevaba a hacer desfiguros o a tomar una actitud irresponsable para con sus fuentes de trabajo y para con su público. Las peleas con Kiki, además, comenzaron a aflorar. Ella era de carácter fuerte. Ambos se celaban. Se emborrachaban pero su alcohol era malo, terminaban la noche apasionadamente o como verdaderas fieras, enojados uno con el otro. En una entrevista con Ofelia Aguirre, José José declaró: "a veces uno tarda en entender un error, o que algo estuvo mal. En aquel momento mi casamiento me pareció lo más indicado. Pensé que una señora más grande que yo me iba a ayudar a controlarme. La fama es algo difícil de sobrellevar, te lo juro, y por eso necesitaba casarme con alguien que en verdad me ayudara. Desgraciadamente resultó todo lo contrario. Fue una vorágine total". Se separó de su esposa y se entregó con más ahínco a la fiesta. Estaba muy dolido sentimental y profesionalmente y encontró consuelo en la bebida y en los amigotes. A Lourdes Guerrero, en la revista *Activa*, le dijo: "Empecé a beber, no ya para divertirme o pasar un rato agradable, sino para mitigar mi pena, mis nervios. Y llegó la droga, fuerte, también". En 1971 su dinero desapareció debido a malos manejos de sus representantes. Le embargaron todo, hasta su camioneta. Desesperado, llegó a pensar seriamente en el suicidio. Por supuesto, no tomó una pistola o tomó arsénico, pero sí siguió bebiendo, que es una de las formas lentas de suicidarse. En una nota aparecida en el periódico *El Nacional* llegó a definirse así su lamentable estado: "Embriagado de triunfo, iluso, inexperto y solitario, se rodeó de personas que falsearon la realidad y los acontecimientos, orillándolo a caer en una grave crisis existencial". La nota agregaba: su salud está comprometida, sus afectos deshechos y su carrera comprometida.

Para 1972 José José marcha con su amigo, el director de orquesta y estupendo arreglista, Mario Patrón, a Guatemala. El mejor cantante y el mejor músico juntos, de gira artística. José José lo quería mucho, no sólo por sus talentos para la música y la amistad, sino porque a Mario Patrón también le encantaba la fiesta. Se perdieron algunos meses en Centro y Sudamérica. Fueron meses de trabajo y de mucha borrachera. Bebieron tanto que José José, a su regreso a México, tuvo que ser hospitalizado.

Sábados con Zabludovsky.

TE PIDO PERDÓN

Fue su amiga Claudia la que le habló.

—José José está gravísimo.

A Anel le dio un vuelco el corazón. Ella misma estaba recién operada. Una operación estética para agrandarle el busto. Angélica Ortiz le había ofrecido un papel estelar en su nueva película, *Colorina*, de Roberto Garibay, que incluía un desnudo. "Por mis desórdenes alimenticios, por mi subir y bajar de peso, se me habían hecho unas estrías muy feas en las bubis, por lo que decidí meterme bisturí", recuerda Anel. Fue una operación delicada. "Al despertar sentí que tenía dos planchas ardiendo encima del pecho". El médico la tenía por completo vendada y con la indicación de guardar absoluto reposo. Debía mantener los brazos pegados al cuerpo. Por supuesto, no debía de salir de casa por algunos días.

—Él y Kiki ya tronaron —le informó la escultural rubia.

Era la medianoche. Anel tomó el teléfono y habló a la clínica de la ANDA donde se encontraba José José. Le contestó una enfermera:

—Está muy deshidratado —le informó sobre el estado de salud del cantante.

—¿Puedo hablar con él? ¿Me lo puede pasar? —Anel estaba en verdad inquieta, preocupada.

Al poco rato escuchó su voz.

—Anel, ¿tú crees que me podrás perdonar? —fue lo primero que le dijo—. Te pido perdón. Te quiero y te he extrañado mucho. Perdóname, por favor.

A Anel no le importó el consejo médico de guardar reposo. Apenas colgó con José José, llamó a un taxi y se dirigió a la clínica de la ANDA, en la colonia San Rafael, en Antonio Caso. Estaba emocionada y también triste y a punto de llorar, pues se imaginaba a su amado a punto de morir, en medio de fuertes dolores de agonía.

Cuando llegó a la clínica y tuvo acceso a la habitación destinada al cantante, se encontró con una sorpresa. El ambiente no era de dolor y muerte sino de fiesta.

"Era un verdadero pachangón". Se escuchaban chistes. Había hombres y mujeres de dudosa reputación, todos muy risueños. "Se encontraban en medio de una nube de humo que no era precisamente de *Raleigh* o de *Marboro*. Hasta una de las enfermeras del piso ya estaba medio risueña con aquel humo".

—¡Anel!

José José la recibió. Llevaba puesta una bata de hospital y estaba ligado con un tubo de plástico a una botella de suero.

En la otra mano llevaba una lata de cerveza Tecate.

Estaba alegre desde antes, pero ahora más por ver de nuevo a su amada.

—Pero, José, tú siempre tan versátil —le dijo Anel.

—Ya ves que los médicos exageran siempre —fue la respuesta de su amado.

Se abrazaron, un abrazo tierno y largamente esperado, si bien Anel sufría al tener que levantar los brazos, adolorida por la reciente operación.

Los amigos comprendieron que hacían mal tercio y comenzaron a despedirse.

—Adiós, compadrito —le decían.

—Adiós, compadrito —así, cada uno salió hasta dejarlos solos.

Eran las 4:45 de la mañana. Anel y José José comenzaron a conversar. Anel, fatigada y obligada a guardar descanso, se recostó en la cama. También el cantante. Se tomaron de las manos. Sonreían enamorados. Así los pescó el amanecer.

"Esta noche no cena Carlos en casa". Teleteatro con Manolo Fábregas. Agosto 15 de 1970.

LA COMEDIA DE ENREDOS

—Pero, niña, ¿qué haces aquí?

Era el Bigotón Castro, quien fungía como director de la clínica.

—Es más: ¿qué hacen los dos juntos en la misma cama?

Se los dijo, más que en tono regañón, preocupado. A ella le hizo ver, casi paternalmente:

—Es un hombre casado, Anelita.

—Pero, Bigos, yo también soy socia de la ANDA. Tengo derecho de estar aquí.

—No pasa nada, Bigos —lo despreocupaba José José.

—¿Cómo que nada? ¿Y esto? —señalaba a Anel metida en la cama—. ¡En pijamas y a las nueve de la mañana!

—Es que nos quedamos platicando y se nos hizo tarde…

Bigos —le respondió el cantante—, no quiero que mi estabilidad emocional dependa de los caprichos de nadie. Amo a Anel y…

En eso entró una enfermera:

—¡Ahí viene la señora Kiki Herrera!

Lo dijo verdaderamente alarmada, asustada.

—Métete al baño —le sugirió el Bigotón Castro a Anel.

Parecía una escena de película muda. Una comedia de equivocaciones y de enredos. Podía haber sido parte de una cinta de Chaplin, de Harold Loyd, de Cantinflas o de Tin Tán. Pero era la vida real, tan sencilla y tan complicada como siempre.

Entró Kiki Herrera hecha un energúmeno. Al fin veía a José José después de meses.

El Bigotón Castro se quedó junto a la puerta del baño, como un celoso caballero medieval que protegiera con su vida el secreto que guardaba.

José José se mostraba impávido.

Anel escuchaba desde su cómico encierro.

"La Kiki lo puso de ida y vuelta. Y cómo no, si ya llevaba cuatro meses de no llegar a dormir a casa de ella".

—Lo nuestro ya se acabó —le replicó José José.

Kiki Herrera se súper enojo. Estaba tensa, desencajada, gritaba y maldecía.

—Eso lo veremos, eso lo veremos —era su cantaleta fúrica.

Salió entre imprecaciones subidas de tono y amenazas de todo. Lo iba a demandar. Ella no estaba dispuesta a perdonarle ese desaire. Ya sabría él con quién se había metido.

Cuando Anel salió del baño José José le dijo:

—Ya escuchaste lo que puede pasar...

—No importa. Te quiero.

—Yo también —y se abrazaron como dispuestos a no dejarse nunca.

El rostro más bello.

V

JOSÉ RÓMULO SOSA ORTIZ
Y
ANA ELENA NOREÑA GRAS

La historia de amor más grande del mundo jamás contada a mi corazón

SOLAMENTE DIOS

Yo sé que éste es el capítulo más esperado del libro. Se los ofrezco como lo que es: "La historia de amor más grande del mundo jamás contada a mi corazón". No es un secreto que amé y amo a José, y que sólo Dios ha venido a ocupar su lugar en mi vida. Con todo respeto y profunda verdad les cuento cómo fue este amor. Gracias a ustedes por leerlo y gracias a ti, José, por permitirme vivir esos momentos a tu lado.

Anel y José José: novela musical.

SI ELLA ME ACOMPAÑA, NO BEBO

A Anel la aconsejaron:

—No te conviene.

—Es un hombre casado.

—Es músico… Y los músicos…

Todo el mundo le advertía: ten cuidado, no lo hagas, piénsalo bien, para qué te involucras, no seas tonta, la Kiki puede hacerles la vida muy pesada, aléjate, no le busques, no te enamores de José José.

Fanny Shatz, su representante artística, le advirtió:

—Tú no sabes realmente quién es José. En año y medio ha echado a perder su credibilidad. La paciencia de los empresarios y de su compañía disquera se ha terminado.

No hizo caso.

Anel y José José en Río de Janeiro.

Anel creía conocer a José, o a José José. Le atrajo de él no tanto su voz, que era sensacional, sino su alma, todavía más grande y maravillosa. Entrevió sus bondades y cualidades como ser humano. Era tierno, cariñoso, romántico, y parecía haber sufrido mucho. Era como un niño que buscaba refugio, protección, amor. En eso se parecían mucho y a Anel le parecía incorrecto dejarlo cuando la vida de José José parecía acabada y todo mundo estaba contra él.

—Te necesito tanto, te necesito tanto —le decía el joven cantante, y la abrazaba con fuerza y también con ternura. Parecía querer fundirse a ella, decirle: ayúdame, estoy solo, entiéndeme, quiero ser feliz, bésame, eres lo que siempre deseé, ámame, quítame mis miedos, enséñame, no te alejes de mí, abrázame y protégeme, quédate conmigo.

"Regálame esta noche…"

Anel sintió lo mismo. Por primera ocasión en su vida experimentó el llamado del verdadero amor. Había conocido a muchos hombres, apuestos, poderosos, millonarios, interesantes. Todos ellos casados y sólo uno soltero. Pero ninguno le había atraído tanto como José José. Tal vez era su fragilidad, su vulnerabilidad. O su manera de entregarse, de expresar su romanticismo, de cantarle a ella y a nadie más. De decirle:

—Te necesito tanto, Anel, te necesito tanto…

—Igual que yo a ti, José.

En casa de Herp Alpert en Encino, California.

Comenzaron a vivir juntos. Anel le ofreció mudarse con ella a su casa de Ángel Urraza y Bartolache, en la colonia del Valle. Él aceptó, aunque sin dejar su propio departamento, para que Kiki Herrera Calles no lo acusara de adulterio. Aún así, las demandas multimillonarias no se hicieron esperar. La todavía esposa del cantante, dolida por la separación, le pedía las perlas de la virgen y aprovechaba su cercanía con la prensa para ventilar pública y airadamente sus problemas matrimoniales. Se dice que no hay nada peor que una mujer desdeñada. Las notas en

Una crónica del amor.

los periódicos y los dimes y diretes no se hicieron esperar. El escándalo fue mayúsculo. Por un lado, una pareja dispareja, que no tenía presente, sólo un pasado explosivo y tormentoso, y por el otro, un par de jóvenes enamorados que miraban con ilusión hacia el incierto futuro.

Anel se entregó a ese amor y a esa ilusión. Sabedora de su frágil estado de salud, mimó y cuidó a José José. Lo ayudó también a salir adelante. Los excesos alcohólicos y matrimoniales del joven cantante, que lo habían hecho llegar en estado inconveniente o de plano no cumplir con sus actuaciones, habían provocado el alejamiento de su compañía disquera y una ruptura con su representante, el "Chel" Péraza Ancona. Anel lo apoyó y despreocupó. Cobijándolo bajo su amorosa protección, lo recomendó con su propia representante, toda una admirada leyenda del negocio artístico: Fanny Schatz. "Era una señora bajita, muy parecida a Betty Boop, muy bien vestida, un poquito llenita pero con muy buenas pompas y piernas. Siempre estaba súper arreglada y maquillada. Usaba unos lentes como los de Edith Head, cuadrados y grandes. Vivía en la calle de Melchor Ocampo, donde también tenía su oficina. Su departamento era bellísimo. Y ella, era una persona divina, elegante, con una clase y un poder enorme con los empresarios". Era una gran conocedora del medio, muy querida, muy colmilluda y también muy respetada. Por si fuera poco, se había encariñado con Anel, a la que orientaba y protegía en su carrera profesional. "Fue una representante adorada por mí. Ella a su vez me tenía mucho cariño y a veces actuaba como mi mamá". Fue ella misma la que le advirtió:

—Anelita querida, mira: yo sé que ustedes son jóvenes, y que se quieren mucho, pero tú en realidad no sabes quién es José.

—Ay, Fanita —así le decía de cariño—, claro que sí sé quién es.

—No, no sabes. José tiene un serio problema…

Hubo una pausa en la que Fanny Schatz parecía buscar la manera más adecuada y no tan directa y dolorosa de decirlo. Por fin agregó:

—José José está enfermo. La fiesta a ese grado de exceso se convierte en enfermedad.

—Ay, Fanita, a mí también me gusta divertirme…

—Pero a él más. Y, entiende, hay de fiestas a fiestas…

Anel no hizo caso. Se aferró al amor que sentía por ese hombre y no le importó nada en absoluto. Le pidió:

—Ayúdalo, por favor.

Fanny Schatz aceptó, aunque a regañadientes. El día que conoció a José José prometió apoyarlo pero ni tarda ni perezosa le leyó la cartilla:

—Mira, muchachito. Yo ya soy una persona mayor y no te voy a estar cuidando. Compórtate. No quiero que faltes a tus compromisos artísticos, o que llegues borracho, o que me hagas quedar mal. ¡Y tampoco a esta chica!

—No, no, no —José José prometió no defraudarla. Parecía sincero.

—No bebas. Y si lo haces, que no sea tanto…

José José aceptó casi sin dudarlo. Pero puso una condición:

—Si Anel me acompaña, no bebo.

El trato no fue del agrado de Fanny Schatz. Anel tenía su propia y ascendente carrera. Cada vez era más requerida para actuar en cine, teatro y televisión. ¿Cómo le iba a hacer para acompañar a su amado? Ya se lo había advertido: "anelita, ¿para qué te metes en problemas de amor si tienes un porvenir maravilloso?".

Anel aceptó:

—Sí, por supuesto, te acompaño.

—Pero, ¡cómo! —Fanny Schatz puso el grito en el cielo.

da fácil, porque falta el certificado de garantía. Que el marido sea precisamente el novio, siempre". Y el joven empresario, Enrique Niembro, hace el juramento.
¿Por qué amar es nuestra vital preocupación?
"Amar es realizarte como artista y como mujer" —asegura Lupita D'Alessio, tomada de la mano del futbolista Carlos Reinoso.
"Nunca sabes qué va a pasar entre los artistas. Si todo será una comedia o un drama".
Cupido tiene satisfacción...

Visita el hogar de Helena Rojo y Juan Ferrara. Aquí es donde cabe la frase de Corín Tellado, por citar a una autoridad cursi y hon-

damente sentimental: nacieron el uno para el otro...
Y el San Antonio de cabeza es parte de la desesperación de solteras. Angélica Chain ha deseado un príncipe de oriente, que la traslade en su alfombra mágica, arriba de un mar de petróleo. La felicidad no sólo está en nuestro corazón. También en nuestra imaginación... O como se ha dicho siempre, en el tiempo del verbo: yo amo, tú amas, nosotros amamos...

"Yo amo, tú amas, nosotros amamos..."

EL QUE HA BEBIDO, BEBERÁ

José José comenzó a trabajar al lado de Fanny Schatz. Tenía que reconstruir su carrera. Anel lo acompañaba. No tenía mucho trabajo. "Eso sí, dormía bien y no bebía".

Anel estaba feliz. Su carrera iba en ascenso. Hacía en T.V. "El hotel del Gallo Giro", con Luis Aguilar. Por las noches, en el *Blanquita*, bailaba y cantaba: "Piel canela", "Somos novios" y "Sigo siendo el mismo". Eso de cantar era un decir, pero Fanny Schatz se encargaba de recomendarla con creces con Margo Su y el público, además, la adoraba por su muy bello y divertido ángel.

La Cosquilla con Raúl Astor.

—Con José me la pasaba muy bien. Teníamos un valet al que le apodábamos Jugoso, que nos atendía como reyes, nos hacía de comer y nos tenía muy linda la casa. José era extraordinario. Muy tierno y muy cariñoso. Tenía además un sentido del humor muy bueno. Era magnífico para contar chistes. Nos metíamos a la cama y así, calientitos, pasábamos horas estupendas.

El programa del teatro Blanquita.

El gusto no le duró mucho. "El que ha bebido, beberá", como lo sentenció otro alcohólico famoso, Edgar Allan Poe. José José empezó con una cervecita, luego con otra. De ahí siguió con bebidas más fuertes, sobre todo whisky y ron.

Al principio Anel no vio nada raro en su comportamiento:

—Me parecía normal que se quisiera tomar unos tragos. Por aquel tiempo yo era una ignorante. No sabía nada de esa enfermedad: el alcoholismo.

En septiembre de 1972 José José viajó a Rio de Janeiro, invitado por Marzagao al Festival de la Canción. Los grandes triunfadores fueron los Hermanos Castro con *Yo sin ti*.

Anel no lo pudo acompañar debido a sus compromisos televisivos.

—Prométeme que te vas a portar bien —lo despidió con un beso.

José José dijo que sí pero de inmediato volvió a las andadas. No le importó en absoluto el festival ni que compartiera asientos con músicos tan destacados como Lalo Schiffrin. Se emborrachó con lo que tuviera a su alcance, en especial con una bebida llamada *caipiriñha*, hecha con base en ron, azúcar y jugo de limón. Se perdió por completo en la fiesta brasileña de samba, bossa nova y alcohol. Se alejó del grupo mexicano. Es más, perdió el avión de regreso por quedarse a festejar y a beber. Cuando regresó, venía en muy malas condiciones.

—Me llamó desde el aeropuerto. Me dijo que se sentía mal y que le consiguiera unas inyecciones de Tiaminal. Yo misma se las puse. Nunca había inyectado a nadie pero por él lo aprendí. Su estado de salud era pésimo. Todo su cuerpecito estaba tieso, tieso. Sus manitas perfectamente engarrotadas. La fiesta había estado en grande.

Fanny Schatz, por supuesto, la regañó:

—Anelita, tus programas musicales y de comedia están funcionándote muy bien. ¿Para qué te vas a meter en problemas de amor, si lo que necesitas es trabajar?

—Pues sí, Fanita, pero José está mal...

Anel parecía encarnar a la perfección al protagonista de la canción "Tonto", que José José incluyó en su disco *Cuando tú me quieras*, de 1972:

Tonto, me llaman tonto, porque te quiero...

En casa de Roberto Chiprut en Bel Air.

No le importó. Lo amaba y eso le bastaba. De inmediato se dio cuenta de lo mucho que José José había sufrido durante su infancia y su adolescencia, así como en su matrimonio con Kiki Herrera Calles. El maltrato, la pobreza, el abandono paterno, la orfandad a los quince años, las ganas de sobresalir como cantante, los gritos y sombrerazos matrimoniales, las airadas demandas de divorcio, aunados a la gran carga de lidiar con los demonios artísticos y la enorme responsabilidad de la fama, es decir de entregarse con su voz y un espectáculo de calidad a su público, lo hacían beber. A través del alcohol calmaba sus miedos, su nerviosismo, sus inquietudes. Bebía y todo parecía desvanecerse. Bebía y encontraba solución a su vida, a sus problemas.

Anel lo comprendió así. Ella misma había pasado por momentos difíciles en su vida. En principio no cuestionó su manera de beber. Vaya, ni siquiera le pareció que hubiera un problema. El alcohol era un paliativo, no una enfermedad. Una manera de vivir el rato, no de pasar la vida entera. Por supuesto, se equivocaba. En su ingenuidad pensó que su amor era la solución.

"Quería comerme al mundo."

—Yo era joven. En ese momento yo estaba investida con mi traje de gran prospecto para la cinematografía y la televisión mexicana. Fanny me impulsaba como nadie, y yo la verdad pensé que me podía comer el mundo a puños. Toda mi fuerza, mi alegría, mis miedos y mis fracasos, mi no tomar la vida tan en serio, como siempre lo había hecho, traté de canalizarlas a mi carrera. Pero, una vez que conocí a José, todos mis afanes y mi espíritu protector se dirigieron a él, porque lo amaba. Me di cuenta de lo importante que era para mi vida y para el mundo artístico. Decía don Pedro Vargas que una estrella del tamaño de José José no surge más que una en veinte o treinta años. Así que traté de ayudarlo. Era un hombre famoso, pero también triste y desolado. Lo encontré muy de capa caída. Todo se le iba en beber y llorar, llorar y beber.

Bartoloache (1970).　　　　Leyendo sus cartas.

Para noviembre de ese año su manera de beber era constante. "Se inyectaba Depomedrol para desinflamar sus cuerdas vocales". El remedio funcionaba pero tenía sus efectos secundarios, en especial la hinchazón de su rostro, de sus piernas y de sus brazos. Era un José José diferente al que Anel había conocido en abril de 1970. Aún así, lo mimaba y lo cuidaba. Pensaba que el alcohol desaparecería una vez que José José dejara atrás su vida pasada y se entregara a la nueva vida de verdadero amor que le esperaba con ella. Anel inició una temporada más en el *Blanquita*, ahora con Alberto Vazquez. José José, por su parte, obtuvo una serie de apariciones en *Siempre en domingo*. En diciembre, al término de uno de estos programas, regresó a casa visiblemente agotado. Se durmió pensando que había pescado un catarro. A las tres o cuatro de la mañana despertó a Anel. Se quejaba de unos dolores tremendos. Tenía horriblemente hinchadas las piernas.

—Él estaba muy asustado y yo también. De inmediato hablé a la ANDA para que nos mandaran la ambulancia.

También le habló a Fanny Schatz:

—¿Qué hacemos? —le preguntó.

—¿Cómo que qué hacemos? —le respondió con enojo—. Te he venido diciendo que este muchachito no te conviene. No puedes estar con él. No puedes seguir exhibiéndote con él de esta manera, porque te va a meter en un verdadero problema.

—Pero, Fanny, ya estoy en un problema —le contestó Anel-. Mejor ayúdame.

Llegaron a la ANDA. Anel lo había acompañado en la ambulancia. "No tenía asientos y venía colgada de un tubo, como si se tratara de una pesera. José estaba acostado sobre unas cobijas en el piso". Él se sentía muy mal y estaba asustado. Los médicos lo revisaron de inmediato. El diagnóstico, dijo el Dr. Echenique: neumonía y trae un pulmón colapsado.

—José siempre había sido muy delicado de sus vías respiratorias. Por un lado, cuando trabajaba en la litográfica debía permanecer mucho tiempo en una habitación fría y húmeda. Ahí comenzaron algunas de sus dolencias. "Sus pies siempre estaban mojaditos", como señala Anel. Por el otro, no se cuidaba. Como todo el tiempo andaba en la fiesta, no se abrigaba bien. Le pegaba el frío de la noche tras salir del *show*.

"Gavian o Paloma" entrona a José José en E.U.

La noche de su aparición en *Siempre en domingo* tampoco se cuidó. El calor del *set* y el frío decembrino no constituyeron una buena combinación. Sufrió un fuerte enfriamiento. Se le colapsó un pulmón. Estuvo tan grave que fue hospitalizado en condiciones especiales, dentro de una tienda de campaña de plástico. Se le aplicó oxígeno y una fuerte cantidad de antibióticos, todo bajo el cuidado del Dr. Echenique. Anel pasó mucho tiempo a su lado. "Fue algo tremendo", recuerda. "No pocas ocasiones pensé que podía morirse". Le acariciaba la frente y lo tomaba de las manos, para confortarlo. Su misión, comprendió, era ésa, amarlo y apoyarlo en todo, en las buenas y en las malas.

—Pues ojalá y pronto vengan las buenas, porque las malas ya te tocaron —le decía Fanny Schatz.

Anel lo cuidaba. Preguntaba a los doctores acerca de su progreso y procuraba no apartarse de aquel cuarto de hospital. Su experiencia le dictaba estar atenta a no permitirle que se descuidara o que tomara a la ligera su condición de enfermo. Tenía en mente aquel dichoso reencuentro, meses atrás, rodeado de un ambiente de fiesta y con el suero y una cerveza en la mano. Debía protegerlo de sí mismo y de sus amigos de parranda. Contrató a una enfermera para cuidarlo diariamente en turnos de 12 horas. Fanny Schatz contrató a otra enfermera para cubrir las horas restantes.

—Lo cuidé lo más que pude. ¡Se veía tan frágil y desvalido en esos momentos! Hice todo lo que estuviera a mi alcance para que pudiera recuperarse. Lo amaba profundamente. Para ese entonces, sin embargo, yo ya comenzaba a preguntarme cosas con respecto a nuestra relación. Me di cuenta que: ¡ni mi gran amor le bastaba para dejar atrás la bebida!

Galería de Cita... José José y Anel.

¿ESTAS ROSAS SERÁN DE JOSÉ JOSÉ?

José José estuvo hospitalizado todo diciembre de 1972 y todo enero y febrero de 1973. Por supuesto, recibía la visita de sus amigos, pero todo bajo la vigilante mirada de Anel, que no permitía fiestas ni excesos etílicos. Uno de estos amigos fue Flavio, el de los chistes. "Con él pasó una cosa maravillosa. Lo visitó el mismo día que José debía expectorar y no podía hacerlo. Llegó Flavio y sacó su libreta. Empezó a contar tantos chistes, y José a reírse tanto, que expectoró como nunca. Ese día comenzó a despegársele el pulmón".

"Así nos queríamos" en Tahití. (1987)

Una vez que José José estuvo fuera de peligro y fue dado de alta, Anel dispuso lo necesario para que su salida coincidiera con su cumpleaños, el 17 de febrero.

—Le organicé una fiesta. Para ese entonces ya habíamos entablado una relación más familiar. Ya conocía más a su mamá. Al principio se mantuvo distante conmigo. "Señora, quiero mucho a José", le dije. Y ella me contestó con frialdad: "Sí, pero de seguro usted tiene otros hombres que la quieren mucho". Después todo cambió. La quise mucho y ella también me quiso. También conocí a su tío Panchito, a la tía María Luisa y a sus primos. Casi nunca salían de su casa de Clavería, pero me confabulé con ellos para festejar en ese 1973 a José. La verdad, todos se portaron lindísimos con él y conmigo. Me empezaban a querer y a apreciar. Yo igual. Para mí todos ellos fueron también mi familia. Nos la pasábamos muy bien. Llegamos a organizar grandes fiestas de cumpleaños para José, para mí y para mis hijos. Con doña Margarita le preparaban a José José sus platillos favoritos: macarrón, milaneas y pulpo.

Anel volvió a convencer a Fanny Schatz de ayudar a José José a encontrar trabajo.

—Pero, Anelita, me pide que tú lo acompañes a todo. Que sólo así dejará de beber.

—Pues no importa, lo acompaño.

—¿Cómo que no importa? ¡Tienes contratos firmados!

—Ay, Fanita, es que mira el talento de José: es tan especial. Yo no soy más que una cara bonita. El importante es él. Es un verdadero prodigio.

—Allá tú —le decía—: es tu vida.

—¡Ay, Fanny!

"Yo siempre salía con mi 'Ay, Fanny', y Fanny siempre me apoyaba. Me quería mucho y me comprendía".

José José comenzó a trabajar con renovados bríos. Se presentó con gran éxito en el Million Dollar de Los Ángeles. Promocionó su anterior disco, *De pueblo en pueblo*, y grabó su nueva producción discográfica: *Hasta que vuelvas*. La canción "En ti", incluida en este volumen, era como un reflejo de su vida pasada y presente con Kiki Herrera Calles y con Anel:

"Ayer no fui feliz a pesar de que vi bellos rostros a los que besé..."

A su adorada Anel le cantaba:

"Todo lo que ayer soñaba hoy lo tengo en ti".

Y proclamaba:

"Vivo una gran dicha: el amor./ Vivo una gran calma: el amor".

La vida de ambos comenzaba a nutrir la inspiración de los compositores. Anel, por su parte, cuidaba de José José pero no descuidaba su carrera artística. Hizo anuncios de medias para la marca Foreva y dio inició, el 27 de abril, a una corta temporada en el teatro *Blanquita*. Hacía un sketch muy divertido con el Chato Padilla y con Borolas convertido en muñeco de ventrílocuo. Fanny Schatz le consiguió que actuara junto con José José en TV Musical Ossart. José José era la voz y Anel el atractivo visual. También los puso en varias fotonovelas, que en ese momento era una muy buena fuente de trabajo para "sus niños", como la Schatz llamaba a sus representados, entre los que se encontraban Alberto Vázquez, María Félix y Emily Kranz, entre otros. Enrique Gou hacía la revista Cita, en la que Anel y José José eran las indiscutibles estrellas.

Anel en la Cosquilla de Raúl Astor.

Por supuesto, eran la pareja joven consentida de México, pero eso no obstaba como para que las demandas multimillonarias de Kiki Herrera Calles los dejaran en paz. José José se la pasaba en juzgados, con abogados y gastando un dineral en amparos. Aún así, el amor que desbordaban era apoyado con entusiasmo por los lectores de las revistas y periódicos de espectáculos, así como por destacada gente del medio artístico. Desde *El club del hogar*, tanto Madaleno como Daniel Pérez Alcaraz se encargaban de echarles porras. "Eran nuestros big fans", dice Anel. También lo hizo Carlos Amador desde las páginas de Teleguía. Chucha Lechuga también se ponía de su lado desde los comentarios de su leída columna.

—Todo mundo nos echaba porras —recuerda Anel. Nos exigían que viviéramos nuestro amor. Que nos dejaran en paz. Que Kiki le bajara a sus pretensiones de divorcio. Que el amor iba a triunfar. Eso decían. La verdad, éramos una pareja muy linda y querida.

Su romance era un secreto a voces. El propio Paco Malgesto, una de las grandes instituciones de la televisión de su tiempo, se daba el lujo de jugar con respecto al misterio que rodeaba a la pareja del momento. El 5 de abril de 1973 llegó con todo su equipo de producción a casa de Anel, con el propósito de hacer uno más de sus tan gustados programas *Visitando a las estrellas*. Venía de grabar otra emisión de esta serie, con el compositor Fernando Zeta Maldonado. Arribó tarde, alrededor de la medianoche. Se le veía cansado, lo mismo que a sus técnicos. Por supuesto, José José estaba con Anel. Pero, apenas escucharon el ruido de los camiones y se asomaron por la ventana para ver quién era, se dio el grito de alarma.

—Escóndete, pronto.

El cantante se encerró en una de las recámaras.

—Y no hagas ruido.

La grabación fue una de las más memorables del programa, gracias al talento inigualable de Malgesto para la conducción y a la simpatía de Anel para contar detalles de su propia vida. Tenía perplejos a técnicos y camarógrafos con el relato de sus experiencias como sirvienta en Hollywood, como reina de la belleza en Los Ángeles y como prometedora actriz de TV y cine. A pesar de la fatiga y de la hora tan avanzada de la noche, estaban atentos y con la boca abierta. Anel vestía, además, un espectacular vestido rojo que acentuaba sus encantos. Era tan interesante su charla que Malgesto la instaba a no detenerse:

—Sigue, mosquita, sigue.

Así le decía, "mosquita", de cariño. Al término del programa salió José José de su escondite a saludar a Malgesto.

—Por favor, no vayas a decir nada —le pidió.

—No, ¿cómo crees, Josecito? —aseguró el conductor.

Antes de despedirse, sin embargo, hizo una de sus jugarretas. Pidió al camarógrafo que enfocara un lindo arreglo floral que sobresalía por su tamaño y buen gusto en la sala. Después preguntó, con fingida ingenuidad:

—Oiga usted, ¿y estas flores de quién serán? ¿Serán acaso de José José?

Anel, 26 años.

José, 23 años.

SIEMPRE FUI MUY FELIZ A SU LADO

En una entrevista aparecida el 20 de septiembre de 1973 en la revista *Tele-Guía*, José José se refería misteriosamente a una persona "que me hace feliz, ustedes saben a quién me refiero…"

—¿A Anel? —le preguntaron.

—Ustedes lo saben.

—¿Su cariño y comprensión te han ayudado a resurgir?

—¡Completamente!

—¿Reconoces públicamente que la quieres?

—La quiero mucho y lo reconozco públicamente. No es ningún pecado. Al contrario, hay muchos muy contentos porque yo esté con una muchacha de mi edad, que me entienda plenamente. Yo la entiendo a ella. Nos complementamos mutuamente. Nos compensamos en todo. Somos muy felices, y si eso no le parece a la gente, que me perdonen...

Se le preguntó si seguía siendo "El triste", y respondió:

—¡No! Anel me ha dado toda la felicidad que mi profesión me ha negado.

TV Musical Ossart.

El amor iba viento en popa. Tanto así, que decidieron comprometerse aún más: compraron un departamento. Fanny Shatz lo sugirió y ellos aceptaron de inmediato. Cada quien aportó una cantidad para el enganche. Lo adquirieron el 18 de julio de 1973. Anel estaba feliz.

—Era la cosa más linda que puedan imaginarse. Lo pusimos más bonito que un sueño.

Se ubicaba en la calle de Porfirio Díaz, frente al Parque Hundido.

Como estaba en un piso 14, se admiraba desde ahí toda la ciudad. También, la majestuosidad del Popocatépetl y del Iztaccíhuatl, "que eran testigos de nuestros amaneceres".

En el estreno de Gavilán o Paloma (1985).

Seguían siendo la pareja del momento. La más querida, la más admirada. Continuaban pendientes y con el alma en un hilo ante las demandas de Kiki Herrera Calles, pero contaban con la asesoría y apoyo de un licenciado Lavín, al que visitaban en su despacho en Cuernavaca. También paseaban por la Zona Rosa. "Un día entramos a una joyería y se compró un reloj Piaget, con carátula de tigre". Comían en *La llave de oro* o en el restaurante de Alex Cardini, que los trataba como marqueses. Anel acompañaba a José José a hacerse de su vestuario en *Jack Roberts*. "Siempre le gustó andar bien vestido y a la moda". Asimismo, a petición del propio cantante, asistía a sus reuniones con sus dos clubes de admiradoras, el presidido por Aída Alemán y el que estaba a cargo de Petrita Baños. "Por supuesto, había un pique amistoso entre los dos clubes, pues se disputaban la atención de su ídolo. A mí me veían con celos, por haberme quedado con él. Pero eran muy monas. Incluso en provincia existía un club de admiradoras de José llamado "Anel". Gracias a Dios, a mí las chicas me aceptaron siempre".

A finales de agosto de 1973 José José viajó a Caracas a cumplir un compromiso artístico. Por supuesto, la sombra de Kiki Herrera Calles y de su anterior viaje a Venezuela continuaba rondando, por lo que el cantante le reiteraba con telefonemas o cartas las seguridades y lealtades de su amor. En una misiva enviada a Anel el 23 de ese mes, le escribió:

"Mi amor: no sabes cómo te extraño, cielito de mi vida (…). Por acá puedo apreciar tu cariño en todo lo que vale, pues no he dejado de pensar en ti un solo momento". Le daba a conocer su preocupación por el arribo tardío de unas pistas musicales, y agregaba: "Te quiero mucho, mi vida, y vivo momentos de verdadera alegría después de tu llamada para informarme que todo está de maravilla allá en nuestra nueva casa. Enrique (de Palacios) me pregunta por qué estoy tan contento y yo le digo que es porque me acabas de llamar y me encanta oír tu dulce vocecita y decirte cuánto te amo, pero más me gustó saber que ya me estabas hablando desde nuestro nidito y me puse eufórico". La carta finalizaba de esta manera: Para ti, mi amor, va un beso que te lleva mi corazón y mi vida entera, junto con mi pensamiento, que es para ti las 24 horas del día, pues casi no duermo por estar pensando en ti, y cuando logro hacerlo tú estás siempre en mis sueños, gracias a dios. Cuídate mucho de todo (…). Te amo, mi amor, y me muero de ganas de verte". Llevaba una postdata que decía: "Si ahora te quiero mucho y mañana mucho más, imagínate cómo te voy a querer cuando llegue, mi amorcito". Lo firmaba "Pepe".

A su regreso de Venezuela Anel y José José fueron a comer a la *Fonda del Refugio*, en la calle de Liverpool, en la Zona Rosa. La encargada, Doña Conchita, prima de doña Margarita y tía del cantante, los recibió con el gusto de siempre, pero se atrevió a hacerle también una sugerencia a su sobrino: ¿por qué no tomaba clases de canto? La idea no cayó en oídos sordos. José José era lo que se dice una persona con un talento natural para la música. Siempre había cantado de manera espontánea y como si se tratara de una extensión más de sí mismo. Como su padre, un experto en ópera, nunca quiso enseñarle ningún tipo de técnica, José José tuvo que formarse a sí mismo, escuchando a cantantes norteamericanos como Frank Sinatra, Barbra Streisand y Johnny Mathis. De ellos copió el estilo, pero también de un mexicano, el inigualable Pepe Jara, a quien consideraba como dueño de un espectacular fraseo interpretativo. Les aprendió, y muy bien. Ellos fueron sus verdaderos maestros. Sin embargo, no le pareció mal aquello de las clases y comenzó a ser asistido por el maestro Carlos Zea Díaz. Parecía un José José diferente. Se le veía en verdad interesado en su vida profesional y en su salud. No dejaba de visitar al Dr. Echenique, el galeno que lo había atendido cuando sufrió el paro respiratorio. También estaba volcado a su vida amorosa. Le daba regalos a Anel y le seguía cantando al oído canciones que nunca grabó como: *El andariego, Olvídame si puedes, Pescador de estrellas, Como se lleva un lunar, Novia mía, Orgullo, Te doy dos horas, Mi mal comportamiento, Te desafío, Alivio.* Por las mañanas, antes de dormirse, encendían la radio y escuchaban juntos *La hora de los Beatles.* En ocasiones comían con su primo Sergio, que vivía en la San Rafael, o con la Changa, Paco Ortiz, en Clavería. También salían a cenar con su amigo Chucho Arroyo. O con Eduardo Magallanes, su director artístico. O con Mario Patrón y su esposa Lenita, en su casa de Fra Angelico, donde pasaron tantas veladas memorables debido al genio artístico de este músico. "Estaba haciendo la historia de México en forma musical. Recuerdo una vez que llegamos y nos hizo escuchar lo que había hecho para ambientar la época de los aztecas. Era impresionante. Se te erizaba la piel del gusto tan estremecedor que resultaba de escuchar sus creaciones". También se iban de fin de semana a Cocoyoc. Lo hacían manejando el Mustang de Anel o el "bochito verde color árbol de navidad", que ese año se compró José José.

—La verdad, la pasábamos muy bonito —recuerda Anel—. Yo tenía 29 años y toda la energía del mundo. Desde siempre lo he dicho, lo que sentí por José José puede definirse como "la historia de amor más grande del mundo jamás contada, por lo menos para mí". Yo estaba muy feliz. Siempre fui muy feliz a su lado. Por una parte, era tierno y cariñoso. Por la otra, también contaba unos chistes estupendos. Era dueño de un gran sentido del humor. Me dejaba, además, hacerme cargo de todo. Me dejaba que yo le arreglara la vida, que yo decidiera nuestro estilo de vida, los tonos de la casa, la comida. A él le gustaba mi arroz con leche. Todo estaba muy ordenado y mi casa rechinando siempre de limpia. Empezamos a tener una vida muy hecha, muy de pareja, muy bien armadita. José se ponía muy romántico y yo también. Tuvimos un tiempo maravilloso como amantes. Nos queríamos y nos acoplábamos muy bien. Todo era muy bonito. Al departamento le salían chispas de amor.

Ellas, bellezas. Anel.

JOSÉ ERA LA FIESTA

El único inconveniente es que José José bebía. Había pasado una temporada relativamente sobrio, pero eso había cambiado. A mediados de año comenzó a beber otra vez con renovados bríos.

Anel lo sufría, pero aún no se daba cuenta de la seriedad del problema:

—Lo amaba y le disculpaba todo. Por supuesto, pasaban cosas. Pero yo lo defendía. Le eché la culpa a las influencias externas, pero estaba por completo equivocada. Mi amor me enceguecía. Por aquel entonces no sabía lo que ahora sé: que José era la fiesta. Uno es así: siempre disculpas a quien amas. Nunca piensas que él es el verdadero culpable de la fiesta sino los otros. Yo condescendía tantito porque decía: bueno, sí, son sus cuates. Y había que aguantarlo. Hay cariños que matan, ¿no? Eso pensaba. Qué tontería.

José José necesitaba de "aditivos" para vivir y cantar. Alcohol y mariguana eran sus favoritos.

—De la coca yo no sabía tanto, porque era de lo más discreto. Escondía los paquetitos donde menos lo sospechaba. Una vez tuvo una cruda terrible. Como sudaba a mares y empapaba la sábana y el colchón, me desperté y le pedí que se cambiara, pues tenía la pijama por completo mojada. Fue al comedor por un trago y yo me quedé en la recámara a voltear el colchón. Al hacerlo se cayó un catecismo del padre Ripalda que contenía un sobrecito.

—¿Qué es esto? —le pregunté.

—Es cocaína. Sirve para quitar el cansancio.

Anel probó la droga a instancias de José José pero no fue de su agrado. Parecía, además, no hacerle ningún tipo de efecto. La consumía y de todos modos se dormía.

—No, chula —la reprendía José José, retirándole la droga—contigo es tirar el dinero a la basura...

La fiesta continuaba. Era una fiesta eterna, ininterrumpida. Para quitarse los nervios antes de sus apariciones en *Siempre en domingo* al lado del samurai de la canción, Pedro Vargas, bebía. Antes de sus presentaciones en palenques, también. Antes y después era lo mismo: el alcohol como paliativo ante las propias inseguridades, los miedos y los demonios del pasado y los artísticos.

—Siempre se corría el riesgo de que se emborrachara de más, o de que no llegara a casa —recuerda Anel—. Yo le lloraba a Fanny y ella no sabía ya ni qué decirme.

"En Mauna Loa, uno de nuestros restaurantes favoritos."

Anel por su parte empezaba a engordar, debido a su propio trajín de trabajo y a su nueva vida como ama de casa y pareja de José José. Se alimentaba mal y de manera poco nutritiva, por lo que empezó a tomar nuevamente pastillas para bajar de peso. Lo hacía mediante el cuidado de un médico, que le recetaba la dosis exacta y cuidaba su salud y alimentación. Para el otoño de ese 1973 José José se ausentó algún tiempo de México, a causa de una gira organizada por el Gordo Delgado, un conocido empresario de la época. Integró una *troupe* de artistas de alta calidad, como Vicente Fernández, Cornelio Reyna, Miguel Aceves Mejía, Lorenzo de Monteclaro, las Hermanas Huerta y Lucha Villa, para brindar un espectáculo mexicano-musical en ciudades de Estados Unidos. Hacían dos funciones diarias en recintos como el Sports Arena en Los Ángeles o el Cow Palace en Chicago. José José promocionaba su nuevo disco, *Hasta que vuelvas*, que era muy bien recibido por el público méxico-norteamericano. La gira finalizaba en Tijuana y Mexicali. Ahí lo alcanzó Anel, a principios de noviembre. Contaban con una semana de vacaciones y decidieron pasarla con la familia de ella en Los Ángeles.

"Ay, ¡qué chula mi gordita"… me decía.

Anel se encontró a un José José agotado por la larga y pesada gira. Pero también a un José José inmerso por completo en su adicción alcohólica, o mejor, en lo que ella misma denomina como *la dolce vita*. En la gira la fiesta y sus aditivos habían estado en grande. El cantante bebió en grandes cantidades. Su estado de borrachera era tal, que tuvo que llamar a su mamá y a su hermano para que fueran a ayudarle. Se trasladaron de Los Ángeles a

Mexicali y se encontraron a un José José perdido de borracho. Su estado etílico era tan grave, que a la hora de cruzar la frontera lo hizo por completo inconsciente, de tan alcoholizado que se encontraba. Manolo estaba al volante y doña Elena en el asiento del copiloto. Anel, por su parte, recostó a José José en su hombro.

—Por fortuna en ese entonces no eran tan estrictos. Pasamos en auto. Me lo eché al hombro. Les dijimos a los de migración que estaba dormido, y como todos teníamos nuestros papeles norteamericanos en orden, no hubo ningún problema. "American Citizens", dijimos y nos dieron el siga. ¡Imagínate si hubieran esculcado sus bolsillos! De eso me di cuenta después, cuando llegamos a casa de mi mamá. Lo que hubieran encontrado: ¡cocaína! Yo me moría del miedo. Le pedí que se deshiciera de inmediato de la droga, y lo hizo, pero me pidió a cambio un trago.

En Los Ángeles el cantante convivió con Manolo, el hermano de Anel, con su mamá, con Gaby y con Marcela, y con Patricio, hijo de esta última.

Manolo y José en Alicante.

A José José le agarró la cruda moral de que la familia de Anel lo hubiera visto en esas condiciones tan deplorables a su llegada a Los Ángeles, y mostró señales de recapacitación en torno a su manera de beber. También, de arrepentimiento.

Esto último, sin embargo, le duró poco. Apenas regresaron a México volvió a las andadas. Se emborrachaba en casa de Chucho Cervantes. O antes y después de sus presentaciones. La noche anterior a su partida a Guadalajara, para ofrecer un *show* en el Hotel Tapatío, tuvo un serio disgusto con Anel debido a una parranda.

En Guadalajara siguió con la fiesta. Anel lo alcanzó, sólo para encontrárselo de nuevo en mal estado. Ella lo trataba de entender: "no es tan fácil cortarse cuando estás en un lugar donde se bebe y donde tus admiradores quieren echarse un trago con su ídolo". Lo cuidó, pero él siguió bebiendo de una manera terrible.

Se pelearon. Luego vino el acercamiento y la reconciliación. Él le pidió perdón y prometió dejar sus adicciones.

Pero, de nueva cuenta, sus promesas fueron vanas. "Sus intenciones eran buenas pero la carne era débil, como se lee en la palabra de Dios" (Mateo 26, 41).

En diciembre de 1973 cantó en Veracruz, en Córdoba y en Orizaba.

Regresó enfiestado y con ganas de seguirla. Tras una cena con Jesús y Susana Cervantes, José José se salió del departamento de Porfirio Díaz para continuar la fiesta en otro lado.

—Si te vas, no regreses —le dijo Anel.

Le dolían en el alma esas palabras. Lo amaba y mucho. Si algo deseaba era estar constantemente a su lado. Pero también estaba fatigada de verlo siempre borracho. Además estaba muy desilusionada. Recordaba, por supuesto, todas las advertencias de

Fanny. No era posible: todo su amor, toda su juventud, todas sus atenciones se volcaban a él. Lo amaba con locura y no soportaba verlo así, en esas condiciones. Pero José José parecía pensar de otra manera. Anel pasaba a un segundo plano. En lo único que pensaba era en la fiesta.

MM421. Manolo Muñoz, Anel, Beto el Boticario y Gloria Evelyn.

CUANDO EL AMOR CAMBIA DE CASA

Se separaron. José José, en efecto, no regresó al departamento. Fue una navidad triste para Anel. Lloró y lloró la ausencia de su amado. Cerró ese 1973 de manera muy fuerte, con *Estrellas Mussart*. También hizo, en cine, *Santo contra la hija de Frankenstein*. Triunfaba en su vida profesional pero no en la sentimental. Nada la alegraba. Nada le parecía igual sin su amado. Corrió en busca de consuelo con Fanny Schatz:

—Ya ves: te lo dije —la recriminaba.

Se deprimió mucho.

1974 la sorprende de nuevo sola y desesperanzada. Se abocó a afianzar su carrera profesional como una forma de olvidar su desdicha amorosa. Participó en fotonovelas, en la Caravana Corona junto a figuras como Vicente Fernández, Irma Serrano, la Tariácuri, los Rockin' Devils y Manolo Muñoz, entre otros. "Recuerdo a Vallejito, que tanto trabajo nos daba, y que canté con mariachi". Actuó también en la película *Muñeca reina*, de Sergio Olhovich, basada en un cuento de Carlos Fuentes. Cinco meses pasaron separados. Ella viajó a Los Ángeles como una forma de olvidarse del cantante. Le volvieron a llover pretendientes y ella, por fin, aceptó salir con uno que otro. José José, mientras tanto, grabó un nuevo disco, titulado *Vive*. La primer copia que tuvo en sus manos se la mandó a Anel.

Como todos los discos de José José, éste también tenía algo de autobiográfico. Mostraba claramente sus sentimientos. Por un lado, la gran certeza del amor verdadero que sentía por Anel en canciones como *Cada mañana* ("verás mi voz correr tu ser") *Es que te quiero*, *Alguien que te extraña* y el *cover Tú eres todo para mí*.

En esas interpretaciones quería ponerle el mundo a sus pies. Por el otro, también las dudas: "A mí que tanto te amo no me crees". Y la lucha por vencer los abismos del orgullo: "Pensé que al alejarme yo te olvidaría pero me equivoqué./ Y en vez de olvidarte te extraño día a día./ Qué extraño es el amor". Se notaba claramente que se sentía mal ("la triste soledad por las esquinas") y que extrañaba el momento en que estaban juntos, "(igual que el horizonte y el mar"). "Mis besos se duermen sin ti", le decía. Era, por una parte, el reconocimiento de lo que había perdido: "La gente no creyó en nuestro gran amor capaz de transformar la noche en día", y por la otra, una declaración de amor, el delirio de amor que aún sentía por Anel. La última canción lo decía todo: "el amor seguía ahí, pero se había mudado de casa".

El disco era acompañado por una tarjeta con la imagen de un triste oso panda, que parecía a punto de llorar. Era una tarjeta de despedida, el adiós definitivo de un amor bonito.

—Él era Andy Panda y yo Lero, la osita del Oso Yoghi. Me la pasé llorando y llorando. Por supuesto, no podía dejar de recordar a mi mamá: sus sufrimientos eternos de amor por mi papá.

"Lo que el mundo necesita es más gente bonita como tú", era el mensaje, en inglés, que llevaba la tarjeta. José José le agregó de manera manuscrita las siguientes palabras: "Siempre te recordaré", se leía. "Tú siempre tendrás un lugar en mi corazón, pero es mejor así. Que dios te bendiga siempre, a ti y a los tuyos. Sigue adelante, camina tu camino, porque es tuyo y ésa es tu realidad. ADIÓS. Simplemente, VIVE".

Anel lloró al escuchar las canciones y al leer la tarjeta. Se dio cuenta que le dolía, sí, pero también que el amor continuaba, que era más fuerte que su lógica, que su raciocinio. Le molestaba profundamente la manera de beber de José José. Estar con él era un tormento, una gran incertidumbre, un fuerte dolor en el alma. Eso era lo que opinaba su visión objetiva del mundo, su instinto de sobrevivencia. Sin embargo, su corazón y su entraña opinaban distinto. Lo quería, lo amaba, lo extrañaba. Era obvio que José José sentía lo mismo por ella. Por eso le había regalado el disco, por eso se lo había enviado. El amor era mutuo a pesar de la distancia y la ausencia. "Mis ojos se humedecieron y se llenaron de agua. Mi corazón palpitaba". Pero, ¿qué hacer? ¿Debía buscarlo? ¿Debía conformarse con unos cuantos meses de felicidad y cerrar el capítulo de su vida con el cantante? La vida continuaba y de seguro encontraría a otro hombre, acaso mejor, sin los problemas de alcoholismo de su amado. Algo en su interior le decía que no debía enamorarse, que no debía sufrir por el amor, como su mamá. "Yo estaba verdaderamente desconcertada, pues había faltado a todas mis creencias y principios de no quererme involucrar con nadie. Yo quería cantar y bailar, ser vedette, y tal vez era mi oportunidad de oro de seguir adelante con mi carrera". ¿Qué hacer? Dudó. Meditó. Finalmente triunfó el sentimiento, el romanticismo, el amor.

Tomó el teléfono y lo buscó. Marcó el único número donde sabía que podían darle informes sobre su paradero, la casa materna. No lo encontró pero dejó un recado.

—Dígale que lo quiero mucho —le pidió a su mamá.

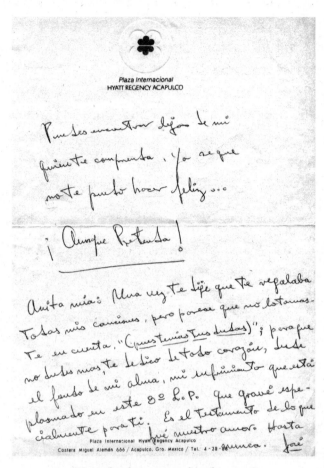

"Cuando el amor cambia de casa."

EL VOLKSWAGEN VERDE

Anel se refugió de nuevo en el trabajo. Extrañaba a José José pero se pensaba curada por completo de amores. Allá él, que no había sabido valorar su amor. Allá él y sus fiestas.

Participó en una película de Tarzán, protagonizada por Ron Ely. También obtuvo un rol protagónico en *Paloma*, la nueva telenovela de Ernesto Alonso.

Éste le dijo, antes de comenzar las grabaciones:

—Anelita, esta noche vamos a ir al Terraza Casino... ¿Nos acompañas?

—Claro —contestó ella.

—Vamos a escuchar a José José —intervino Fanny Schatz.

Anel escuchó ese nombre y algo muy profundo se removió en ella.

Pero no. Debía de ser fuerte. Debía acallar los mandatos de su corazón. Ya estaba decidido: esa relación había terminado. Era cosa del pasado.

Aceptó ir como una prueba de que, en efecto, el cantante había quedado atrás en su vida y que podía dedicarse de nuevo a su carrera. Nunca más cancelaría sus contratos y su ascendente carrera por un hombre, como lo había hecho con José José.

Fue acompañada de un nuevo pretendiente, el guapo y simpático Fernando Elías Calles. También de Ernesto Alonso, Fanny Schatz y Guillermo Vázquez Villalobos, un conocido periodista de espectáculos. Era una mesa elegante y muy divertida. A la hora que José José salió a cantar Anel se mostró de lo más tranquila. Por dentro quería llorar de la emoción, pero se contuvo.

—Me aguanté como las machas.

Lo hizo durante algún tiempo hasta que José José interpretó: "Pero te extraño", de Armando Manzanero. No pudo más. Los ojos se le llenaron de lágrimas.

Durante el intermedio, Guillermo Vázquez Villalobos le propuso:

—¿Por qué no vamos a saludarlo al camerino?

—Claro…

Anel se dio cuenta que había respondido su corazón, no su cabeza. Quiso echarse para atrás pero ya era tarde. El periodista la tomó de la mano y la condujo hasta el camerino del cantante. Lo encontró con el Negro Durazo. Apenas la vio, José José esbozó una enorme sonrisa. Exclamó:

—¡No puedo creer que estés aquí!

Anel se acercó a darle un beso. Ese momento fue aprovechado por él para retenerla y decirle:

—¿Te acuerdas de mi volkswagen verde? Lo tengo estacionado aquí abajo. Está abierto. ¿Por qué no nos vemos ahí cuando termine el show?

Anel no respondió. Ella misma estaba insegura de aceptar. Volver con él, ¿para qué? ¿Para verlo beber y beber, sumergido como siempre en la fiesta?

José José salió de nuevo en el escenario y cantó "Regálame esta noche". Se acercó a la mesa de Anel. La interpretó con un profundo sentimiento y emoción. No cabía duda, se la cantaba a ella.

La mesa entera se dio cuenta. Fanny Schatz le susurró al oído:

—Anelita, ten cuidado.

Anel volvió a sentirse confundida. No había olvidado al cantante. Al contrario, lo seguía amando. El amor seguía ahí y no se había ido…

Pretextó sentirse cansada, se disculpó con todos, y se despidió. Fanny Schatz le dijo:

—Se te corrió el rímel, ya sé por qué. Se te nota que vas a correr de nuevo tras él. Nada más te pido que esta vez no acabes como siempre: llorando.

Encontró el volkswagen verde, abrió la puerta y se metió.

—Hacía mucho frío. Me acuerdo que estaba hecha bolita, en el asiento. Tuve que esperar a José como dos horas, en lo que se despedía de sus admiradores. De ahí nos fuimos a mejores rumbos. Fue una de las noches más preciosas de mi vida. La verdad, sí sufría mucho pero también gozaba mucho. Me dejaba seducir por José y eso me gustaba.

En los Ángeles, recibiendo un premio de popularidad
otorgado por la radio local KLove.

NECESITO, OTRA VEZ, QUE ME PERDONES

Se reencontraron en el teatro Blanquita. Cada quien hacía su *show*. Anel cantaba y hacía *sketches* y José José interpretaba sus grandes éxitos. Llegaron a coincidir en los pasillos pero las heridas del amor aún estaban frescas y ninguno de los dos se atrevió a dar el primer paso para la reconciliación.

—Ay, sí. No te gustan los borrachitos —se burlaba el cantante.

El ambiente en el Blanquita, por lo demás, era muy propicio para las borracheras de José José. Tras bambalinas y fuera del escenario no faltaba la oportunidad para beber. La *dolce vita* en pleno. Eso le dolía a Anel. La lastimaba horriblemente. Un día, al término de la temporada, se enteró que el cantante planeaba hacer un viaje a Acapulco, acompañado sus músicos, otros amigos de parranda y una buena dosis de cocaína

—Me decidí a hablar con su mamá y sus primos. Les dije que José tenía un problema muy serio. No paraba de beber y beber y eso podría traer consecuencias muy graves. Les sugerí internarlo en una clínica de rehabilitación. Yo lo hubiera hecho por mí misma, pero no podía firmar ninguna autorización si no era alguien de su familia.

Se urdió un plan para internarlo. Tal vez no era la mejor idea pero sí rápida y efectiva. Anel pidió ayuda a unos amigos judiciales, que se encargaron de meter al cantante a un auto y llevarlo a una clínica por los rumbos de Tulyehualco.

"Raptan a José José", apareció en los periódicos del día siguiente.

Todo mundo abrigaba esperanzas de estar haciendo algo bueno para su recuperación. El método era muy simple: llegar a conocer mediante charlas la gravedad del alcoholismo y asumir un papel más responsable ante esta enfermedad. José José, por supuesto, estuvo muy a disgusto. Se deprimió. Quería morirse, pensaba en matarse.

—Era, literalmente, el triste —recuerda Anel.

No se murió ni se mató. Le habló a su mamá con enojo, exigiéndole que lo sacara de inmediato. Así lo hizo y no pasó mucho tiempo antes de regresar a la bebida.

Anel estaba desesperada. Nada funcionaba. Y si José José seguía bebiendo, ¿para qué proseguir una relación que no conducía a nada bueno? Ella misma continuaba triste, deprimida. Pensó en vender el departamento, como una forma de dejar atrás el pasado. Necesitaba la autorización de José José, copropietario del inmueble, por lo que le dejó nuevamente un recado en casa de su mamá. "Hay una familia interesada en el inmueble José tiene que firmar también la compra-venta. Que se comunique conmigo, por favor". Por algún tiempo no obtuvo respuesta. Por fin, un día él la buscó:

—Pero, ¿por qué quieres vender nuestra casa? —le preguntó.

—¿Nuestra casa?

José José pareció reaccionar.

—Necesito, otra vez, que me perdones —le dijo.

Parecía aturdido y cansado, como confuso. También, muy arrepentido.

—José, yo estoy muy asustada —le comentó Anel—. No es que no te perdone, es que no te entiendo. Fanny dice que me estoy haciendo adicta al dolor. Tengo miedo. Pepe, por favor, ayúdame. ¿Qué te pasa?

—No sé qué me pasa, por qué actúo así.

Ella le contestó:

—Lo que pasa es que, para ponértelo sencillo, te gusta mucho la fiesta. Pero, entiende, no se puede vivir siempre en la fiesta. Yo te quiero, pero el alcohol y tus demás juguetes te dominan.

Anel por aquel tiempo no quería usar la palabra "alcoholismo", para no ofenderlo. Agregó:

No me gusta tu manera de beber, José. Tanta fiesta no es posible...

Con el festejado José José, su Anel, el compositor de moda Juan Gabriel, Estela Núñez y Alicia Juárez, quienes la pasaron muy bien saboreando ricos platillos mexicanos y cubanos, y diciendo ¡salud!

Estelita Nuñez, Anel, José, Alicia Juárez y Juan Gabriel.

El amor triunfaba de nuevo. Se besaron y abrazaron y juraron otra vez no dejarse nunca. Le dio, además, una buena noticia:

—Ya tengo fecha para el divorcio con Natalia.

—¡Qué bueno!

—Sí. Eso nos va a tener más tranquilos.

Era agosto de 1974. Vendieron el departamento de Porfirio Díaz y se mudaron a la casa en la calle de Navegantes ("la casita nuevamente se alegraba. Era chiquita y preciosa. Y nos amábamos mucho"), por el rumbo de Ciudad Satélite.

—Yo estaba feliz en mi recién recuperada relación con José y con mi regreso a ser una ama de casa. Desde Satélite me iba al mercado de San Juan, en el centro, en la calle de Pugibet, a hacer el mandado. Yo misma cocinaba. Me esmeraba por que él se sintiera a gusto. Prometió dejar de beber, y así lo hizo, por algún tiempo...

—Bien que pudo hacerlo. Pero luego volvió a las andadas.

José José no aprendía. No valoraba el cariño, las atenciones y la preocupación de Anel. De cuando en cuando no llegaba en toda la noche, o lo hacía, pero en muy malas condiciones. Hacia el otoño de 1974 se fue de gira a Monterrey y a Tijuana. En este último sitio actuó en el Flamingos. Después de su show se metió al motel La Sierra con algunas chicas *non sanctas*. Consumían alcohol y drogas. El alboroto que causaban provocó que alguien llamara a la policía. Al poco rato llegaron las patrullas, los uniformados entraron a la habitación y lo aprehendieron. Se desató de inmediato un escándalo mayúsculo.

—Estaba con unas mujeres. Había droga y alcohol. Ya sabrán lo que sentí. Estuvieron a punto de meterlo a la cárcel. A mí me habló su mamá, asustadísima, para contarme lo sucedido. Se había enterado por los noticieros. Yo no daba crédito a lo que escuchaba. ¿Cómo era posible? ¿José metido en eso? ¡Pero si él me amaba! Tuve que recurrir a Andrés García para que me ayudara. Fue una cosa espantosa.

José José fue liberado. "Unos policías de la Interpol lo liberaron y trajeron a México". Por supuesto, Anel estaba devastada. José José, apenado, tardó varios días en aparecerse por la casa de Navegantes.

—Perdóname —le volvió a pedir a Anel.

Parecía haber aprendido la lección pero no: la fiesta era la fiesta. Parecía un autómata dominado por el alcohol.

—Necesito echarme un trago —le dijo y se salió de casa.

—No te vayas, Pepe —le rogó Anel.

No regresó por la noche. Anel lloraba su ausencia cuando al día siguiente recibió una llamada telefónica.

—Tienes que venir. Pronto.

Era Yolanda Hernández, la novia de Gonzalo, el hermano de José José. Parecía muy alarmada y nerviosa. Le explicó:

—Fíjate que José está aquí, en casa, y está muy mal. Necesito que vengas.

Anel acudió con toda rapidez. Se encontró a un José José en condiciones deplorables.

—Ha estado vomitando sangre —le informaron.

Habían llenado dos cubetas con una especie de vómito nauseabundo y sanguinolento. Anel se asustó. Le habló de inmediato a Fanny Schatz y ésta le recomendó internarlo en el Sanatorio Español y ponerlo en manos del doctor Hernán Cristerna. "Éste le impuso un tratamiento de leche cada media hora". Llegó al hospital con el estómago por completo deshecho de tanto beber. Tenía una úlcera en pésimas condiciones, el esófago muy dañado y además una hernia hiatal producto del esfuerzo que hacía al vomitar. "José por eso años tomaba Melox y carbonato a manos llenas. En la *dolce vita* no comía y vomitaba constantemente. Hacía mucho esfuerzo y arrojaba ácido clorhídrico y bilis. Era horrible verlo en esa situación. Su estómago ya no daba para más". Estuvo internado todo diciembre, todo enero y casi todo febrero.

Música y estrellas Mussart (1972).   TV musical Ossart.

¿POR QUÉ NO TENEMOS UN HIJO?

Anel y la mamá de José José se turnaban para cuidarlo. "Ahí me tienen de nuevo, como su enfermera. Según Fanita, era yo una especie de Florencia Nightingale, la famosa enfermera cristiana. Me alentaba el amor y mis deseos de verlo salir con bien". Por fin, la úlcera cicatrizó. El doctor Cristerna lo dio de alta el 27 de febrero de 1975.

—Esa noche fuimos a la fiesta de los Heraldos, que era la más apoteósica del medio artístico. Al llegar todo mundo nos felicitaba. Lo hacían de corazón, pues sabían que llevábamos años de lucha por seguir juntos, amándonos. José José se había recuperado mucho en el hospital y se veía muy bien. Guapo. Guapísimo y bien vestido. Yo, la verdad, iba hecha una reina. Hubo cena y toda la cosa. José no se acercó para nada a la botella. Parecía haberla dejado atrás. Regresamos a casa y dimos rienda suelta a nuestro amor. Nos besamos y acariciamos con apasionamiento. Nos llevábamos muy bien en la cama. Con José José yo descubro una forma completa de amar, incluida la experiencia sexual. No que antes no hubiera tenido estas experiencias, pero por vez primera se aunaba el amor con la pasión. José José lo era todo para mí. Lo amaba profundamente. Esa noche no fue la excepción. Esa noche estoy segura que concebimos a Pepe, pues nació nueve meses después, el 27 de noviembre de ese año.

La idea de tener un hijo no era algo que anhelaba Anel. Recordaba su propia existencia y se negaba a traer al mundo a otra persona. Traerla, ¿para qué? ¿Para sufrir? ¿Para vérselas con los avatares y sinsabores del mundo? No, mejor no. Pero José José sí quería. Le sugirió:

—¿Por qué no tenemos un hijo?

—¡Cómo! —Anel se sobresaltó con la propuesta.

—Sí —insistió el cantante—. Necesitamos alguien que afiance nuestra relación. De no hacerlo, esto no va a funcionar. Piénsalo. Un hijo tuyo y mío. Creo que tener un hijo me alejaría de beber.

Esto último resonó en el cerebro de Anel. Tal vez tenía razón. Tal vez un hijo les cambiaría la vida. No lo pensó mucho. Dejó atrás sus miedos y reticencias y aceptó la propuesta del cantante. A través de Dorle, la esposa de Raúl Velasco, conoció al doctor Samuel Kashmere. Fue a verlo al Hospital de México.

—Quiero tener un hijo —le dijo sin más.

—Mijita, qué bueno porque estás justo en la mera edad.

—Pero yo he hecho muchas barbaridades, doctor —le confió Anel—, y no me embarazo.

Le pidió hacerse unos análisis y, tras conocer los resultados, le dio a tomar una hormona llamada Lutoral.

—El remedio era tan bueno, que creo que con media pastillita tuve para quedar embarazada.

Por supuesto, ninguno de los dos tenía conocimiento del embarazo. José José y Anel se seguían amando con pasión, en espera de ser bendecidos con un hijo. Al cabo de unos meses de espera, el azar maniobró de tal forma que dos acontecimientos importantes tuvieron lugar el mismo día. El cantante le anunció:

—El 10 de abril firmo el divorcio con Natalia.

—¡Qué bueno!

Ese día José José asistió a los juzgados. Toda la prensa de espectáculos estaba presente. Anel no asistió, discreta y reservada como correspondía a su papel de pareja del cantante. Por supuesto, estaba feliz. ¡Por fin libres de ataduras! ¡Por fin divorciado! Ese mismo 10 de abril de 1975 fue a una cita con el doctor Kashmere. Éste la revisó y le dijo:

—Felicidades. No hay ninguna duda: está usted embarazada.

Anel no supo si brincar de gusto o entristecerse por ese hecho. Qué felicidad y qué enorme responsabilidad. ¡Traer a alguien al mundo! Se sentía contenta, sí, pero al mismo tiempo preocupada. Esperó esa noche para decírselo a José José. Tenían una invitación personal de Roberto Carlos, el afamado cantante brasileño, para asistir al estreno de su *show*, en el teatro Ferrocarrilero. Fueron acompañados por Leoncio y su esposa Flor, unos amigos. Llegaron a las 19:30 horas.

—Esa noche fue súper linda —recuerda Anel—. José por fin se había divorciado de Kiki y a mí me habían dicho que Pepito venía en camino. Nadie sabía nada. A nadie le conté que mi periodo se había interrumpido. Era la mujer más feliz de todas. Tenía al hombre que amaba a mi lado. Ya no bebía. Se portaba de lo más tierno y lindo. Lo amaba con un amor grande y profundo, inmenso. En no pocas ocasiones sentí que mi amor era el más grande del mundo. Esa noche lo volví a sentir. Estábamos alegres y festejando lo del divorcio. Cuando le dije a José: "Estoy embarazada", él dio un grito de alegría y comenzó a dar de saltos, como Barishnikov o Nureyev.

José.

VI
LA FIESTA

DESHAZTE DE TU PASADO

"*D*esde el momento que supe que estaba embarazada, entré en la tierra de lalalá. Estaba feliz. Fue un sueño hecho realidad. Un sueño que no soñaba, es cierto. Mi idea de la vida era otra. Pero, una vez que me embaracé, empecé a sentir tantos cambios en mí misma, en mi cuerpo, en mi carácter, en mi persona, que fue un descubrimiento maravilloso. Además, José estaba tan contento, tan esperanzado con la llegada de su hijo, que abandonó la fiesta…"

Ese periodo de sobriedad fue fabuloso. Dejaron la casa de Navegantes y se mudaron a la de la mamá de José José, en Enrique González Martínez. "Esa casita le gustaba especialmente a José porque era muy soleada. La pusimos con grandes alfombras. A mí la alfombra me fascina porque me encanta estar descalza todo el tiempo. Los muebles eran blancos. Las paredes de madera. La recámara era preciosa. En fin, aquello era verdaderamente sensacional. Me agradó sobre todo que a mi suegra, doña Margarita, le hubiera dado tanto gusto que nos mudáramos con ella.

—Qué gusto tan grande que vivan conmigo. Te voy a cuidar, mi Ani… —le decía con evidente cariño.

Pasaban juntos la mayor parte del tiempo. Se prometían amarse toda la vida. Hacían planes para la llegada de su primer vástago. Compraron cobijas y ropita. La cuna. Viajaron juntos a Cuernavaca y a Catemaco, Veracruz. En este último poblado visitaban a dos parientes muy queridos y muy cercanos a la familia Sosa-Noreña, don Enrique y Paulina Betaza. Eran dueños del restaurante *La ola*. Anel los conoció a mediados de 1974 y de inmediato se inició una bonita y sólida amistad.

Fue ahí, en Catemaco, en el altar de la Virgen del Carmen, que José José le pidió a Anel tener un hijo:

—Sólo así vamos a funcionar —fueron sus palabras.

Anel lo amaba, lo amaba hasta el punto de dejarlo todo por él. Su carrera artística, su familia. Todo. Pensó incluso en dejar su pasado por él. Todo aquello que la ligaba a su vida anterior, lo iba a dejar atrás. Las joyas que diversos hombres le habían regalado a lo largo de los años no serían la excepción. Se las ofrecería también a la Virgen del Carmen. Eran valiosas, se valuaban en una fortuna, pero ¿qué importaba? Lo importante era el amor que sentía por José José.

—Acompáñame —le pidió a Paulina Betaza. Le mostró el envoltorio que llevaba, un paliacate lleno de anillos, aretes, collares, dijes. La mayoría eran de oro de la mejor calidad y ricamente adornados con piedras preciosas.

—Pero, Anel, ¿estás segura?

Era un dineral lo que estaba a punto de tirar.

—Claro —contestó convencida.

Se dirigieron al santuario de la Virgen del Carmen, santa patrona de Catemaco.

Se arrodillaron frente al altar. Anel se persignó, pidió a Dios todopoderoso que bendijera su amor por José José, que hiciera de esa relación algo bello y eterno, y abrió el envoltorio. Fue una ceremonia íntima, silenciosa. El cura abrió el nicho bajo el altar y dejó ahí las joyas.

Pero faltaba más.

—También el abrigo de visón...

Paulina Betaza volvió a acompañarla. Le había sugerido un sitio estupendo para tirar la prenda. Era una locura, pero Anel aceptó con resignación y una amplia sonrisa, como quien sabe que está a punto de cometer una travesura.

—Manos a la obra. Para luego es tarde...

El sitio elegido resultó una belleza natural cercana a Catemaco: el salto de Yipantla. Una espectacular caída de agua, en medio de un paisaje tropical. Anel, a pesar del calor, se puso la costosa prenda. La modeló, despertando las risas de Paulina. Finalmente se despojó de ella, la sostuvo por algún momento en su mano y terminó por dejarla caer a las aguas. Lo hizo convencida de que hacía lo correcto, sin ningún tipo de duda o de remordimientos.

—Ya no tengo pasado —le dijo a José José—. Sólo presente y futuro, contigo.

Cantando en Veracruz.

Se abrazaron y se besaron. Estaban felices. "Qué rico sentimos ese día", recuerda Anel. "Éramos el uno para el otro, y esa noción de pertenecernos uno al otro, me encantó".

ANDY PANDA Y CONEJO

Anel estaba enamorada. Y él también. Se apapachaban, se consentían, se mimaban.

—Desde el principio fue también una relación sensual y sexual. José era tierno, cariñoso, y tenía sus mañas, sus mañas de hombre y de barrio, que por supuesto me gustaban. Yo había conocido otros hombres, pero ninguno como él. Con él descubrí el verdadero placer. Dejé mi frigidez para gozar, por fin, en una relación de pareja. Era un buen amante, el mejor. Además, ambos teníamos una gran necesidad de ser amados. Él lloró al contarme aspectos de su vida y yo también. Nos abrimos en nuestra tristeza y también en nuestras alegrías. Nos comprendimos. Nos apoyamos. Nos enseñamos a amar. Nos dimos al máximo. Yo tenía 30 años y él 26. Eso era importante.

Ella, de cariño, se refería a él como Andy Panda. O Pelo Fino, porque cuidaba siempre de su peinado. A ella le gustaba pasar su mano por su cabello, que le parecía bello, sedoso. Él la llamaba Conejo. O Bubu, una osita que salía en las caricaturas del oso Yogi.

—Bubu, te quiero —le decía. O: —Bubu, me gustas mucho. ¡Guau!

También le decía Ana Elena. Pocas veces la nombraba Anel.

—Todo mundo te dice Anel, y yo no soy todo mundo…

Se deseaban y se querían. Se daban sus escapadas de fin de semana, o cuando el trajín de su trabajo lo permitía. A principios de ese 1975 Anel comenzó a trabajar de nuevo en una telenovela de Ernesto Alonso. *Paloma*, era el título. Contaba con un elenco multiestelar: Ofelia Medina, July Furlong, Andrés García, Lucía Méndez. Anel estaba feliz. Fanny Schatz había conseguido, incluso, que la canción tema fuera interpretada por José José. No todo, sin embargo, sonaba perfecto. Su trayectoria profesional se tambaleaba. Antes de darle el papel, Ernesto Alonso la mandó llamar y habló muy seriamente con ella. Estaba enterada de la vida que llevaba con el cantante y le preocupaba que faltara a sus compromisos con la telenovela. Le leyó la cartilla:

—Anelita, sabes que respeto tu vida personal. Pero también eres una artista. Y un artista es, ante todo, un profesional. Una persona que trabaja, que cumple. Me gusta que mis actores estén comprometidos con mis proyectos. Es lo mismo que te pido, o mejor, que te exijo. Escúchalo bien: te doy esta oportunidad, pero si me fallas se acabó tu carrera. Oíste: ay de ti si lo haces.

Anel prometió no fallar.

Lo cumplió cabalmente hasta un día en que el azar intervino para frustrar sus intenciones. Sucedió durante una de sus escapadas a Cuernavaca. Enamorados, viajaron a la ciudad de la eterna primavera. Era un sábado y Anel tenía llamado hasta el lunes por la tarde. Todo estaba previsto para regresar a tiempo y cumplir con la promesa hecha a Ernesto Alonso. Se subieron al mustang de ella y enfilaron a la carretera con rumbo a una cabañita en la avenida Gustavo Díaz Ordaz. No le avisaron a nadie de su paradero, pues no querían verse interrumpidos en sus amoríos de fin de semana. Por razones de producción, sin embargo, ya que Televisa San Ángel estaba en proceso de remodelación constante, el llamado de Anel se cambió del lunes por la tarde al lunes por la mañana. Ella, ignorante del cambio, estaba por completo despreocupada, gozando del sol y de su amado José José en la ciudad de la eterna primavera. Fanny Schatz intentó localizarla por todos lados, inútilmente.

—Asistí el lunes por la tarde a mi llamado y me encontré con un Ernesto Alonso engendrado en pantera.

"Te lo dije, Anelita, te lo dije. Tu carrera está acabada", le informó airado el productor más famoso de telenovelas. José José, al enterarse, le marcó a Ernesto Alonso y le dijo, por completo decidido: "Ernesto, perdóneme, pero mi estabilidad emocional, así como mi vida personal y la de Anel, no van a depender de nadie. Yo me voy a hacer cargo de ella". Él le respondió: "Me parece muy bien, vivan su amor. Pero la niña está fuera de la telenovela"

Anel sintió un escalofrío al escuchar esa conversación. Tenía miedo de echar por la borda su trayectoria artística.

Al mismo tiempo, se sintió enormemente protegida y cuidada por José José. Se dijo:

—Sí me ama. Sí le importo. Que venga lo que venga, ni modo. Lo único que quiero es estar a su lado.

Fueron a ver a Fanny Schatz, obligados por su vínculo profesional a explicarle lo sucedido. Ella se hallaba muy molesta. Estaba muy conciente de lo que significaba el enojo de Ernesto Alonso. Al mismo tiempo, entendía la situación amorosa de Anel.

—Entonces —le preguntó—, ¿en verdad estás dispuesta a dejar tu carrera? ¿Por él? —y señaló a José José.

—Sí, Fanita —Anel mantenía la vista baja, por completo nerviosa, apenada.

Fanny los escuchó atenta, con la ecuanimidad de una verdadera dama.

—No te preocupes, Fanny. Yo la voy a cuidar. Nada le va a hacer falta. Me voy a hacer cargo de ella. La amo verdaderamente, con toda mi alma —dijo José José.

Anel no pudo aguantar más y se puso a llorar.

Era, de nuevo, el amor más grande del mundo. La pareja perfecta. El hombre que ella necesitaba, el que le había cambiado su vida, un joven guapo y talentoso dispuesto a darlo todo por ella.

Fanny le dijo:

—Me da mucho gusto que hables así, que respondas por Anel. ¡Ay de ti si no lo haces!

"Fue una tarde muy emotiva y muy bonita", recuerda Anel.

Ese día se cortó su carrera artística.

Alejandro Suárez y Anel en Ossart.

ANEL NOREÑA

Adiós a Anel.

NOS EMBORRACHAMOS TODOS HASTA MORIRNOS

Anel comenzó a acompañar a José José a todos lados. *Show* que hacía, ahí estaba, a su lado. Palenques, programas de radio o televisión, también. Eran una pareja linda, inseparable. En una entrevista con Jacobo Zabludovsky, el cantante dio a conocer públicamente:

—Me voy a casar con Anel.

—¿Cuándo? —preguntó el periodista.

—Como lo marca la ley. Un año después de mi divorcio de Kiki.

Anel, que lo escuchaba, no podía creerlo. No habían hablado nada de eso. "Sus grandes declaraciones de amor siempre fueron hechas primero a la prensa. Así era él. Yo me venía enterando de lo que pensaba de mí días después, cuando sus declaraciones aparecían publicadas". Por supuesto, tras escuchar lo que José José había dicho a nivel nacional en la entrevista con Zabludovsky, estaba halagada. Pero, al igual que con su embarazo, sus demonios del pasado regresaron para ensombrecer su presente. Su idea de permanecer soltera, libre de ataduras, a fin de no sufrir con ningún hombre, como había sucedido con su madre, daba un vuelco por completo. Se emocionó y tuvo miedo, se sintió feliz y dudó. Quería un padre para el hijo que llevaba en sus entrañas, pero al mismo tiempo el embarazo había agudizado su instinto de sobrevivencia. Temía que el gusto por la fiesta de José José tuviera sus consecuencias no sólo para con ella sino para con su hijo.

La gente le decía, incansable en su maledicencia:

—José José toma mucho y vas a tener un hijo con él. ¿Qué tal si viene con ocho brazos o cuatro piernas?

Llena de preocupaciones, en una de sus consultas con el doctor Kashmere le dijo:

—Tengo que decirle quién es el padre.

—¿Quién?

—José José.

—Ah, sí. El cantante. Qué bueno, niña. Tu hijo será guapo como tú y tendrá buena voz, como su padre.

—Pero, doctor, es que José bebe. Le gusta la fiesta. Se emborracha… y mucho.

Kashmere la despreocupó.

—Niña, eres joven. Tu hijo nacerá sano y fuerte si te cuidas. Que José José beba no importa. Lo importante es que tú no lo hagas.

Le prohibió a ella el consumo de anfetaminas.

—Iba a engordar, pero qué importaba. Empécé mi embarazo con 57 kilos y subí, ooops, treinta más…

José José, por su parte, dejó de beber. Se le veía decidido. "Sentía que estaba malgastando su tiempo en trabajo, en juergas y en recuperaciones, en lugar de disfrutarlo conmigo y con el vástago que llevaba en mi vientre. Parecía haber tomado una decisión definitiva, pero no fue así". José José empezó a beber. Parecía imposible que no lo hiciera, envuelto en la agitada atmósfera de la vida nocturna que llevaba. El trabajo y la fiesta parecían inseparables. Anel, en espera de su hijo, se preocupó. Antes, no le importaban las borracheras de su amado; ahora sí. No sólo le preocupaban, las temía. Sus instintos maternales surgieron con toda su fuerza. ¿Qué clase de vida podía darle un hombre sumido en la desgracia del alcohol a su mujer y a su hijo? ¿Qué clase de destino de madre le esperaba al lado de un bebedor? Pensó en soluciones. Lo convenció de mudarse a Cuernavaca. En julio de 1975, a sugerencia de Beto Cortina y su esposa Paty, encontraron una casa que les gustó y que rentaron de inmediato. Estaba en una privada, tenía alberca y grandes jardines. "La decoramos hermosa, gracias a Dios".

—Esto es el cielo, conejo —exclamaba José José con respecto a esta casa.

Era un buen lugar para un recién nacido. "Nos mudamos para vivir mi embarazo y para estar lejos de la tentación". Buscaba alejar a José José de la fiesta. Pensaba, de manera ingenua, que el cambio de ciudad le haría bien. Que la distancia lo mantendría lejos de sus amigos, de las copas, de su desaforada e ilimitada manera de beber.

Se equivocó de manera rotunda.

—José daba la vida por estar con nosotros. Pero, apenas se marchaba a trabajar, nacía el riesgo de la fiesta. El peligro estaba en su trabajo. José José no podía dejar atrás la fiesta. Era su vida. El trabajo y la fiesta.

Una noche llegó del Palenque de Puebla muy mal, Leoncio, su amigo que le servía de chofer debía regresar a México y José muy necio, no quería bajarse del auto si no le daba su botella de Etiqueta roja. Leoncio se enojó le dio la botella y lo dejó en la banqueta.

—Le tuve que hablar a mi nana Luisa para poder meterlo a la casa. Como estaba muy pesado y yo embarazada, lo arrastramos hasta el jardincito. Tomé la manguera y abrí la llave para reanimarlo. Después de un rato reaccionó. Accedió a ponerse de pie y caminar hasta la recámara, pero sólo si le daba un whisky. Fue una de las noches más terribles de mi vida. Fue el 7 de octubre de 1975, a tres días de mi cumpleaños. ¡Ese era mi regalo! Estaba a punto de cumplir 31 años y me daba cuenta que me estaba sucediendo lo mismo que a mi mamá. Mi mamá sufría por un hombre al que amaba profundamente, y yo también. La entení a la perfección y le pedí perdón. "Te necesito, mamá, te necesito".

La propia voz del cantante comenzó a sufrir las consecuencias de tanta fiesta, de tanta mal pasada. Era tal el daño, que comenzó a recurrir a los servicios de un foniatra, el doctor Severino Tarasco, y no dejaba de visitar al doctor Gustavo González Parra, "de quien decía José que era un mago, por sus habilidades curativas". Fue lo mejor que pudo hacer para resarcir en algo el malestar de sus cuerdas vocales. Aún así, muchos se daban cuenta del declive personal y profesional del cantante. En un artículo de Mauricio González de la Garza publicado en noviembre de 1975, se leía: "¿Dónde está la voz? Con el micrófono metido casi hasta la tráquea, apenas lograba producir rasposidades y lastimosos andrajos. (…) Mientras Pedro Vargas, a los chorrocientos años, canta con pulcritud y dulzura, José José carraspea lastimosamente". Por supuesto, González de la Garza le echaba la culpa a las borracheras y las drogas, al escándalo, a un divorcio desgarrado y a la intromisión en su vida. "Todo por la fama, por el dinero, por los aplausos fáciles".

Para ese momento a Anel no le importaban las razones. Podía saber las causas de la conducta de José José, pero el saberlas no la aliviaba en nada de su sufrimiento de verlo enfiestado, borracho. No aguantaba más. Estaba enojada, herida, decepcionada.

—A medida que mi panza crecía me fui haciendo más conciente de mi situación. Me había asomado a una ventana sin balcón,

José José: "intenté suicidarme, agobiado por mis enfermedades".

y yo era la cornisa. El vacío estaba ahí, delante de mí. Me decía: qué va a pasar. Ya estamos juntos, ya vamos a tener un hijo, ya se divorció. ¿Entonces, qué más? ¿Qué más quiere José? ¿Por qué se comporta así? La fiesta de José me brincaba. La fiesta de José me preocupaba y disgustaba. Me estaba llenando de miedo. Yo estaba muy confundida. Estaba, sí, muy contenta, pero cada que empezaba a caer la noche yo decía, Dios mío, ¿cómo va a llegar? O también: ¿va a llegar?

Un día no pudo más.

—Era un desasosiego que sólo quien haya vivido con alguien adicto al alcohol, puede entender.

José José se dormía con una botella al lado, en el buró.

—La botella me volvía loca —recuerda Anel.

Su primer cumpleaños en Océano 90. (1979)

"Chanoc y las Tarántulas".

—No, ya no. Está a punto de nacer el bebé y esto tiene que parar, Pepe.

Estaba por completo enojada, dispuesta a todo con tal de hacer que su amado entendiera la seriedad del problema y dejara la bebida.

—Vivo aterrada, vivo mal, y ya no puedo más. No sabes tú el miedo que tengo de enfrentarme a un bebé. No me siento capaz. Ya estoy harta de tener que lidiar con la fiesta y con la botella. Ya estuvo suave. Te voy a pedir algo, un favor muy grande, y quiero que me respondas si puedes o no cumplírmelo.

Tomó aire, a punto de preguntar algo que era fundamental para su vida futura. Se veía desencajada, furiosa. Le gritó verdaderamente en serio:

—¿Vas a dejar de beber? Dime de una vez, sí o no. ¿Sí o no? Porque si no es así, entonces te propongo algo: vamos a beber a la par. Este último mes de embarazo vamos a beber juntos, hasta morirnos. Y cuando nazca el niño, qué leche ni qué nada: pulque, whisky, ron, lo que quieras, eso le damos. En su mamila o directamente de la botella, como tú quieras. ¿Qué te parece? Nos morimos de una vez los tres, igual que tú, bebiendo. ¡Pero los tres! ¡A mí no me vas a dejar embarrada, sola, con un hijo! Me aterra pensarlo. Ya no tengo fuerzas., José…

Le advirtió, con la potencia de un ultimátum:

—Mira, te voy a dejar tranquilo, para que lo pienses. Voy al mercado, y cuando regrese me tienes una respuesta…

Anel marchó a comprar el mandado. Lo hizo con su panza de ocho meses. No dejaba de llorar. Estaba triste, desesperada. Caminó y caminó los distintos niveles del mercado de Cuernavaca y comió a su paso todo lo que pudo: tacos, sopes, carnitas. Cualquiera que la hubiera visto, se hubiera condolido de sus pesadumbres. Tan bella y tan sufriente. Tan joven y como en un callejón sin salida. Tenía miedo de regresar a casa pero se armó de valor y lo hizo. Entró a la recámara. Guillermo Ochoa daba las noticias por televisión. Miró hacia el buró para ver lo que más le preocupaba, su enemiga: la botella. La encontró tal y como la había dejado, intacta.

José José estaba bañado en sudor. Eso lo salvaba siempre de sus crudas. Su cuerpo sudaba el alcohol. Sudaba a mares, o mejor, a copas, a botellas. No faltaba borrachera en que no dejara empapado el colchón. Anel, en ocasiones, tenía que sacarlo al sol, para que se secara.

—Anel, perdóname —el cantante parecía en verdad arrepentido. El efecto era acentuado por la temblorina alcohólica que lo aquejaba. Parecía muy vulnerable así, a punto de la lágrima o la agonía. —Conejo, perdóname. ¡Pero ayúdame, que me muero!

Era la enésima ocasión que se lo pedía. No sería tampoco la última.

En Tampico, visitando a las tías.

LA PASTILLA

—Ten la botella y tírala a la basura, conejo. Bubu, por favor.

José José temblaba como si se encontrara entre los hielos eternos de la Antártida.

—Y todas las botellas que encuentres en casa, también, ábrelas y tira el alcohol. Te lo pido.

También le pidió el Pedialyte que guardaban en el refrigerador. Se lo bebió casi de golpe, como si llevara perdido varios días en el desierto. De nada sirvió.

—Me muero —decía.

Pidió suero glucosado. Era un día feriado y no había nadie en la farmacia que se lo pusiera vía intravenosa. Beto, el primo de Anel, le dijo que no conocían a ningún médico pero sí a un veterinario, el doctor Mendizábal. "Si atendía perros o personas, no me interesaba. Lo importante era ayudar a José. Le dije: doctor, ayúdeme a quitarle una terrible cruda a mi esposo". El veterinario le puso el suero y, como a la tercer botella, se sintió un poquito mejor. Se durmió toda la tarde. Al anochecer Anel se dio un baño. Al salir de la ducha se encontró despierto al cantante. La pesadilla estaba pasando. Parecía como recién salido de una enfermedad grave. Aún así, parecía como iluminado, como si se hubiera dado cuenta, por fin, de algo importante:

—¡Qué barbaro! No lo puedo creer. Es que ya va a nacer nuestro hijo, ¿verdad?

—¡Claro! —le dijo Anel, desde todos los ángulos de su embarazo y de su próxima maternidad.

—Bueno, mira, no te preocupes. Yo te prometo… —las palabras se le agolpaban apenadas y confusas-. Es que, mira, es algo más fuerte que yo…

—Sí, sí, lo entiendo, pero ya basta. Basta de todo esto —Anel lo reprendió con energía—. No está bien. Ni para mí ni para nuestro hijo. Búsquemos ayuda, Pepe.

—¡Lo que sea, pero ya!

Anel recordó que en una de las clínicas de rehabilitación en las que había sido internado el cantante, alguien mencionó una pastilla inhibidora del alcohol. El nombre comercial de esa pastilla: Etabús. Ni tarda ni perezosa la compró y se la dio a José José. Lo hizo sin consultárselo, a escondidas. "Nadie lo supo, sólo yo. La deshacía hasta convertirla en polvo y se la daba sin que él se diera cuenta en leches malteadas, en milanesas, en el arroz con leche, donde fuera. Le daba sus pollas con huevo, plátanos, helados de vainilla, todo con su Etabús".

La pastilla funcionó.

Apenas probaba alcohol, un pequeño trago de lo que fuera, y la pastilla actuaba de tal manera que lo hacía experimentar una terrible taquicardia. El efecto era tan verdaderamente fuerte que empezó a rechazar la bebida, pensando que se trataba de una reacción natural de su organismo ante tantos años de abusos y adicciones.

—No puedo aguantar ni el olor —José José hacía gestos de verdadera molestia al destapar una botella.

Anel estaba feliz. "En mi mente pensaba que todo estaba solucionado. Si la gorda quiere bajar de peso recurre a las anfetaminas, si el bebedor quiere dejar de beber, recurre al Etabús".

Tanto ella como él se encomendaban a la Virgen del Milagro, de la que eran muy devotos, y le pedían que el cantante se mantuviera sobrio. Le rezaban y le hacían tremendos fiestones el 18

de abril, día de esta santa patrona.

—Ya ves, Pepe, la virgen por fin te oyó. Ya no bebes, amor. Sí nos hizo el milagro…

El cantante se persignaba por completo agradecido y convencido de que sus plegarias habían sido escuchadas.

Maura Monti nos entrevistó en la casa nueva, 1978.

HIJO DE PRÍNCIPE

Pepito, el hijo de Anel y José José, nació el 27 de noviembre de 1975.

—Ese día asistí a mi habitual consulta con el doctor Kashmere. De hecho, le dije a mi suegra, quien me acompañaba: "Salimos, y nos vamos al mercado de Coyoacán a comer unos tacos de barbacoa". No fue posible. El ginecólogo diagnosticó que ya estaba en labor de parto y me quedé. Le dije que no quería sentir dolores y él que no quería tener en el quirófano a una mujer gritona.

Pepito nació en el Hospital de México. Pesó tres kilos con 250 gramos y midió 52 centímetros.

—Era un niño lindísimo. Tenía el cabello pelirrojo.

Anel había llegado a las once de la mañana y a las doce cincuenta ya había dado a luz, mediante cesárea.

—Yo había escuchado muchas historias terribles con respecto al parto. Tenía miedo. Estaba preocupada de cómo iba a resultar todo. Sentía que la maternidad no era para mí. Me durmieron y no sentí nada. Cuando desperté y tuve a Pepito entre mis brazos, todos mis antiguos temores se esfumaron. Me sentí inmensamente feliz y muy realizada. Era un bebé sano y precioso.

La felicidad no era completa. Faltaba José José. Era curioso, pero la historia parecía repetirse. Al igual que había sucedido con su mamá, que había dado a luz sin la presencia de Manuel, su padre, en esta oportunidad había sucedido lo mismo: Anel estaba sola, pues cuando nació Pepito José José tenía dos días de haber partido con rumbo a Santo Domingo, por motivos de trabajo.

Desde ahí, desde el hotel San Jerónimo, José José tomó la pluma el 29 de noviembre de 1975 y le escribió lo siguiente a Anel:

"Ana Elena, mi amor:

Quiero que conserves estas líneas siempre, pues en ellas va todo lo bonito y profundo que puede sentir un hombre al que has sabido hacer feliz a pesar de todo lo difícil que pareciera que lo pudieras lograr. Pero tu amor ha sido más fuerte que cualquier otra cosa. Tu ternura, tus atenciones, tu comprensión y dedicación, han logrado que me sienta querido por alguien de verdad, como yo quería sentirlo. Qué bueno que ese alguien eres tú, mi vida. Por si fuera poco, ahora me das un hijo para completar la dicha que ya significaba para mí tenerte y saberte mía. No cabe duda que Dios nunca se equivoca y tú mejor que nadie lo ha podido comprobar. (…) Que Dios te bendiga por hacerme tan feliz.

"Pepe".

—Tuvimos que quedarnos quince días en el sanatorio. Ésa fue su orden: que no saliéramos hasta que no llegara él por nosotros. Lo dijo de manera tan estricta y rotunda que no cabía lugar para ningún tipo de desobediencia.

Lo registraron con el nombre de José Francisco Carmelo Augusto. José por José José, Francisco por el abuelo paterno, Carmelo por la virgen del Carmen de Catemaco, y Augusto por Augusto Gras, el abuelo de Anel.

—Así, con tantos nombres, bautizaban a los reyes. Me pareció idóneo, pues era hijo de un príncipe, ¿no? El Príncipe de la Canción…

En el cunero no hizo falta ponerle su nombre. Su cuna tenía un letrero que decía: "Hijo de José José", y eso bastaba para que enfermeras, doctores, visitantes y parturientas pasaran a verlo, como si se tratara de una exhibición de bebés famosos.

José José arribó al hospital quince días después. La abrazó a ella y a Pepito con enorme orgullo y ternura. Estaba contento, se le veía destilar una gran sensación de alegría.

—Yo lo vi muy guapo —recuerda Anel—. Tenía su cabello largo. Estaba sensacional. Con color en las mejillas. Y lo mejor: sin una gota de alcohol encima. La pastilla había funcionado. Sorpresa: en Santo Domingo no empinó el codo. No bebió nunca.

Llevamos a Pepito a conocer a las tías en Tampico, 1980.

SERES EXTRATERRESTRES NOS AYUDAN

Anel no estaba errada. Sentía que un arcoiris empezaba a salir en su vida. El alcohol tenía la culpa de sus problemas de pareja y buscaba maneras de solucionar la fuerte y enfermiza adicción de su amado. Quería sentirse bien al lado de José José, pero también curarlo. Le urgía asirse de una ilusión, de una esperanza, antes de que el alcohol destrozara su vida y la del cantante. Cuando supo del Etabús encontró un respiro a sus preocupaciones. Fue una solución drástica, pero también un remanso de felicidad y tranquilidad en su vida. El Etabús es recomendable como auxiliar en el tratamiento del alcoholismo crónico. Se trata de un medicamento que produce una reacción altamente desagradable si se combina con la ingestión de bebidas alcohólicas. Inhibe la oxidación del alcohol, lo que provoca una gran concentración de acetaldehído en la sangre. Es como quedar por completo borracho de inmediato, con todos los síntomas inherentes a este estado, pero aumentados cinco o diez veces más. Como tarda en eliminarse del organismo, sus efectos perduran aún si no se ingiriera diariamente. De esta forma, no importaba si José José salía de gira, el medicamento actuaba de todas formas.

José José dejó de beber.

—Yo tenía un gran complejo de culpa, pues le daba el Etabús a escondidas. ¡Pero qué importaba si con eso lograba alejarlo de la fiesta y del trago! La pastilla se convirtió así para mí en una verdadera compañera de camino.

La vida familiar mejoró enormemente. José José estaba loco de felicidad con Pepito. Jugaba con él, le cantaba, lo mimaba. En una nota aparecida en *Excelsior*, el 7 de marzo de 1976 el cantante expresó su sueño de tener "cinco chiquillos más" y anunciaba públicamente su alejamiento del alcohol: "Igual que mis errores en la vida fueron del dominio público, espero que mis aciertos sean la motivación para que exista otra imagen de mi persona, pues estoy en recuperación total física y moralmente". Su sobriedad era patente, y la contagiaba incluso a grandes amigos de borracheras como Mario Patrón. Él también dejó de beber, en solidaridad con el cantante. Se veían muy seguido junto con Lenita, su esposa, y su hijo, Mayito, hoy convertido en un gran pianista. Diciembre llegó y esa Navidad fue memorable. Fue su primer fin de año en paz, sin fiestas ni borracheras. José José estuvo muy hogareño. Puso el árbol de Navidad con todo y esferas y luces. Pepito estaba en su moisés y Anel preparaba la cena. Doña Elena los visitó proveniente de Los Ángeles. Trajo Egg Nogg y se encargó del pavo y del jamón. Doña Margarita hizo un macarrón que le encantaba a José José. También contaron con la presencia de Lenita y Mario Patrón, quienes se encargaron del revoltijo y el bacalao, y de Homero Patrón, quien llevó el pastel. Por fin, actuaban como una verdadera familia. La vida les sonreía. El amor fluía y el alcohol no era más que un triste recuerdo.

—Se lo debemos a la Virgen del Milagro —insistía Anel.

Ella estaba feliz. Se dio incluso el lujo de inventar otra clase de historias para la prensa. Al semanario *La Verdad* le confesó en tono de broma:

"Seres extraterrestres nos están ayudando a triunfar".

Los describió como altos y musculosos, con la facultad de leer la mente y "con aspecto de suizos". Le ayudaban a ella a bajar de peso y a José José a cantar por horas y con la misma intensidad. Informó: "Creo que han influido definitivamente en su carrera artística". A insistencia de Raúl Yáñez, el reportero, Anel reveló que las naves extraterrestres aterrizan en Xochimilco. Cuando uno los conoce, agregó, "te transportan por un infinito raro, donde mentalmente haces cosas que nunca soñaste lograr". ¿Qué hacer para contactarlos? "Generalmente nunca están", respondió juguetona, "sólo previa cita. Pero ésta se hace por teléfono".

"Yo acepto."

LA BODA

Los preparativos comenzaron desde enero de 1976. Le pidieron a unos amigos suyos, apodados "Los Armanditos", que se encargaran de la decoración. Tenían un negocio de nombre "Flores Baigt" y se dedicaban a hacer los regalos que como una atención a la prensa, la radio y la TV les pedían Anel y José José. Desde el primer momento lo decidieron, echarían la casa por la ventana. Sería un festejo digno de la pareja de enamorados más bonita de México. Eligieron Catemaco para la boda. "Aquí encontramos la tranquilidad necesaria para planificar nuestro destino", informó José José en una entrevista. "Todas las grandes cosas que juntos hemos comenzado, han nacido aquí. En donde, además, hemos conocido gente estupenda". Ya habían estado ahí de nueva cuenta en enero, para el bautizo de Pepito y de Karina, hija de Jorge y Chabela Betaza. La pasaban siempre tan bien en ese bello poblado veracruzano que no lo pensaron mucho: ahí se casarían. La fecha: el primero de mayo.

Los Betaza, que pertenecían al Club de Leones, le organizaron tres *baby showers* a Anel. "Fue muy bonito ese detalle. Vinieron muchas mujeres de los alrededores, y me regalaron miles de cosas para la casa, así como una marimba, mecedoras, abanicos, ropa y vajillas típicas".

La boda religiosa se llevó a cabo en la Catedral de la Virgen del Carmen, a las 13:00 horas.

"Yo pienso que mi destino era quedarme al lado de Pepe, después de aquella tempestad de sufrimiento, de mi agonía de mujer, por no entender por qué se había casado con otra y me había dejado sola", declaró Anel en una entrevista a Ignacio Carlock.

"Me veía, por fin, frente al altar de la Virgen del Carmen ...y daba las gracias. Estaba junto a Pepe quien, como siempre, lucía muy bien vestido. En esos momentos recordé una y mil veces las adversidades y tragedias que había soportado".

Fanny Schatz estaba muy contenta:

—Era nuestra hada madrina.

Ella le dijo a Anel:

—Me da mucho gusto haber podido llegar a su boda. Es increíble lo que al fin hizo el amor. A este paso José recobrará el éxito y los empresarios empezarán a darle más trabajo. Serán, también, una lida familia. Hija, qué gusto me da. El amor triunfó en sus vidas. De aquí en adelante todo irá tranquilamente. Su buena estrella los protege. ¡Felicidades!

Ese día amaneció nublado. La recepción se llevó a cabo en el restaurante *La ola*. "Encontramos el lugar tapizado de flores blancas y ya dispuestas largas mesas preparadas para recibir a más de quinientos comensales", reporteó Armando Miranda. Todo Catemaco se volcó en entusiasmo hacia la joven pareja. Los hoteleros colocaron mantas de felicitación por todas las calles. "Parecía día de fiesta nacional". No faltó el vivales que vendiera boletos para la boda. El restaurante *La ola* estaba lleno a reventar. El menú estaba compuesto de una forma totalmente regional: tegogoles en ceviche, topotes crujientes, deliciosas pellizcadas, carne de chango ("que así se le dice pero en realidad es de puerco"), mojarra frita y balazos ("es decir frijoles refritos"), además de un regio pastel. Isaac Chertorivsky, de Bacardí, se encargó de suministrar toda la bebida que fuera necesaria, desde cubas libres hasta daiquiris y mint julips. José José, con su suministro obligado y secreto de Etabús, no bebió en absoluto.

—Pobre —recuerda Anel—. El día anterior el doctor Fernando Robledo le había extirpado las muelas del juicio y en Catemaco estaba hinchado de los cachetes. Lo bromeaba: le decía que se parecía a Kiko, el del Chavo del Ocho.

"El día de nuestra boda."

Asistieron Verónica Castro, Rubén Fuentes, Eduardo Magallanes y muchos periodistas y gente de la disquera. Por supuesto, también asistió la familia. Doña Margarita y su hijo Gonzalo. Doña Elena y Manolo, Marcela y Gaby. Los tíos Lecuona. Los Pensado, de Banderilla. Por supuesto, los Betaza. Y los doctores

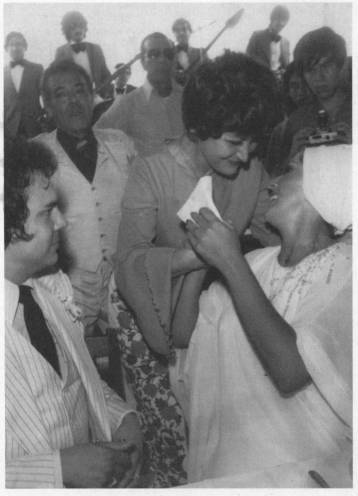

"Fanny Schatz nos felicitó efusivamente."

Robledo y González Parra. La recepción fue amenizada por *Los siete latinos*, así como por un grupo musical denominado *Las estrellas de plata*. Este último estaba formada por antiguos compañeros músicos del anfitrión, Enrique Betaza. Como el lugar estaba tan repleto de invitados y de los colados que nunca faltan, tuvieron que poner su templete en un lugar por completo *sui generis*: sobre la jaula que albergaba a un cocodrilo.

La boda fue transmitida en un programa especial de *Éxitos Bacardí*, cuyo artista más destacado era, por supuesto, José José.

A la hora de las firmas doña Margarita Ortiz bromeó con su hijo:

—Mejor piénsalo, José.

—Ay, mamá, a qué hora me lo dices...

—Ahora sí no te me escapas —le dijo Anel cuando finalizó la ceremonia civil.

Ella se veía inmensamente feliz. Vestía una creación de Oscar de la Renta, un atuendo tipo caftán de chifón blanco y un turbante cerrado a un lado con un broche de brillantes, regalo del cantante a su flamante esposa.

—Fue una cosa primorosa. Pero el restaurante estaba tan lleno que sólo hicimos acto de presencia, agradecimos todas las atenciones y nos refugiamos en el Hotel Catemaco. No fue sino hasta el día siguiente que Paulina Betaza, mi comadre, nos preparó una comida deliciosa donde por fin pudimos partir nuestro pastel...

Día del amor y la amistad.

VII
CAMELOT

FLORENCE NIGHTINGALE

"Desde el nacimiento de Pepito mi vida con José fue como vivir en Camelot, es decir en una tierra ideal y de fantasía. Empiezan los años maravillosos. Era un padre tierno y cariñoso. Conmigo se portaba estupendamente bien. Era un buen amante y un hombre lleno de detalles y de romanticismo. Además, lo más importante, no bebía. El Etabús funcionaba."

—¡José al fin estaba sobrio!

Anel empezó a manejar mejor su situación emocional. Se sentía no sólo querida y apreciada sino también útil. Por fin había logrado hacer algo para que José José dejara de beber. Se sentía la Florence Nightingale del amor de pareja. Al igual que la enfermera, famosa por el devoto cuidado que daba a sus enfermos, ella hacía todo lo posible por proteger y atender a su amado. Su existencia entera se había volcado a su esposo. Había dejado atrás no sólo su prometedora carrera profesional sino las ideas que tenía en torno a la vida, al amor, al matrimonio, a los hijos, a todo aquello en lo que creía, con tal de estar con él. Lo amaba como a nadie. Le cocinaba, le preparaba sus platillos favoritos, le tenía su casa limpia, bien arreglada y decorada, perfecta y reluciente. Su aprendizaje en casa de Edith Head le ayudaba, lo mismo que la obsesión de su madre con la limpieza. De ellas había aprendido a llevar muy bien un hogar. Todo encajaba a la perfección en su relación con José José, pues el cantante era un maniático del orden. Le gustaba tener todo muy organizado: sus cajones, su lugar en el baño, las lociones, los rastrillos, los trajes, las corbatas, todas las camisas, todo el clóset.

—Si yo dejaba abierta la pasta de dientes, él me gritaba: "¡Ana Elena!", para que fuera de inmediato a cerrarla.

A Anel no le importaba nada más que amarlo.

—Para mí no era el Príncipe sino el Rey. Y así lo trataba.

José José cambió. Era otro, un hombre más pleno, mejor. Parecía sentarle bien la paternidad y el matrimonio. Empezó a trabajar con más ahínco. Se le notaba con una vitalidad nunca antes vista. No faltaba a sus compromisos ni salía a cantar en malas condiciones, tampoco se ausentaba sin motivo de casa, pues la fiesta había quedado atrás: ya no bebía. En una entrevista declaró que se había retirado de beber, "que definitivamente las cosas ya no eran como antes y que se cuidaba mucho de caer en excesos". A otro medio informó: "Mi vida ahora es una felicidad continua. Sólo tengo tiempo para mi trabajo y a los tres seres que forman mi mundo: mi madre, Anel y Pepito, que me trae loco. ¡No acabo de llegar cuando ya está jugando conmigo!".

Anel estaba feliz. Tenía, por fin, una verdadera familia. Un esposo y padre amoroso. Una pareja como la que siempre soñó. Fueron días muy plenos para el matrimonio Sosa-Noreña.

Comentando el nombre José Francisco Carmelo Augusto.

—Nos gustábamos y nos queríamos mucho. En ocasiones, lo único que deseábamos era quitarnos la ropa y meternos a la cama...

Su amor era lo más bello del mundo, como en la canción de Paul Anka que José José comenzó a promocionar ese 1976 en su nuevo disco *El príncipe*. Prueba de este amor fue la decisión de incluir en la contraportada una fotografía de Anel, José José y Pepito, junto con un retrato de la mamá del cantante. Era la familia perfecta, unida y exitosa.

—Era el nuevo José José —afirma Anel.

El artista creció en el aprecio no sólo de su público y de la prensa sino también de los ejecutivos de su compañía discográfica, quienes volvieron a apoyarlo con mayor ahínco. José José trabajó intensamente, dando muestras en todas sus presentaciones del por qué era, sin duda, el único e inigualable Príncipe de la Canción. Este mote, por cierto, se lo había dado un locutor de Núcleo Radio Mil, José Luis Moreno, y había pegado tanto en el gusto popular que su nuevo disco incluía, precisamente, una composición titulada "El Príncipe", obra de Manolo Marroquí.

Guillermo Infante, de RCA Víctor, estaba a gusto con este José José que conservaba la misma estupenda y maravillosa voz, pero con una actitud personal por completo distinta, sobria, más dedicada a su trabajo, más profesional. Para finales de ese año, la renovada dedicación y esmero que el cantante le imprimía a sus actuaciones dio sus primeros frutos.

—Fue toda una sorpresa —recuerda Anel.

Ese día tocaron a su puerta.

—¿Es aquí donde vive el mejor cantante del mundo? —preguntó un hombre muy bien trajeado y con una sonrisa enorme. Se trataba de Fernando Hernández, director ejecutivo de BMG Ariola. Llevaba unas flores para Anel y un fabuloso contrato para José José. Ariola deseaba tenerlo no como un cantante más entre todos los de su catálogo sino como el mejor intérprete de esta nueva compañía discográfica, de origen alemán. La compañía le ofreció todo su apoyo. Atrás quedaban los tiempos de desconfianza por su alcoholismo. Florence Nightingale había logrado lo que pocos creían. El amor de Anel se imponía por sobre sus peores enemigos: el trago, la fiesta. El Etabús había traído no sólo la sobriedad sino nuevas oportunidades de éxito y desarrollo artístico. Era el comienzo de una época más fecunda para toda la familia Sosa Noreña.

MANOLO NOREÑA

Un nuevo miembro se unió a la familia.

Manolo Noreña, hermano de Anel.

Desde el principio hubo mucha química entre él y José José. Se habían conocido en 1972, en Mexicali. El cantante había cumplido con un compromiso artístico en esa ciudad. Anel lo alcanzó, deseosa de viajar junto con él a Los Ángeles para pasar unos días con su familia.

—Mamá, José está muy cansado. ¿Podrían venir por nosotros y cruzarnos en su auto?

—Claro, mija.

Apenas llegó, doña Elena se dio cuenta de la clase de "cansancio" que afectaba a su yerno. José José había estado inmerso en la fiesta y sufría las consecuencias de sus excesos.

—Hay que darle café —recomendó, al verlo en su habitación del hotel Lucerna.

Como pudieron lo subieron al auto y lo llevaron hasta la línea fronteriza.

—Manolo manejaba e iba adelante con mi mamá. Yo iba atrás, con José. Puse su cabeza en mi hombro e hicimos como si estuviera durmiendo. Gracias a dios no tuvimos ningún problema. Enseñamos nuestras *green cards*, dijimos "American citizens", y nos dejaron pasar. José medio se despertó y hasta bromeó con uno de los agentes de migración: "A ver cuándo nos visita. Lo invitamos a nuestra casa en México…"

Viajaron con rumbo a West Los Ángeles y de ahí a Beverly Hills, donde se hospedaron en el Beverly Wilshire Hotel. Cada piso estaba decorado de distinta manera y a ellos les tocó el primero, con motivos futuristas.

—¿Dónde estamos? —fue lo primero que dijo José José al despertar el día siguiente, mitad en serio y mitad en broma.

Pidió un trago, pues se sentía fatal. Preguntó sobre "Manny", Manolo Noreña.

—¿Cuántos años tiene?

—Veintidós.

—Se ve súper buena onda.

A diferencia de la mamá de Anel, quien recriminó a José José por su manera de beber ("no, mijito, de seguir así vas a causarte mucho daño"), Manolo, sin aprobar del todo la condición etílica de su cuñado, se mostró atento y preocupado ante su estado físico.

—Oye, Conejo, ¿y vamos a pasar aquí el 4 de julio? Qué buen plan.

—Sí, el hotel es muy bonito —respondió Anel.

—Y traemos "feria", para divertirnos —el cantante mostró un fajo de billetes.

"También sacó un papelito", recuerda Anel. "Me asusté, pues era droga. La había tenido consigo al cruzar la frontera. ¡Pero, José!, lo regañé, ¡cómo se te ocurre! ¡Nos pudieron haber metido a la cárcel a todos! Lo convencí de que no fumara de la bachita que traía y que tampoco hiciera uso de sus otros "instrumentos" de trabajo. ¡Estamos de vacaciones!, le dije. Por fortuna me hizo caso".

Se encontraron más tarde con doña Elena y con Manolo. José José le agradeció a este último sus atenciones.

—No te preocupes, mi hermano, es solidaridad masculina…

"Desde ese momento surgió una sólida amistad entre ellos. Desde entonces se trataron, más que como cuñados, como hermanos", afirma Anel. Manolo vivía por aquel tiempo en Los Ángeles, casado con una norteamericana. Tuvieron una hija que por desgracia murió casi recién nacida. Debido a este fuerte golpe, la pareja se separó. Manolo estaba triste, muy deprimido.

—¿Por qué no vienes a visitarnos? —le sugirió José José.

Manolo se puso al volante de su MG, un auto sport muy bonito que Anel recuerda más bien como "una tetera con llantas", y manejó todo el camino desde Los Ángeles a la ciudad de México. Llegó al departamento de Porfirio Díaz, donde pasaron unos días estupendos. Los tres se la pasaron muy bien. A su regreso a Estados Unidos, Manolo llevó consigo todos los discos de su cuñado.

—Para que practiques tu español —le dijo José José.

Manolo quedó impactado con la voz de su cuñado y no perdía ocasión de presumir sus discos. Como trabajaba en el estudio de Jules Buccieri, un famoso diseñador en la calle Melrose, un buen día se le ocurrió poner uno de los discos de José José como música ambiental. Buccieri aceptó y coincidió en que la voz era magnífica. Dio la casualidad que en esa ocasión se encontrara de visita Lou Adler, director artístico de *Reprise*, una de las compañías discográficas de mayor prestigio en Estados Unidos, propiedad de Frank Sinatra.

—¿Quién es? —se interesó de inmediato en el dueño de esa voz que le pareció sencillamente estupenda.

—Mi cuñado —respondió Manolo.

A Adler le encantó el fraseo del cantante. No entendía ni una palabra en español pero alabó enormemente la calidad vocal, la fuerza interpretativa.

—Préstame el disco —pidió Adler, por completo entusiasmado. Se trataba de *Sólo una mujer*, su primera grabación en *long play* como solista. "El del tololoche", como lo llama Anel.

Adler le llevó el disco ni más ni a menos que a Frank Sinatra, quien quedó igualmente encantado con esa voz.

Pasaron unos días. Adler pidió a Buccieri que enviara a Manolo a instalar unas lámparas en su domicilio de Benedict Canon, y al llegar le dio la noticia:

—Frank Sinatra escuchó la grabación. No entendía nada de español pero le gustó sobremanera la forma como José cantaba "Una mañana". Quiere conocerlo. Dice que se trata de un talento único, con una muy especial sensibilidad...

Manolo Noreña de inmediato se comunicó con Anel. Ella estaba triste, pues había roto con José José y tenía tiempo de no saber de él. Manolo, sabedor de la magnífica oportunidad que se les abría, no se dio por vencido. Voló a la ciudad de México, contactó a la mamá de José José y sólo así pudo obtener una cita con el cantante. Se citaron en el restaurante Lancaster, de Insurgentes, y ahí le dio la buena noticia:

—Frank Sinatra quiere conocerte. Le gustó tu voz y tu interpretación.

José José, por supuesto, se entusiasmó. Se ilusionó mucho. Lo conversó con los ejecutivos de su compañía discográfica, quienes lejos de tener una actitud positiva, rechazaron por completo la posibilidad de hacer un disco a dúo con el más famoso de los cantantes norteamericanos. "Le dijeron que primero se curara bien, pues su continuidad todavía no era una realidad y estar con Sinatra podría ser contraproducente", recuerda Anel. "José tiempo después me dijo: supongo que ni me creyeron. Se sumió en una gran depresión, pues Frank Sinatra era uno de sus ídolos y le hubiera gustado conocerlo".

La cita con Frank Sinatra se frustró, no así la relación José José y Manolo. Para 1976 el propio cantante había invitado al hermano de Anel a trabajar a su lado:

—Le habló a Manolo para decirle que Ariola estaba muy interesada en su internacionalización —recuerda Anel—. "La cosa viene muy en serio", le dijo. "Y como tú hablas inglés y también lavas y planchas", se carcajeaba al contarlo, "me gustaría que empezaras a trabajar conmigo. En cuanto a lo del español, ni te preocupes, entre mis carnales y yo en un ratito te ponemos parejo. Así que haz tus maletas y vente, manis. Me acabo de mudar a la casa de mi mamá, en Satélite. Tiene cuatro recámaras. Una es tuya, ¿qué te parece? ¿Te subes al carrusel?". Desde entonces se convirtió en su compañero de camino.

Nancy Sinatra y José José.

Nancy Sinatra mamá, José y Nancy Sinatra.

Manolo también sabía de música. Había formado un conjunto musical en Los Ángeles. Tenía conocimiento de bocinas y de aparatos de sonido en general. Asesoró a José José en la compra de un mejor equipo técnico para sus actuaciones. Bien pronto pasó de simple espectador a *manager* y *road manager*. La propia Fanny Schatz se dio cuenta de sus talentos para el manejo de los asuntos profesionales de José José, por lo que le fue soltando el negocio. "Fanny amó a Manolo porque él hacía todo", asegura Anel. "Ella conseguía los contratos y las fechas, y de lo demás se encargaba Manolo. Se conocieron en una cena y Fanny quedó muy bien impresionada con la personalidad de mi hermano".

Comenzó una época de gran camaradería entre todos ellos, y entre los músicos y técnicos que acompañaban al cantante.

Anel recuerda a su hermano de la siguiente manera:

—Es muy guapo, alto y moreno. Por aquel tiempo tenía una melena lacia, bien bonita. El pelo largo les quedaba muy bien a él y a José. Ambos se vestían a la moda, muy elegantes, y se veían muy galanes. Aunque era muy serio y tímido, y su español al llegar a México no era muy bueno, Manolo tenía mucho pegue con las mujeres. Pero, al igual que José, no era un mujeriego ni las traía arrastrando. La prueba es que cuando llegó Rosario, su esposa, ahí se quedó. Ya tienen cuatro hijos. Es una relación bonita, sin desvíos ni nada por el estilo. José tampoco. Entre ambos tenían tantas muchachas que no sabían ni cómo capotearlas. Pero José no era infiel. Sus vicios eran la fiesta y sus aditivos, no las mujeres.

Con Manolo y José José partieron a España a principios de 1977 para grabar el primer disco bajo el estupendo contrato firmado con la marca BMG Ariola. El título: *Reencuentro*. Vivieron en Madrid durante algunas semanas, hospedados en el hotel Meliá Castilla. Fueron días de intensa actividad turística y profesional. Se puso mucho empeño en la calidad de la producción, pues constituiría la carta de presentación del cantante en su nueva compañía discográfica. Tenían grandes planes para él, que incluían su internacionalización. *Reencuentro* es un disco bello, bien estructurado, con una magnífica orquestación y una voz nuevamente en todo su esplendor, fuerte y diáfana. El disco fue un éxito. Lo fue casi por casualidad. A punto de cerrar la producción, llegó Ramón Segura, director artístico de Ariola, con una propuesta insólita: incluir de última hora una canción titulada *Gavilán o paloma*, de un compositor que José José no conocía, llamado Rafael Pérez Botija. La composición ya había sido grabada por Pablo Abraira pero en México no había salido. El tema, además, implicaba un riesgo, pues abordaba de manera ambigua un encuentro homosexual. José José no estaba muy seguro de que fuera una buena idea. Se discutieron las posibles implicaciones, los peligros, los pros y los contras. Ramón Segura se mantenía firme, sabedor de su buen olfato musical. No se equivocó. *Gavilán o paloma* se convirtió en uno de los grandes éxitos del vasto repertorio de José José y en uno de los temas favoritos y más aclamados de su público.

1978. "Gavilán o Paloma".

ALMOHADA

En 1977 Anel, Manolo y José José realizaron una gira de promoción de *Gavilán o paloma* por toda la ruta del Pacífico hasta San Francisco. "Fueron ocho semanas muy intensas y hermosas. Trabajamos mucho. Llevábamos dos mil discos sencillos y nos presentábamos en las estaciones de radio. Ahí nos entrevistaban. ¿Cómo que dejaste todo por amor?, me preguntaban. O a José lo interrogaban acerca de su relación conmigo. Él, muy orgulloso respondía que yo era mamá y esposa de tiempo completo y que me necesitaba mucho a su lado. Da más lata que Pepito". Nos imprimieran dos mil posters, para regalarlos autografiados a sus fans".

A finales de ese año los contactó un tal Pedro Osante, quien los contrató para una gira a Nicaragua, Venezuela, El Salvador y Costa Rica. Fanny Schatz desconfió, pues no conocía a este empresario y tampoco había depositado el anticipo que requerían. Manolo había viajado a California para tramitar su divorcio. "A José le agradó la propuesta de Osante y, contra todas las advertencias, nos fuimos de gira. Yo era su copiloto". A medio camino Osante los dejó botados. Los vaticinios se habían cumplido. Todo era mentira.

Lo único bueno fue que en Nicaragua, en el hotel Camino Real, encontraron al compositor Adam Torres.

—Doñita —le pidió a Anel—, entréguele esta canción a José José. Es para ustedes.

Se trataba de "Almohada", que se convertiría en uno de los grandes éxitos del Príncipe.

PARECES ZANAHORIA

La vida les sonreía.

José José, sin beber, era formidable.

—Ahí me enamoro perdidamente de él, pues hizo nacer en mí mucha seguridad y confianza. Era una relación muy bonita.

Sólo una cosa nublaba la felicidad de su esposa. Ya no era su viejo enemigo: el alcohol. No, ya no era el trago o la fiesta lo que ensombrecía su semblante sino otro enemigo, un fantasma cruel y despiadado que la perseguía desde niña: la gordura.

Las órdenes del doctor Kashmere habían sido terminantes: nada de anfetaminas.

Anel había descubierto estas pastillas mágicas en casa de Edith Head. La habían hecho convertirse de sirvienta a reina de la belleza, en el marco de un auténtico cuento de hadas. Las había seguido consumiendo a lo largo de su carrera artística, como una manera de mantener la figura y sus encantos. Había subido ligeramente de peso en algunas ocasiones pero nada verdaderamente grave: la magia de la pastilla persistía. Era un abracadabra perfecto para conjurar el bello cuerpo que tenía, adoración de los fotógrafos o de los periodistas, que le pedían retratarla o entrevistarla. Se mantuvo esbelta mientras la tomó. Apenas dejó de hacerlo, es decir cuando se embarazó, empezó a engordar. No le importó. Por un lado, se había alejado de los *sets* cinematográficos y televisivos. Por el otro, llevaba en su vientre una criatura que demandaba toda su atención. Las anfetaminas y el embarazo no se llevaban. Debía comer bien para que Pepito se desarrollara como un bebé sano y fuerte.

Anel pesaba 57 kilos al momento de concebir a su hijo. El cuerpo de una actriz, que rivalizaba con los *sex symbol* de la época. Después del parto pesaba 84 kilos. El vivo retrato de la obesidad.

—Quedé muy gordita la verdad.

Comenzó a usar ropa holgada para disimular el sobrepeso.

Consultó varios médicos, entre ellos los doctores Junquera, Nissenbaum, Barquera, Domínguez y Del Bosque, quienes en distintos periodos la pusieron a dieta. Por aquel tiempo, un día típico en la vida de Anel consistía en alimentarse por la mañana con una leche *nesbrum* y una fibra "que se hacía como cemento", aderezada con guayabas o fresas; al medio día pepinos, todos los que quisiera, acompañados con 300 gramos de jamón de pechuga de pavo o carne asada; en la noche una malteada dietética. Sólo así bajó. Llegó a perder cinco kilos por semana. Para su boda redujo su peso a setenta kilos. Su peso más bajo fue de 62 kilos, que mantuvo heroicamente por algún tiempo.

Pero, igual que bajaba, no tardaba mucho en volver a subir. El famoso rebote, dolor de cabeza del prometedor pero ingrato mundo de las dietas, se aparecía con todo su poder de ingratitud, desánimo y tortura.

—Era una verdadera lucha conmigo misma, contra mi cuerpo que adelgazaba y engordaba de manera constante. El tema del peso me ha acompañado toda la vida como una condena.

Esta condena la agobiaba. Estaba enojada consigo misma por el sobrepeso. Los kilos de más provocaban cambios de humor que oscilaban entre la depresión y la ira.

—¿Hay algún aspecto interior o exterior en el cual te gustaría que cambiara tu esposa? —le preguntaron a José José en una entrevista.

—¿Cambiarlo? Yo creo que en ningún aspecto —respondió—. Me gusta como es ella interior y exteriormente. Es un ser bellísimo. Así la amo. Bueno, me gustaría que fuera más reflexiva, que no haga cosas para pensar sino a la inversa: pensar para hacer. Es un poco atrabancada y esta manera de ser me obliga a llamarle la atención a veces. Ahora que, pensándolo bien, si no fuera como es, creo que me aburriría mucho.

A José José, por lo pronto, parecía no importarle la obesidad de su esposa. Tampoco su aspecto. Acaso por machismo, le parecía mejor gorda que esbelta, pues de esta manera podía evitar que otros hombres se fijaran en ella.

—Así te ves bien —le decía—. Así te quiero, conejo.

"Me pidió que dejara de meterme porquerías para bajar de peso. Pero yo tenía miedo de engordar y no gustarle. No quería perder esa relación tan bonita que teníamos. Sabía que, si subía más kilos, no me dejaría tocar por mi marido".

—Se acabaron las pastillas, ¿eh, señora Sosa? ¿De acuerdo? —le pidió él.

—Sí, de acuerdo.

También le había prohibido volver a pintarse el cabello. Durante el embarazo, uno de los doctores recomendó que dejara de teñir de rojo su muy emblemática cabellera. Era parte fundamental de su *look* como actriz joven y a la moda. La bella pelirroja, la llamaban, entre los suspiros de los hombres y la envidia de las mujeres. Pero ese aspecto de chica a go go debía quedar atrás por razones médicas. Los ingredientes del tinte podrían ser absorbidos por la piel, llegar al flujo sanguíneo y provocar trastornos en el feto. Anel obedeció sin chistar, instalada en su nuevo rol de futura madre. A José José le pareció perfecto. Anel abandonaba su aspecto sexy para convertirse en esposa y madre.

—Te ves mejor así. ¿Para qué te lo pintas? Pareces zanahoria…

Le pidió olvidarse de Anel.

—Métela en un cajón. Dedícate a nosotros, a tu familia. Mira qué chula te ves con tu color natural. Ese café te sienta muy bien. Y, en cuanto al peso, ni te preocupes. Te ves muy guapa.

José José la chuleaba y la chuleaba. Pero Anel no estaba a gusto. Ni con su cabello ni con su gordura. Aprovechaba cualquier gira del cantante para ponerse a dieta. El doctor Nisembaum y sus métodos le hacían bajar cinco kilos a la semana. Era mucho, su cuerpo sufría por esa descompensación, pero Anel era joven y resistía hambrunas y lo que fuera con tal de bajar de peso. Era una obsesión, sí, pero justificada bajo el pretexto de verse bien, a gusto consigo misma, otra vez bella y admirada. El príncipe de la canción se merecía una princesa esbelta, eso pensaba.

Manolo y Manolito Noreña.

El 2 de noviembre de 1976 quiso darle una sorpresa a José José. El cantante regresaba de una gira por Puerto Rico. En ese tiempo Anel se había puesto a dieta. Bajó a 68 kilos. No era su peso ideal pero ella se sentía cómoda, contenta de su logro. Estaba orgullosa de haber bajado tanto. Quería parecerle bella a José José. Se pintó el cabello de rojo y se puso un atuendo de moda. Tomó a Pepito entre sus brazos y partió con rumbo al aeropuerto. Por supuesto, al llegar a la terminal aérea fue reconocida de inmediato. No faltaron los piropos o las muestras de cortesía hacia la bella actriz. Los policías le permitieron, incluso, el acceso al *gate* donde arribaría el avión del intérprete. Tuvo que firmar autógrafos al por mayor. Estaba feliz de sentirse admirada y muy ilusionada de volver a ver de nuevo a su esposo.

Cuando éste llegó, José José no pudo ocultar un rictus de desagrado cuando vio a Anel en el aeropuerto, pelirroja y delgada.

—Aquí estamos, Pepe… —Anel llamó su atención. Lo hizo porque José José, maleta en mano, los ignoró por completo. Pasó de largo como si no se hubiera percatado de su presencia.

Anel lo persiguió:

—Pepe —pero éste no detenía su paso.

Cuando por fin lo alcanzó le preguntó:

—¿Qué te pasa?

—¿Cómo que qué me pasa? —respondió el cantante. Parecía en verdad enojado, iracundo.— ¡Volviste a sacar a Anel del cajón! Eso pasa.

—¡Pero lo hice por ti, para gustarte!

—Eres una tonta —fue la respuesta.

La regañó todo el camino de regreso a casa. Anel no dejó de llorar. No lo comprendía. No aprobaba su actitud. "Yo me quedé helada. Fue una gran decepción. Otra más, en mi vida con José".

CEPILLÍN Y LA GUERRA DE LAS GALAXIAS

La vida continuaba. Anel volvió a su tono natural de cabello y bajaba y subía de peso. Adoptó con más ahínco su papel de ama de casa. Era una magnífica anfitriona a la hora de recibir la visita de personalidades como Alberto Cortés, Facundo Cabral y todos los altos ejecutivos de Ariola Madrid. Si se trataba de recibir a un mayor número de personas, contrataban los servicios del *Parador de José Luis*. "Ya estábamos de mucha pomada". José José por su parte mantenía su paso ascendente en su carrera artística. Aparecía en los más selectos lugares. El trabajo no le faltaba. La prensa comenzó a darle un trato preferencial, enfocándose a su voz y no a sus borracheras. Apadrinó a Dulce, a sugerencia de su amigo Gonzalo Vega. Tenía más tiempo para sí mismo, pues había dejado de beber. El Etabús funcionaba. Era un José José diferente. Junto con Manolo Noreña se había inscrito al YMCA y hacía ejercicio con regularidad. Se le veía radiante, seguro, guapo, bien vestido, amoroso con Anel y con su hijo. Pepito, mientras tanto, crecía. Era la alegría de la casa. A José José le había cambiado todo: su percepción del mundo, de la vida. Lo consideraba una bendición. Lo puso por escrito en un muy desesperado y confesional texto:

"Pepito, nuestro Pepito del alma, que invade con su inmensa luz nuestro mundo actual, no es ni mucho menos una mentira inventada como premio de consolación a nuestras privaciones. Al contrario, es el reconocimiento a nuestro esfuerzo cabal, a nuestro intento por recuperar el terreno perdido por la inexperiencia y la juventud, hacia su eterno llamado de acercamiento hacia su gloria infinita."

"Pepito, nuestro Pepito, que cada día se parece más a mí, como tú y yo queríamos, está únicamente en nuestras manos de hoy en adelante. De nosotros depende que su camino no se equivoque al grado del nuestro. De nosotros depende que nunca le falte el vestido, la educación, y un techo donde aprenda a defenderse de las vicisitudes de la vida. De nosotros depende que nunca pierda el amor y la ternura que reflejan sus alegres ojitos cada vez que nos mira y nos sonríe como diciendo: los quiero mucho porque yo sé que ustedes me quieren a mí más que a nada en el mundo, que no hay nada más importante para ustedes que el que yo conserve siempre mi paz y mi bienestar al lado de los míos, porque sé que soy fruto de un amor puro y limpio, de un amor verdadero edificado a base de sufrimientos, pero también de fe y de comunicación en la santa designación de mi arribo a sus días".

A Anel le agradecía por haberle otorgado la dicha de la paternidad:

"Dios te bendiga, mujer, por traer a mi vida no sólo tu añorada presencia; gracias también te doy por darme el hijo que tanto necesitaba para ahuyentar de mí la creencia de que la muerte era la única solución a mis problemas creados por la suerte y el infortunio en mi exitoso y penoso camino entre los que me rodean".

—Cuando esta carta llegó a mis manos yo no dejaba de leerla y releerla. Me parecía maravilloso que José pensara así. No me importaba estar gorda. Lo importante era el amor que nos teníamos. Un amor grande, inmenso, que lo vencía todo. "Gracias, Dios mío", no dejaba de pensar en lo afortunada que era.

Pepito por su parte fue un bebé hermoso. Todo mundo les chuleaba a la criatura. Anel lo cuidaba con singular esmero. La ayudaba su nana, Luchita. Era de Monterrey y había sido recomendada con creces por una amiga de la pareja, Patricia Mariscal. Pepito, por cierto, debutó en televisión antes de cumplir el primer año de nacido: el 4 de octubre de 1976.

—El escuincle estaba divino —como recuerda Anel.

Lo único que complicaba la convivencia familiar eran los horarios del artista. Como trabajaba de noche, se despertaba muy tarde. Anel procuraba esperarlo después de sus presentaciones, para así conversar con él acerca de lo sucedido durante el día. Se desvelaba y también se levantaba tarde. Luchita cuidaba a Pepito por la mañana. Por las tardes, después de comer, Anel y José José se dedicaban a su vástago. "Él estaba feliz. Me gustaba verlo tan contento, tan buen padre. Planeaba muy bien sus *shows* con Fanny y se entregaba de lleno a nosotros y a su trabajo. Éramos una muy bonita familia. Camelot en pleno".

A Pepito se le diagnosticó un soplo en el corazón, pero éste desapareció gracias al consejo de los médicos y a los cuidados de sus padres. Fuera de eso, sufrió de los mismos problemas que los bebés de su edad. Cuando estaba estreñido le daban atole de avena y Gerber de ciruelas. Lo llevaban mes con mes con su pediatra, el Dr. Urquiza, en Polanco, siempre muy atentos a su salud y bienestar. El 2 de octubre de 1976 le compraron un perrito, un poodle blanco al que le pusieron Nevada Smith, "en honor a la película de Steve MacQueen con el mismo título, que se nos hizo maravillosa". Eran unos cinéfilos de primera. Cualquier tiempo libre lo aprovechaban para dormir, comer y ver películas. En una carta escrita por José José desde Madrid, se refería a Pepito como "osito". y le pedía a Anel que le dijera que lo quería y lo extrañaba mucho: "Pronto voy a llegar a darle muchos besos y a ti también". Aprovechaba para mandarle saludos a Nevada Smith y recomendaba: "Pónganle su pomada en los tompiates". Para el segundo cumpleaños de Pepito le organizaron una gran fiesta amenizada por Cepillín. El payasito de la tele estaba de súper moda en esos momentos y fue todo un éxito. Entre los asistentes se encontraban Raúl Vale y Angélica María, quienes llevaban a su nena Angélica Vale de brazos. Pepito y Angeliquita son de la misma edad. Angélica nace el 11 de noviembre y Pepito el 27 de ese mismo mes, en 1975. Desde bebés han sido muy unidos y han intervenido juntos en obras de teatro. Al año siguiente, el festejo contaría con la presencia de Chabelo y Chen-Kai. Año tras año, echaban la casa por la ventana en cada cumpleaños. La hacían el mismo día de su nacimiento, sin importar si caía en lunes o en sábado. Una de las fiestas más memorables resultó la que giró alrededor de *La guerra de las galaxias*. Pepito mismo se disfrazó de caballero Jedi. Le encantó esta saga y es un gran admirador de las aventuras de personajes como Luke Skywalker, Han Solo, la Princesa Leia, Chewbaca, AR2D2 y C3P0. Desde entonces se ha convertido en un gran coleccionista de objetos relativos a estas películas, nacidas de la imaginación de George Lucas.

Para el 17 de febrero, día del cumpleaños de José José, también se organizaban grandes festejos, acompañados por la música del Mariachi Vargas de Tecalitlán. Asistían amigos como Alicia Juárez, Lucha Villa, Vicente Fernández, Juan Gabriel, Estela Núñez, María Victoria, Lupita Dalessio, Marco Antonio Muñiz y Jorge Vargas, entre otros. Gentes muy queridas para el matrimonio Sosa-Noreña.

—Nuestra casita de Satélite se venía abajo con esos fiestononones de cumpleaños.

José en su elemento… el mar.

¡CALZONES!

La casita era, literalmente, una casita. Y el Príncipe de la Canción necesitaba un palacio más acorde a su éxito.

Eso pensaba Anel. Mujer al fin y al cabo, buscaba contar con un mejor lugar donde poder tener a su familia. Un Camelot más grande, más confortable, más seguro, mejor.

Comenzó a buscar casa.

Lo hizo con un primer objetivo en mente: la distancia al aeropuerto. José José y Manolo tenían un itinerario muy lleno de salidas al extranjero o al interior de la República. Por aquel tiempo todavía no contaban con chofer, y Anel los debía transportar hasta el aeropuerto. Lo hacía con agrado, tratando no sólo de sentirse útil sino de estar el mayor tiempo posible con su amado antes de que éste partiera de gira. La acompañaba Pepito y Luchita, la nana. Pero, como vivían en Satélite, les tomaba mucho tiempo arribar al aeropuerto. Entre dos y tres horas de camino invertían en cada salida, tanto de ida como de regreso a casa. Anel empezaba a hartarse. Debía buscar otra cosa. Empezó a buscar en los anuncios clasificados de los periódicos. Había ofertas interesantes pero aún así muy caras para su presupuesto, que en ese momento se reducía a cero. El destino, sin embargo, tal y como lo había hecho a lo largo de toda su vida, intervino de nueva cuenta para hacerle encontrar su nuevo hogar, su Camelot de ensueño.

Sucedió en diciembre de 1977. Anel, José José y Pepito se encontraban en el aeropuerto internacional de la Ciudad de México, en espera de abordar el avión que los conduciría a Los Ángeles, ya que pasarían Navidad y Año Nuevo, como era costumbre, con los Noreña. Se encontraron por casualidad con Jorge Rivero, el musculoso galán del cine mexicano, quien les dijo:

—Mi hermano se muda a Durango y está vendiendo su casa. Preciosa. Está en el Pedregal.

Anel se entusiasmó. Le dijo a José José:

—Cuando estemos de regreso hay que ir a verla.

—¿Para qué?

—Para ver si nos gusta. Debemos comprar una casa, José.

—¡Calzones! —era una de sus expresiones favoritas—. ¡Calzones, es lo que deberíamos de comprar!

La respuesta del cantante no desanimó a Anel. Apenas retornó al DF se dio a la tarea de ver casas por rumbos más céntricos. No encontró nada que le gustara o que estuviera más acorde con su bolsillo. Lo conversó con María Victoria, quien se ofreció a ayudarle. Le sugirió ver primero una casa en venta que había visto en el Pedregal. Era una construcción enorme, con siete recámaras y siete baños, alberca, salón de juegos y *squash*. El dueño era un español dedicado al negocio de las panaderías. El precio: ocho millones.

—Pero es a negociar —le dijo la esposa del dueño, quien se la mostraba—. ¿Cuánto tiene?

—Ay, señora. No tengo nada —respondió Anel.

Al despedirse vio que en la casa de junto una señora colocaba un letrero de "Se vende". Ya le había echado el ojo a esa casa desde las escaleras que conducían al *squash* de la casa vecina, y le había gustado.

—¿Puedo pasar a verla? —le preguntó a una mujer que resultó Dinorah M. de Pous.

—Claro —respondió ésta.

Era una casa preciosa de 900 metros cuadrados de terreno y 500 de construcción. Le encantaron sus grandes ventanales y sus techos de dos aguas. También, su amplio jardín limitado al surponiente por la roca volcánica tan característica del Pedregal. Su dueño era arquitecto y se había esmerado no sólo en el diseño sino en la calidad de los materiales de construcción. Era una casa no sólo bella sino sólida. Le faltaban, sí, algunos detalles mínimos. No estaba por completo terminada, ya que sus dueños habían decidido dejar el DF y mudarse a Durango, donde tenían una teneduría.

—Qué curioso —comentó Anel—. Hace poco nos encontramos a un amigo en el aeropuerto y nos dijo lo mismo: que su hermano vendía su casa en el Pedregal para irse a vivir a Durango.

—¿Cómo se llama su amigo? —preguntó la dueña.

—Jorge Rivero —y le pareció pertinente aclarar: —El actor.

—¡Es mi cuñado!

La casualidad la había llevado a esa casa, igual que la había llevado a Edith Head, o a ganar el Señorita México Los Ángeles, a toparse con Pilar Candel o a conocer a José José y recibir de él un beso en el hombro.

Preguntó el precio. De nuevo, una cifra inalcanzable. Pero la casa le había gustado. Y estaba decidida. Había tomado la resolución de comprarla y, al influjo de su férrea voluntad femenina, no había poder humano que lo impidiera. Le habló a Fernando Hernández, de Ariola, para concertar una cita. Cuando se vieron le dijo:

—Fernando: creo que para coronar la estabilidad de José es necesario que tengamos nuestra casa propia…

Lo convenció de otorgarles un préstamo. Era una suma millonaria. El directivo de Ariola, al percatarse de la actitud resuelta y enérgica de Anel, no lo dudó mucho.

—Sí, pero a cuenta de regalías.

Anel gritó del puritito gusto. Se comunicó de inmediato con José José para contarle lo sucedido.

—¡Calzones! —le respondió éste.

Anel no se amilanó:

—Sí, mi amor. El préstamo de Ariola nos va a servir para comprarnos calzones, pero también para nuestra casita.

VIII

LA CONFESIÓN

LOS BAÑOS DE ASIENTO

Compraron la casa de Océano en marzo de 1978. Fue una mudanza paulatina, pues había aún varios detalles por terminar. Contrataron los servicios de los arquitectos Palazuelos y Betancourt, quienes trabajaron bajo la estricta supervisión de José José. El cantante estaba más que entusiasmado con su nuevo hogar e intervenía en todo: el tipo de alfombras, de ventanales, de pintura, de acabados, de madera, de espejos, de mármoles, de baños. Todo el dinero que entraba por sus presentaciones se iba en pagar al albañil, al carpintero, al plomero, a Armandito, el decorador, al señor Toscano, quien colocaba los acabados de madera, y en comprar materiales de primera calidad. Quería una casa linda, impecable. "La casa del príncipe", como le seguía llamando Anel.

—La casa iba quedando maravillosa.

Decoraron la habitación de Pepito con esmero y amor. José José no podía ocultarlo: se le veía por todos lados la dicha de ser padre. Jugaba con él, le cantaba y le procuraba toda clase de atenciones. El primer muñeco de peluche que le compró a Pepito fue una changuita con la cara amarilla, el cuerpo naranja y un trajecito verde limón.

—José le puso "la changa Adita".

Por aquel tiempo Anel acompañó a José José a grabar "Volcán". La canción, de Rafael Pérez Botija, había nacido de las conversaciones entre el cantante, Anel y el compositor. "Era nuestra historia", recuerda Anel. "Aquello de *yo soy pecado, hay días en mi pasado que volverán*, o lo de *y a ser tú mi medicina para olvidar*, o lo de *yo era un pobre hombre pero a tu lado sentí que era afortunado como el que más*, eran como una confesión de nuestra vida. Tengo muy grabado el día que escuchamos por vez primera esa canción. Estábamos en el estudio y lloramos y nos abrazamos mucho. Pasamos unas inolvidables noches de amor en el hotel Miguel Ángel de Madrid. La verdad, qué bonita vida la que llegué a pasar contigo, José. Lo dice la canción: *Besabas como nadie se lo imagina*".

A su regreso pusieron todo su empeño en tener lista su nueva casa. Se cambiaron en definitiva hasta el 7 de octubre de 1978. La mamá del cantante les regaló su piano, un precioso *Apollo Dressner* de tres cuartos de cola, que pusieron en la sala. Ella había sido concertista y ahora era maestra de ese instrumento, además de una reconocida soprano coloratura. "José siempre se sintió muy orgullosa de ella", dice Anel. "Le reconocía todo su esfuerzo por sacar a sus dos hijos adelante, en especial cuando dejó de dar clases de música y abrió una cocina económica. De todos los cheques mensuales que hacíamos, el primero se destinaba siempre a ella. Era una pequeña forma de retribuirle por todo lo que había hecho por él".

"Anel decoró la casa ¡ella misma!", como informaba una revista de moda. "Logró darle a la espaciosa casona un aire de intimidad, usando plantas, objetos de porcelana y tapices en todas las paredes. Los espejos también figuran prominentemente en la decoración".

Se decidió que la recámara principal le pertenecería al cantante. No que durmieran separados. Pero los clósets eran insuficientes para albergar la ropa de ambos. Tanto a Anel como a José José les gustaba vestir de manera impecable, a la última moda. Su guardarropa era tan extenso que no cabía en una sola habitación. José José se quedó con los clósets de la recámara de arriba y Anel guardó sus vestidos en la recámara de abajo. Era la recámara de las abuelitas. "Se buscó que la casa tuviera una sonoridad especial. Que se aislara también del ruido. Esto se logró gracias a los forros que Armandito les ponía a las telas enviadas por "Rosela", que eran preciosas. Pusimos corcho sobre la pared, antes de cubrirlas con estas telas decorativas".

La changa Adita.

Manuel Noreña también vivía con ellos. Se había vuelto una pieza indispensable en el engranaje profesional y personal de José José. Era su brazo derecho en todo. Le tenía una confianza enorme y en él delegaba la responsabilidad de que todo en sus *shows* saliera perfecto.

Anel también formó parte de este engranaje de actividades y trabajo en torno al Príncipe de la Canción. Su puesto: Relaciones Públicas. Por su parte, Juan Jaime Larios comenzó a fungir como Jefe de Prensa. El éxito del cantante se multiplicaba, por lo que fue necesario contar con una atención más dirigida y personalizada hacia los medios de comunicación. Junto con Anel y Sergio Blanchet, jefe de prensa de Ariola, se encargó de atender a toda la fuente de espectáculos. Su trabajo consistía en emitir boletines, mandar fotos y carteles y atender a los periodistas que buscaban entrevistar a José José. Fue un año de muchas giras y presentaciones. José José viajó a Orizaba, Jalapa, Chetumal, Cancún, Mérida, Oaxaca, Minatitlán, Puebla, Durango, Monterrey, así como a Los Ángeles, Miami, Chicago, Dallas, San Francisco, Nueva York y Puerto Rico. Su orquesta por aquel tiempo estaba compuesta por músicos de la talla de Tilico Jesús Muñoz, Celso Aguilar, Jesús la Vaca, Víctor Ruiz Pazos, Chilo Morán en la trompeta, Tomasito en las percusiones, Manuel Álvarez en el piano y Miguel Peña en la guitarra. Todos, dirigidos hábilmente por Mario u Homero Patrón. El sonido, con toda esta mezcla de talentos, era por supuesto extraordinario. Los músicos excelentes. La orquestación y los arreglos, magníficos. La voz de José José, inigualable, en todo su esplendor.

Ayudaba que estaba sobrio y muy contento. José José seguía sin caer en la *dolce vita* de antes. Él mismo se sorprendía de su sobriedad, ignorante del Etabús que Anel le suministraba de manera cotidiana en sus comidas. Su transformación maravillaba a propios y extraños. El alcoholismo parecía cosa del pasado y el cantante no encontraba otra explicación que la de un acto milagroso. Lo pensó obra de la Virgen del Milagro, a la que adoraba con singular esmero. Asistía a su altar en la calle de Cuernavaca, en la colonia Condesa del DF. Se santiguaba, se ponía a rezar y a agradecerle por los favores recibidos. También le cantaba, lo que motivaba la alegría de los feligreses, que creían en el divino poder de redención y curación de la santa patrona. José José se hallaba a sus anchas ahí. De su bolsa salía el dinero para festejar el día de la Virgen del Milagro, el 18 de abril. Música y flores a manos llenas. De Alicante, en España, de donde provenía esta santa patrona, hacía traer medallitas, cirios y otros objetos religiosos, que entregaba a Meche Castro, quien resguardaba en México a esta Virgen. Conversaba con todos los concurrentes, fieles devotos de la inmaculada imagen religiosa y entusiastas admiradores de la melodiosa voz del cantante, firmaba autógrafos y salía de la casa donde se veneraba con el espíritu henchido de alegría y de nuevos bríos para salir adelante.

Se sentía sobrio y protegido. Por si fuera poco, también echaba mano de otros recursos para mantenerse alejado del alcohol. Por una parte, estaba bajo el cuidado de un médico homeópata, el doctor Proceso Sánchez Ortega, quien le recetaba sustancias activas para mantener bien su estado de salud. Para ese 1978 "se veían claramente las maravillas que afloraban de él cuando no bebía", como recuerda Anel. Por otra parte, también recurría a sanaciones mágicas y esotéricas. El medio artístico en general es muy susceptible de utilizar este tipo de recursos y Anel y José José no fueron la excepción. Todo comenzó por una recomendación de la actriz Lucy Gallardo, quien les habló maravillas de una señora que leía la baraja y hacía unas limpias con listones y telas de colores. Su nombre: Estrellita Naranjo. Fue ella la que limpió la casa de Océano con agua de coco y mucho hielo, y la que sembró las magnolias que aún hoy adornan la casa de Anel, para tenerla bien protegida.

—Estrellita fue nuestra compañera de camino durante algunos años. Le hacía resguardos a José y le daba baños de asiento en medio de la recámara. Le hervía hierbas y le hacía limpias para ayudarle a no beber y a fortalecer su fuerza de voluntad. Fue una gente preciosísima. Nos leía la baraja. Nos daba toda la esperanza de vida y le decía a José las cosas más maravillosas. La baraja le salía súper bien. Él se creía todo lo que ella le decía o le recomendaba. Y no bebía. Estrellita, pobre, murió en 1979. No tenía un riñón y le falló el otro. Nada se pudo hacer, por más que fue atendida por un médico muy bueno, el doctor Cristerna. Ya era una persona mayor.

La carrera de José José fue cobrando fuerza. Al hitazo que resultó "Volcán" le siguieron otros como "O tú o yo" y "Farolero". "1978 fue un año maravilloso".

La inauguración de Océano ocurrió precisamente a finales de ese año. Tuvieron como invitados a amigos muy queridos como Marco Antonio Muñiz, Roberto Cantoral con Itatí, su esposa, y Estelita Núñez. Juan Gabriel no pudo asistir debido a compromisos contraídos con anterioridad. Era muy amigo de José José. Ambos habían comenzado sus carreras casi de manera simultánea y se admiraban mutuamente.

—Ofrecimos una mariscada suculenta. Roberto Cantoral sacó su guitarra y todos nos pusimos a cantar… Con Itatí nos llevábamos muy bien. Con frecuencia nos invitaban a su mansión en Lindavista. Itatí, su hijita, era de la edad de Pepito y venía a sus fiestas…

Convivencia en Acapulco, 1979.

UN POCO DE CAMINO ERRADO
NO HACE DAÑO

Fueron meses de una intensa actividad. Los bonos de José José subían como la espuma. En 1978 formaron su propia empresa artística, a la que le pusieron el nombre de SACLICA.

—La bautizamos así conforme a nuestros signos zodiacales. Sagitario por Pepito, Acuario por José, Libra por mí y Capricornio por Manolo. Yo me encargaba de la oficina, que montamos en Océano, mientras José y Manolo cumplían con sus compromisos artísticos. Contábamos con los servicios de una agencia de viajes que nos hacían los itinerarios y emitían los boletos de avión, pues para ese momento José era acompañado por nueve músicos, por Manolo y por Jorgito García, el valet de José, que para ese entonces ya era como de la familia. Trabajó con él de 1976 a 1985.

A "Gavilán y paloma" le había sucedido otro éxito: "Volcán", que se colocaba con rapidez en el primer lugar de las listas de popularidad. Lo mismo sucedió con "Ya lo pasado, pasado". Esta canción se las regaló Juan Gabriel a Anel y a José José. Un día llegó a la casa de Océano acompañado de Paz Alcaraz, quien fungía como su representante. "Es la historia de sus vidas. De su presente y su futuro. Lo demás debe quedar atrás", fueron sus palabras.

—A José le dijo: "Estás enamorado, vives enamorado, eres feliz, así que te hice esta canción".

Por supuesto, se convirtió en otro gran éxito en su carrera. También "Lo que un día fue no será", que le trajo Napoleón. Su temporada de ese año en El Patio fue sensacional. Duró cuatro semanas. Era, sin duda, el cantante número uno de México. No le faltaba trabajo. Comenzaron las temporadas maravillosas, además de El Patio, en el Fiesta Americana y en el salón Los Candiles del Hotel del Prado.

—Estábamos felices. Yo ya me había resignado a abandonar mi propia carrera. También dejé de tomar anfetaminas. Estaba gorda, pero me sentía contenta por la sobriedad de Pepe y por su amorosa entrega a nuestra familia.

No todo, sin embargo, iba muy bien.

Para finales de agosto de 1979 José José dio muestras de un gran malestar e inquietud.

—No puedo cantar —decía.

Se le veía molesto.

—¿Por qué? —le preguntó Anel.

—No sé. No sé qué me pasa. Siento como frío en los dientes y pelos en la garganta.

Se le hicieron estudios, análisis, y no se le encontró ningún tipo de causa médica para sus sensaciones y dolencias. El malestar no era físico sino emocional. Fue entonces que el doctor Proceso Sánchez Ortega les recomendó otro tipo de solución: asistir a sesiones de terapia psicoanálítica.

—Pero eso es para locos.

—No. Estoy seguro que el psicoanálisis te puede ayudar —le aconsejó al cantante.

A finales de 1979 tuvieron su primera cita. Acudieron al consultorio de la doctora Ana María Saldívar, ubicado en Insurgentes, al sur de la ciudad de México. Anel acompañó a José José. Lo hizo por solidaridad, a petición del cantante. Pero, una vez que conversaron acerca de los motivos que lo impulsaban a recurrir a terapia, la propia doctora sugirió que lo hicieran juntos: uno para no beber y Anel para no comer en demasía.

—Hicimos terapias de pareja. Fue para mí todo un descubrimiento, pues comencé a tener una idea más clara de quiénes éramos y del por qué actuábamos como actuábamos.

Fue una experiencia fundamental en sus vidas. Anel ahondó en su pasado, en los problemas familiares que la habían llevado no sólo a orinarse en la cama y a engordar, sino también al hecho de haberse convertido en una mujer frígida y despreocupada con respecto a las relaciones de pareja. Términos como figura paterna, libido, sublimación, comenzaron a ser parte de su vocabulario cotidiano. José José, por su parte, profundizó en sus antecedentes familiares, en la relación de amor-odio que experimentaba hacia su padre, y en las causas que desde niño lo habían hecho caer en el alcohol.

En cada sesión se confrontaban con sus demonios, con sus traumas, con los complejos psicológicos que los perseguían y no los dejaban en paz. A Anel le sirvió mucho para entenderse y modificar conductas, así como para entender mejor los orígenes del comportamiento de su amado:

—La promesa del psicoanálisis nos alentó. La doctora Saldívar nos dijo que íbamos a descubrir y a quitar la causa por la que José bebía y yo exageraba en mi forma de comer. "Son carencias", decía Ana María, "pero no hay nada que hablándolo no se comprenda y, comprendiéndose, que no se pueda curar. Asi que OK, mis valientes", nos decía, y nos pusimos a descubrir el origen de nuestros males. Los dos veníamos arrastrando un profundo dolor desde niños. La causa eran nuestros padres. La falta de comunicación con ellos. La terrible soledad que tuvimos que sufrir ambos. Tuvimos que sacar adelante a nuestra familia. Lo hicimos desde muy pequeños y hay algo que cambia, que tiene que ver con nuestra forma de entender lo que nos rodea y que nos hacía sentir muy solos. Le pasó a él y me pasó a mí. En mi caso esa soledad me condujo a buscar la compañía de hombres; en su caso, al alcohol y la droga. Los dos teníamos miedo. Él era un hombre muy temeroso, debido a la orfandad tan grande en que lo dejó su papá. Desde chiquito le daba miedo todo, hasta el coco. La bebida fue eso, su manera de enfrentar sus miedos. Era su escudo, su protección ante las maldades del mundo. Era una manera suicida, tonta y cobarde de enfrentarse a sus miedos, pero le funcionaba. Así, mientras él dominaba sus miedos, hacía que todo mundo a su alrededor se sintiera mal y lo sufriera, pues éramos testigos de su dolor, de su infelicidad, de su decadencia, de su no poder enfrentar el escenario sin el alivio del trago. Por eso le di el Etabús. Busqué darle nuevos ánimos. Una salida a su sufrimiento y al nuestro. Ya no bebía. Pero sus miedos estaban ahí. Era como una olla de presión a punto de explotar. El Etabús tapaba esos miedos pero no se los quitaba…

De ahí que José José experimentara esos síntomas en sus dientes y en su garganta. De hecho, uno de sus miedos más recurrentes era el de perder la voz. Era entendible. José José era su voz. Sin su voz privilegiada sería nadie y volvería a la pobreza y privaciones que caracterizaban su vida en Clavería, cuando se trasladaba en bicicleta a su trabajo en la compañía litográfica. Él era su voz. Él era cantante y no podía ser otra cosa. En casa de Carlos Cea Díaz, su profesor de canto, encontró un poema que le gustaba repetir. Era como una invocación, como una plegaria:

Te lo pido, Señor.
Si en tus enojos decides castigar al que ha cantado,
haz que le ahogue el llanto en sus ojos;
haz que padezca triste y desolado,
siembra abrojos bajo sus plantas;
ponle canas y arrugas en su frente,
pero déjale voz en la garganta…
Porque bien sabes tú, Dios providente,
que aunque todo lo sufra humildemente,
ya no podría vivir… si ya no canta.

El temor a la afonía lo perseguía. Ya había recibido avisos: la vez que se le colapsó el pulmón en 1973. A partir de esa fecha tuvo que utilizar nuevamente los servicios de un foniatra, el doctor Severiano Tarasco, hasta 1975. En ese año su voz, al decir de Mauricio González de la Garza, producía "rasposidades y lastimosos andrajos". De ahí también su abuso del Depomedrol, la cortisona que aliviaba sus cuerdas vocales pero que hinchaba de manera notoria su cara y que le provocaría, como afirma Anel, "que también quedaran dañados los huesos de sucadera". Años más tarde, en 1987, volvería a ingresar al hospital, aquejado por una "bronquitis crónica y otros problemas relacionados con el fuelle que hace posible emitir esa voz y ese sentimiento que lo mantienen en un primer plano internacional como intérprete de la música romántica", como atestiguó el periodista Jesús Sánchez Hermosillo. Sus dolencias eran atribuibles a las adicciones, abusos y malpasadas, pero también a sus demonios interiores. De esto da cuenta en "No lo permitas, señor", un texto manuscrito, surgido de su puño y letra, redactado sin fechar en papel aéreo con membrete de la Hostería Las Quintas en Cuernavaca. Es una larga plegaria a Dios y a Anel, donde el cantante se desnuda de manera metafórica. Es él mismo enfrentado a la condición de ser él mismo, nada más y nada menos que José José. Es una confesión de sus miedos y vulnerabilidades. Inicia así:

"Las altas horas de la noche tienen el embrujo maligno de fustigar mis cotidianas debilidades. Irremisiblemente estoy una vez más enfrentado conmigo mismo en una lucha desigual entre mi maltrecho equilibrio y mi cada vez más fortalecido desenfreno".

El texto es revelador en cuanto a la capacidad de razonamiento del joven cantante. Desde pequeño se ha sabido distinto en un mundo injusto, malo y desigual. Ha tenido un problema de adaptación producto de su capacidad de percepción lógica del universo y su sensibilidad romántica a flor de piel. Promete no cotizar "una vez más en el sindicato de la desesperación mis mejores años de teorías infructuosas, estrelladas contra la pared de la fatua sapiencia que había obtenido desde el día que sentí dentro de mi tierno cerebro que tenía más capacidades de razonar que otros". Habla acerca de la timidez e inocencia que lo caracterizaban, enfrentado al miedo de incursionar a golpes en la escuela de la vida, de las amistades, del trabajo, de las mujeres. No la menciona por su nombre, pero probablemente habla con respecto de Natalia Herrera Calles cuando afirma: "Había que perder el miedo y no sabía cómo. Pero gracias a la primera que me dijo: ven, yo te voy a navegar en las aguas del placer sin necesidad de exponer tu timidez, sentí de nuevo que ya estaba del otro lado del abismo. Pero ocurrió que fui usado, manipulado y hasta vejado por la candidata más factible a borrar de mí los nubarrones de mi compacta soledad, reforzada con las más completas muestras de ingenuidad e inmadurez. Aquello fue el acabose. Toda la esperanza de felicidad y comprensión que creí haber encontrado se revolcaron en el lado de la desesperación y la impotencia, ante la crudeza de la realidad que se me presentaba. Esta vez no alcancé ni siquiera a asirme a la cuerda salvadora de la catástrofe y caí, caí tan hondo que la oscuridad me tiñó por completo sin siquiera dejar entrever la tibia languidez de un rayito siquiera de ayuda".

En Anel, por el contrario, encuentra a la mujer adecuada. Piensa, incluso, que en su unión se contemplan los designios de una orden divina: "No existen palabras para agradecer a Dios el regalo de extensa comprensión entre los dos, de tanto cariño sincero libre de atavismos de índole personal o de cualquier tipo de inconformismo hacia el pasado que, además de no tener solución alguna, ha sido la base, el cimiento de un amor real, merecido cabalmente al pie de la letra, y supervisado sin duda alguna por esa fuerza superior que nos rige. Y ahora resulta que ese amor se ha convertido en nuestra luz propia, salvadora de todo lo negativo de antes".

Sus tías Sosa Esquivel de Tampico. (1980)

Se trata de un diálogo con Dios y consigo mismo, donde habla de su relación con su madre, con Anel y con Pepito, así como con las amistades que le dieron la espalda. Al escribir y describirse, José José se contempla desde las sombras y desde la luz. Desde el abismo y desde la cúspide. Le pide perdón a Dios por haberlo ignorado y hecho de lado en su vida, "por estar empalagado de la miel a la que yo creí tener derecho por mi supuesta brillantez". Se siente "un renegado", indigno de la misericordia divina del señor. Es un texto contradictorio. Ahí están el pecado y la pureza. Sus debilidades y fortalezas. Por un lado, afirma que comienza "a renacer de entre las cenizas de mi purificación". Aspira a la redención, a levantarse de entre las sombras. Por el otro, no deja de reconocer el poderío de sus enemigos. "Creo que ni siquiera podré sacar la cabeza del pozo de salvación en que me tienes. ¿Cobarde yo? Ni siquiera eso. Me siento tan indigno de ti, de esta nueva oportunidad, que estoy aterrorizado. No creo ni siquiera que sepa qué hacer ahora que me das la oportunidad de continuar, pues yo no tengo nada de lo que antes creía que tenía. Mis falsas armas ya no me acompañan. ¿Qué voy a hacer?". Tiene miedo. El texto entero es un grito desesperado de salvación. Ahí están sus esperanzas pero también sus dudas: "siento que voy a claudicar en cualquier momento". En otra parte dice: "Señor, ahora que confieso plenamente mi felicidad, también tengo que contarte mi desesperación de nueva cuenta por no poder controlar del todo mis debilidades. Es más, señor, siento que voy de mal en peor y que es probable, aunque no al grado de antes, que vuelva a pensar que un poco de camino errado no hace daño cuando se tienen tantas cosas buenas. Tú mejor que nadie sabes mi impotencia ante los placeres fortuitos a los que fui sometido para alcanzar tu luz. Tú mejor que nadie sabe el dolor tan intenso, aunque no lo parezca, que experimento al verme autorreducido a basura a pesar de todo lo que me das. Tú mejor que nadie conoce mi carencia absoluta de decisión para extinguir mis pecados de hace tanto tiempo, de proveniencia juvenil en un principio, de definición atroz día con día. Tú mejor que nadie sabe que no quiero estar en estas condiciones, pero mis secretos a veces los origina el encadenamiento de mis flaquezas, al grado de que de nueva cuenta me siento inmerecedor de tu ternura y comprensión". Remata con un: "no quiero reprobar de nuevo, tengo mucho miedo de las consecuencias". Se siente poseído por un enemigo superior, ante el que se siente "tan poca cosa que a veces prefiero seguirlo a él que a ti, a cambio de angustias y de desilusión tras desilusión". Pide con fuerza: "Apártame de las tentaciones y devalúa mi interés por lo prohibido, antes de que sea demasiado tarde".

—Ése fue el hombre que amé: el que luchaba por vencer a sus demonios.

NI UNA MUGRE NOTA

—Algo le estaba molestando a José —recuerda Anel—. Sus miedos y debilidades afloraban, pero su familia y el éxito profesional lo cobijaban. Le daban la seguridad que le faltaba. Su hogar y lo que en él encontraba, así como el aplauso y la admiración que recibía en los escenarios, eran como un bálsamo para su vida.

Fueron años de mucho éxito para el cantante. Ayudaba su falta de borracheras, que lo hacían enfocarse con dedicación al trabajo. Contribuía asimismo la dedicación de Anel, como madre y como esposa, y también como parte fundamental en sus labores como ejecutiva de SACLICA, a ese hombre vulnerable y talentoso por el que lo había dejado todo, su pasado, su carrera artística. También los demonios personales del intérprete: su temor de perder la voz, de caer de nueva cuenta en la tentación, el pecado, el abismo. Éxitos como "Ya lo pasado, pasado", de 1979,

"Si me dejas ahora", de 1980, "Me basta", de 1981, y un disco como *Mi vida*, de 1982, con producción de Pérez Botija, lo confirman como el mejor cantante no sólo de México sino de Latinoamérica.

—En todas las canciones se retrata algo de nuestra existencia compartida. Pero cuando escuché "Mi vida" fue una emoción especialmente fuerte para mí. Ahí estaba José de cuerpo entero.

Donde quiera que se presentaba el público lo acogía con entusiasmo. Es la voz romántica por excelencia. Su propia vida tan llena de sufrimientos y avatares, el recuerdo de sus amores frustrados y de sus borracheras, la redención producto del amor, es como un ejemplo a seguir. No es sólo su voz sino su vida tan azarosa lo que lo convierte en ídolo. Es una estrella indiscutible pero sus debilidades lo acercan al ser humano común y corriente que canta sus canciones y se enamora al ritmo de sus melodías. Por eso abarrota lugares como el Teatro de la Ciudad, el Auditorio Nacional y El Patio, donde logra temporadas arrolladoras. El dinero entra a manos llenas y el matrimonio Sosa-Noreña se da el lujo de contar con más de cuarenta empleados, dedicados lo mismo a los *shows* que a la ayuda doméstica.

—En casa teníamos a mi nana Luisa en la cocina, a Alicia en las recámaras, a Rita en la lavandería y el salón de juegos, y a Paulino como chofer. José tenía un valet que le adivinaba el pensamiento, que lo ayudaba a vestir y a tener su ropa siempre bien arreglada. Se llamaba Jorge García pero le decíamos la Jorja. También estaba Manolo, mi hermano, dispuesto a colaborar en lo que fuera necesario. José no tenía ni que parpadear para que todo estuviera listo y a sus órdenes, como a él le gustaba: en perfecto orden y armonía. Ana María Saldívar también contribuía a este bienestar. En sus sesiones encontrábamos sabiduría y la guía para ser mejores como personas, como empresarios, como pareja.

Manolo vivía en la parte de abajo, en lo que era el salón de juegos. Se había dividido la habitación en dos: una parte como recámara y la otra para oficina de SACLICA. Todos vivían bajo el mismo techo, en Océano. Hacia 1979 conoció a Chayito, que se convertiría en su esposa, y en 1980 se mudaron ya como marido y mujer a un departamento que les regaló el cantante. Se desmanteló la recámara pero se conservaron las oficinas. "Desde ahí preparábamos las giras y la logística de las presentaciones". La responsabilidad era mayor, pues el prestigio de José José dependía de que todo marchara en orden. Anel fue una parte importante de este proceso. Trabajó incansablemente para que las relaciones públicas de José José fueran impecables. Manolo también contribuyó con su capacidad de trabajo, entusiasmo y decidido cariño hacia Anel y José José. Con él se veían como hermanos. Hubo muy buena química entre ellos desde el principio. Manolo fungía de todo, desde cargador de maletas hasta su asistente personal. Se llevaban bien porque los dos tenían el mismo nivel intelectual y de buen gusto. Hicieron una mancuerna maravillosa, trabajadora, respetuosa y dedicada. Entre ambos formaban, además de un buen equipo profesional, una parte fundamental de una bonita familia, unida y comprometida con el mismo fin: cuidar del cantante en su camino al encumbramiento.

—Era la primera vez que José estaba lleno de vida —como afirma Anel—. Sobrio era maravilloso. La relación con Manolo también contribuyó a este bienestar. José acostumbraba poner gráficamente la forma como SACLICA funcionaba y dibujaba un trángulo. Uno de los picos era él, otro Manolo y el restante yo.

Anel, por su parte, además de encargarse de las relaciones públicas, contribuía al trabajo como "todóloga". Llevaba la contabilidad y se encargaba de los pagos y cobranzas. En una nota firmada por Ignacio Carlock, la actriz se quejaba de lo problemático que resultaba la comprobación de los gastos: "Das para el aceite, para la pintura, para la transportación del personal, para el mecánico, etc., y nunca te entregan una mugre nota". Aunaba a este trabajo su labor como esposa, como madre y como ama de casa. Amaba a José José, cuidaba con esmero a su hijo y mantenía Océano impecable.

—Me encantaba el quehacer de la casa, pues insistía en darle un hogar de verdadero rey al príncipe…

Su papá, don Manuel Noreña, se encargaba de traerle flores del mercado de Jamaica y de la Central de Abastos. Tras su estancia obligada en Tijuana, para huir de la furia vengativa de su socio, se había atrevido a dejar su exilio fronterizo y se trasladó a la ciudad de México en 1977. Estuvo a punto de morir por una enfermedad un año antes, pero se había recuperado con creces. Empezó a trabajar en Televicentro como carpintero y reparador de antigüedades. Veía seguido a Anel, a quien consentía. Le compraba gruesas de nardos, una de las flores que tanto le gustaban a su hija y que le recordaban los olores que envolvían a su antigua casa de Quintana Roo 93. Océano siempre olía a esta aromática flor. "Así que había flores y plantas hasta en los baños". José José se sentía cómodo con lo bien dispuesta que Anel tenía su casa. Todo arreglado, todo en orden, todo perfecto. Él era un perfeccionista de primera, así que se había sacado la lotería con su esposa.

—La casa siempre estaba como para filmarse. Hacíamos unas comidas suculentas, porque mi nana cocinaba muy rico. En esos años nuestra relación fue muy bonita, como verdaderos marido y mujer. Disfrutamos de nuevo de unos años muy padres como amantes. Él salía mucho de gira, pero, una vez que regresaba, nos entregábamos con pasión el uno al otro. Combinar el deseo con el amor es sumamente atractivo. Nos gustábamos muchísimo y a veces no hacíamos otra cosa que estar juntos, quitarnos la ropa y meternos a la cama. Era nuestro Camelot. Todo estaba precioso.

No todo estaba bien, sin embargo. A Anel le pesaba no hablar con la verdad en el psicoanálisis. La verdad en torno al Etabús.

—Me estaba pesando lo de la pastilla, pero me consolaba sabiendo que José estaba sobrio. Era otro y me encantaba.

MAR Y SOL

En 1980 conocieron a Rafaella Carrá, la reina de la canción italiana. La diva hizo unas presentaciones en El Patio, y como José José era ya como el anfitrión del lugar, le dio todas las facilidades no sólo para llevar a cabo su *show* sino para que se sintiera a gusto en la ciudad de México. Surgió una fuerte amistad con ella y con su manager Héctor Marrone. Tanto así, que ella los invitó a visitarla a su país natal. "Necesitas conocer a Gabrielle, mi diseñador, para que te haga tu vestuario", le dijo. Para 1981 volaron a Italia. Se encontraron con la cantante en su magnífica residencia en el poblado de Carapicolo. La casa tenía una piscina enorme y una terraza muy grande donde ella ensayaba todas sus coreografías. Estaba en lo alto de una montaña. Contaba también con un baño sauna, construido entre rocas, con un ventanal con vista al Mediterráneo.

—Nunca he soportado el sauna pero un día estuve con ella más de treinta minutos. Me platicó de la vez que Frank Sinatra la invitó a Las Vegas y ella lo rechazó. Le pagaban un precio que le pareció poco a ella, que era la vedette número uno de Europa y ganaba lo que le viniera en gana, y no estuvo dispuesta tampoco a pagar el precio por pertenecer a la mafia de Sinatra. Después subimos a la terraza y nos tiramos a la piscina fría. Fue una sensación muy agradable que aún recuerdo. Rica, muy rica. Y de descanso. ¡Qué felicidad!

A José José le tomaron medidas y le hicieron un vestuario muy elegante y a la moda. Permanecieron una semana en casa de la Carrá, y cuando ésta partió con rumbo a una de sus presentaciones, se mudaron al Hotel *Excélsior*, en Roma. Fueron días muy agradables y muy románticos para el matrimonio Sosa-Noreña. "Comíamos muy opíparamente en un restaurante buenísimo, el Piccolo Mondo, y caminábamos y caminábamos por las bellas calles romanas". Estuvieron muy amorosos y unidos. Tanto así, que a lo largo de las tres semanas que permanecieron en tierras italianas, Anel quedó de nueva cuenta embarazada.

Era mayo de 1981

—Me acuerdo que comimos en *La Marinera*, un lugar de mariscos precioso de Avenida Chapultepec, famosísimo y riquísimo, el día que el doctor Cristerna nos dijo que esperábamos familia…

—¡Felicidades, mi amor! —dijo José José.

—Va a ser una niña. Estoy seguro que va a ser una niña —pronosticó José José, visiblemente alegre y emocionado.

En efecto, fue niña. Una nena preciosa y gordita, que pesó al momento del parto 4 kilos 500 gms. Nació el martes 15 de febrero de 1982, dos días antes del cumpleaños de José José. Éste se encontraba en Acapulco cuando nació su hija.

—Estoy viendo un atardecer muy bonito y no dejo de pensar en ti —le dijo el cantante una noche antes. Se esperaba su nacimiento en otra fecha. Chayo, la esposa de Manolo, era la encargada de llevarla a consulta. Pero, una vez que el doctor Kashmere la revisó, se percató que ya estaba en labor de parto y la hospitalizó de inmediato. La bebé nació por cesárea.

—Venía muy peludita, casi con bigotito y las cejas muy pobladas y juntas. Era todo lo contrario a Pepito, que había nacido casi pelirrojo. Yo era tan tonta que pensé que se debía a que yo me pintaba el cabello de ese color. No fue sino hasta el día siguiente, ya recuperada de la operación, que bajé al cunero. Ahí la vi. Estaba preciosa. La habían picoteado —tenía catéteres en los piesitos, la pobre— porque nació con hipocalcemia, es decir con falta de calcio. Yo caí de rodillas ante mi hija. Me la dieron, la tomé entre mis brazos y le dije: te quiero.

José José arribó lo más pronto que pudo. De hecho, arribó justo en el momento en que Guillermo Ochoa le hablaba por teléfono a Anel para felicitarla. Estaba en la suite 513 del Hospital de México. El cantante se encontró con la habitación llena de flores, regalo de la disquera, de sus amigos, de sus fans.

—Le pusimos Marysol Estrella Margarita Elena. Marysol porque a José siempre le gustó el mar y el sol. Eran las dos cosas preferidas de él en el mundo. Estrella, por nuestra querida compañera de camino que fortaleció a José en su deseo de no beber. Margarita por su mamá y Elena por la mía. José estaba encantado y yo también. Verla entre sus brazos fue una sensación maravillosa…

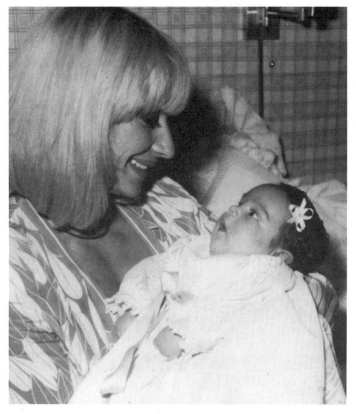

Con su madrina Rafaella Carrá. (1982)

En Océano le pusieron su propia habitación. Paul Ferrante, el afamado decorador de Beverly Hills, se había encargado de decorar la casa entera, y también la recámara de Marysol, que pintó de azul, rosa y amarillo. "¡La cuna es una preciosidad!", reportó una periodista. "Un velo la cubre para no permitir que ni el viento la toque. Adornan el lecho de la bebita algunos juguetes y sonajas que le fueron regalados por parientes y amigos de la familia. ¡La recámara es propia de una muñeca!". Hasta ahí llegó Joss Bernard, un estilista que contaba con un salón de belleza en el Pedregal, para cortarle el cabello a la bebé, que era abundante y largo.

—La dejó peloncita, como niña italiana…

Fue atendida por su nana Juana María Dávila Flores. Fue una bebé encantadora. No les daba problemas. A diferencia de Pepito, que se había enfermado varias veces de problemas de ojos, oídos y garganta, la salud de Marysol era perfecta. "No da nada de guerra", declaró Anel en una entrevista. "Claro que los primeros días nos desveló un poco, pero después se ha portado muy bien. Su padre se vuelve loco, porque toda la gente dice que se parece a él. Eso no puedo negarlo. Es toda la cara de José. De mí sólo sacó lo peludita".

—Su llegada a casa fue como una fiesta, como una algarabía. Pepito no se puso chípil. Al contrario, la mimaba y la quería mucho. José, ni se diga: estaba maravillado con esa nueva criatura que llegaba a nuestras vidas. Yo también me sentía inmensamente feliz.

Solamente un problema ensombrecía esa enorme felicidad. Su viejo y cruel enemigo: el peso. Subió tanto que al final del embarazó Anel llegó a pesar 105 kilos.

SIN MULETAS

Anel estaba gorda y José José inquieto, apesadumbrado, inconforme. Los premios y los reconocimientos se acumulaban. Tenían una familia bonita, feliz. El dinero entraba a raudales. Pero algo no funcionaba. El cantante seguía con los demonios internos, con su lucha constante por no ser débil y no caer en las tentaciones, en el abismo y en el pecado. El psicoanálisis había funcionado. Había habido grandes logros y progresos en lo que a la relación de pareja se refería, así como a la comprensión de su pasado como forma de entender y aceptar su presente. Anel parecía haber obtenido mayores beneficios. Se le veía con menos preocupaciones, con menos sombras en su vida. José José, en cambio, daba la impresión de no progresar. Tenía todo para ser feliz, pero no lo era. Tenía miedos, muchos miedos. Había dejado de beber, pero eso no significaba que no quisiera beber para quitarse el miedo, los nervios. La propia doctora Saldívar no entendía lo que sucedía. No encontraba razones de peso para entender, en la psique del cantante, por qué se sentía atraído por el alcohol y por qué, apenas se acercaba a una copa, sufría taquicardia y náuseas. Debía haber algo más que ella no sabía y tampoco José José. Éste sufría y se desesperaba cada vez más. La sobriedad lo llevaba a sentir que perdía la voz, que tenía pelos en la garganta y un frío intenso e intolerable en los dientes. No beber se había vuelto un problema, no la solución de sus problemas. Sólo Anel sabía la verdad.

Un día decidió contárselo por fin a la doctora Saldívar. Lo hizo a solas. Sintió que era su obligación hablar con la verdad, contarle del Etabús.

—Pero, Anel, ¿cómo hiciste eso? —la cuestionó la doctora.

Para ella, conforme a la doctrina psicoanalítica, el propio José José debería darse cuenta del origen de sus problemas y resolverlos él mismo, no con la ayuda de un medicamento.

—José es alcohólico y lo debes aceptar. A partir de esta aceptación se podrá ir resolviendo su problema.

La decisión fue terminante:

—Tienes que decírselo a José José.

—No, no. Es que no sabes, Ana Mary, cómo se pone. Muy mal.

Anel temblaba. Tenía miedo de su reacción. Sacó fuerzas de flaqueza y se lo confesó en la siguiente sesión conyugal:

—José, tengo que confesarte algo. No bebes porque te doy una pastilla llamada Etabús.

La doctora Saldívar miraba a Anel con orgullo, por su valor a toda prueba.

—Lo que Anel hizo, aunque cuestionable, fue hecho en buena lid, porque te ama, José…

El cantante no sabía qué hacer o qué decir. Escuchó el relato de Anel totalmente sorprendido, impávido. No podía creer lo que escuchaba. Mil y un pensamientos pasaron por su mente. Pensamientos de furia, de desilusión, de ternura, de desencanto, de amor. Por fin se decidió a acercarse a ella y besarla.

—Gracias, gracias —le decía—. Gracias, gracias. Me doy cuenta que sin ti el alcohol ya me hubiera matado. Gracias.

Lloró.

Fue una sesión muy emotiva. Muy bonita. Los dos lloramos. Su reacción fue francamente maravillosa. "¡Algo en verdad se había removido en el corazón de José!".

La doctora Saldívar los alentó a resolver sus problemas desde adentro, no a través de las adicciones al alcohol o a las anfetaminas. Emborracharse o engordar tenían sus causas en la psique, en el remoto pasado que había moldeado sus comportamientos.

—No necesitan muletas para caminar. Tampoco paliativos. Se quieren mucho. Sus hijos son preciosos. Tienen todo para ser felices. No lo desperdicien —les dijo la doctora.

"José y yo la escuchamos atentos y agradecidos. En ese momento nos hicimos la promesa de tratar de ser mejores. De dejar atrás aquello que nos metía ruido, en aras de darle lo mejor a nosotros mismos y a nuestros hijos. Fueron tiempos de mucha entrega y dedicación a nosotros mismos y al trabajo. Ya teníamos un tiempo sin Fanny, por lo que la responsabilidad era grande. Por supuesto, también padecí de soledad. José trabajaba mucho y sus ausencias se multiplicaron. Todo lo que hiciera se convertía en éxito. Sólo una cosa nubló la alegría de José, que Camilo Sesto sacara antes que él su canción "Si me dejas ahora". Esto

Marysol (Primavera, 2007)

creo un conflicto en Pepe. Se deprimió y se sumergió en una nube de silencio y de tristeza. Luego vino Rafael Pérez Botija con "Mi vida", que se convirtió en el éxito de 1982. Se nota en la historia de esta canción lo desesperado que estaba José, las recriminaciones que se hacía: "No soy digno de ti". Yo, por mi parte, estaba gordísima. No me gustaba mi aspecto pero tampoco quise regresar a las anfetaminas. El psicoanális me ayudaba, pero seguía teniendo miedo. Miedo de que José volviera a beber.

Prediciendo el futuro (1976).

IX

EL AMOR ACABA

SÁLVAME, JOSÉ

$\mathcal{P}$or dos años todo transcurrió de maravilla.

—José sin medicina vivió en sobriedad.

El cantante se entregó al trabajo fecundo y creador. A fines de 1983 grabó *Secretos*, el disco más exitoso de su carrera. Más de cuatro millones de copias vendidas lo colocaron como siempre en el primer lugar de popularidad. Ésta se afianzó con el estreno de la película *Gavilán o paloma*, de corte autobiográfico, con Christian Bach en el papel de Anel. "Yo estaba muy gorda y no pude interpretarme a mí misma". Eso sí, Anel apareció brevemente en una escena junto con sus hijos, así como con las abuelitas y unos primos, aplaudiendo entre el público que escucha casi con éxtasis al príncipe de la canción en el Teatro de la Ciudad. La película, dirigida por Alfredo Gurrola, contó con todo el apoyo y entusiasmo de Carlos Amador, su productor, quien llevó a la pantalla la vida del cantante en una versión muy fiel a la realidad, que mostraba sus caídas en el infierno del alcohol, la mariguana y la cocaína, su malhadado matrimonio con la Kiki Herrera Calles, interpretada por Gina Romand, y la redención a través del amor incondicional de la bella Anel. El público abarrotó por algún tiempo las salas de exhibición, en espera de saber más de su ídolo y de reflejarse en la problemática alcohólica y sentimental de su protagonista.

"Es cierto que mi hijo tuvo una vida difícil, pero ése es el camino para llegar a la meta", declaró Margarita Ortiz, la madre del cantante, el día del estreno de *Gavilán o paloma*, acaecida en

Sigue siendo el número uno.

el cine Real Cinema. "Las experiencias de José le sirvieron para perseguir su objetivo y ahora lo ha logrado".

—La escuché decir: "Cuando Anel llegó a su vida, gracias a su apoyo incondicional y al amor que lo puede todo, hicieron que José llegara a la meta, rodeado de su familia". La verdad, fueron años muy bonitos para nosotros —recuerda Anel.

Por aquel tiempo Pepito, convertido ya en Pepe, hizo su primera comunión. José comenzaba a despegar con más fuerza en su carrera. Y, lo mejor, no bebía…

—Florecíamos con el psicoanálisis y la sobriedad de José. Vino una época de tanto éxito que fue verdaderamente sagrada, diría yo, con un José fuerte, agradecido, limpio, brillante, para con él y, desde luego, para con nosotros. La Agenda se puso al rojo vivo. Pasamos tiempos maravillosos: José y Manolo haciendo itinerarios verdaderamente internacionales y cumpliéndolos con *shows* fabulosos, dignos de la enorme calidad de José. Por aquel tiempo lo acompañaban entre catorce y diecisiete músicos, además del director de orquesta, las coristas y el equipo de luz y sonido. Era un súper espectáculo. Para lograrlo debimos mantener una disciplina muy férrea para poder con eso y más.

Llegaron los premios y reconocimientos en todo el continente a la calidad interpretativa de José José. Pero el gusto le duró poco. A finales de 1984 José José comenzó a beber.

—En el camino al éxito también hay cansancio, fatiga, y esto es el peor enemigo para las adicciones, lo mismo que el aplauso y la veneración del público por sus ídolos es el peor ungüento que le puedes poner a tu ego.

Un día el cantante llegó nuevamente con copas. Le reclamó a Anel airadamente:

—Trataste de controlar mi vida —recordándole el suministro forzado y secreto de Etabús—. Pero, ¡sorpresa! Ya soy mayorcito y puedo hacer lo que se me venga en gana. Aquí el que manda soy yo y quien dice cuándo y qué, ¿oíste? Quien da de comer soy yo, así que déjate de reclamos y de prohibiciones...

JOSE JOSE y su familia, Anel, Pepito y Marisol, desean a los lectores de EL HERALDO DE MEXICO una muy Feliz Navidad y lo mejor para el año de 1985. El cantante recomienda a todos los mexicanos seguir trabajando para alcanzar sus propósitos y contribuir a sacar el país adelante. (Foto de Jerry Barotta).

FELIZ NAVIDAD

¡Feliz navidad!

Anel calló. Era noviembre, se acercaba el cumpleaños número nueve de Pepe, ya hasta tenían preparado el salón Kangurín para la fiesta, y Anel no quería problemas que enturbiaran la felicidad de la familia. "Al día siguiente se despertó de mejor humor. Vi que sacó algo de su portafolio pero no supe qué. Le preparé su desayuno. Comía cuando comenzó a volver el estómago. Se compuso y nos metimos a la cama a ver una película de Cantinflas y otra del Gordo y el Flaco. Llegaron los niños de la escuela y se puso a jugar con ellos en el jardín. Yo aproveché para ir al salón de belleza. Eran las tres de la tarde. Pasé después con Ana Mary, a mi sesión psicoanalítica. Me sentía muy bien. Me daba cuenta, no sin horror y sin culpa, que José había vuelto a la fiesta. Mis sentimientos en ese momento eran de miedo, desconfianza, confusión, enojo, decepción. Me daba cuenta que amaba a una persona con una enfermedad incurable, progresiva y mortal, y sentí temor y angustia.

—Ani, ten fe —le pedía la doctora Saldívar—. Ten fe con todo tu amor y toda tu paciencia. Ahora lo necesitas más que nunca. Haz una fortaleza de amor para abrazarlo así. Acéptalo.

—Sí, sí —Anel no dejaba de llorar—. Pero me duele, me da coraje. Y tengo hambre, Ana Mary. Verlo así me despierta mi compulsión por la comida. Tengo hambre…

Anel luchaba por no engordar y por no sufrir debido a los problemas con la bebida de José José. Le escribió: "Yo la verdad había omitido tu alcoholismo. Lo había sacado de mi vida. No lo manejé, y menos desde que nació Pepe. Ahora lo debería de aceptar y sin embargo me muero de tan sólo aceptarlo. Con Ana Mary estudiamos el por qué de tus cambios de carácter, el por qué de todo. Pero lo único que retumbaba en mi cabeza era la verdad: que el alcoholismo es una enfermedad que nunca se cura. Que es una sentencia de muerte".

En sus oídos resonaba con fuerza la canción que, como todas, contenía elementos autobiográficos:

"He rodado de acá para allá, fui de todo y sin medida. Pero te juro por Dios que tú no pagarás por lo que fue mi vida…"

"Que temes que un hombre como yo te va a hacer mucho mal, y eso no es cierto". Anel confiaba en su amor. Le pedía: "Pepe, ya no estoy sola. Tenemos a nuestros dos hijos. Y tengo miedo. Siento una gran soledad, un gran fracaso. ¿Dónde me perdí? ¿Dónde nos perdimos? Y si me perdí fue contigo, por ti. Mis ojos ya no brillan. Mi alegría se acaba. ¡Sálvame, José!".

DE NUEVO EN LA FIESTA

La fiesta se reinició y con ella su carga de desvelos y mortificaciones para Anel y de excesos y malpasadas para José José. Su voz comenzó a sufrir de nuevo el maltrato de una vida profesional intensa y hundida en el poco cuidado hacia el bienestar personal y la salud. Él mismo señalaba sus sufrimientos a este respecto, en una entrevista: "Ya ando acatarrado. Ya me dio catarro otra vez. Es increíble, soy muy delicado. Si uno es futbolista y se pone una borrachera, al otro día se te tambalean las piernas. Te portas mal y lo mismo. Yo soy así desde niño. Con cualquier cosa se me afecta la voz. Si estoy enfermo del estómago, la voz. Que no haga frío, porque la voz. Que no haga calor, porque la voz. ¡Dios mío!"

A finales de 1984 se mudaron a Los Ángeles, a un departamento ubicado en Beverly Hills, en la calle Gregory Way. Una nota de aquel tiempo describía el departamento que compraron como simplemente bello y lujoso. "El tapizado de los sillones es en seda color natural. Los cuadros en tono pastel mantienen la armonía del conjunto. Alfombras persas sobre pisos de madera. Pero todo esto le preocupó muy poco a Pepito, quien eligió el rincón más exquisito de la casa para acomodar su triciclo". Los candelabros eran un regalo de Barbara y Claire Fisher. "Todos los candiles son piezas antiguas de un exquisito buen gusto".

—Dejé pagados tres meses de servicio en México y nos mudamos a Los Ángeles. Era un penthouse precioso. No quise tener sirvientas, porque yo misma quería atender como era debido a José. Mi mamá me ayudaba a mantener ese departamento de manera impecable.

El cambio se motivó por un deseo de internacionalización del cantante, pero también como una forma de mantenerlo alejado de sus amigos de parranda en México. Esto último no funcionó. José José debía cumplir con innumerables compromisos artísticos y encontraba pretextos magníficos para beber en todas partes. Pasaba la mayor parte del tiempo fuera, alejado de Anel y de sus hijos. "Fue tremendo. Terminamos el año muy cansados y por consiguiente José bebió más". Para 1985 Pepe ingresó a la escuela cristiana Good Shepard, ubicada en Beverly Hills, y Marysol al Liceo Francés, esto último por recomendación de Sari Bermúdez, quien por aquel tiempo llegó a ser una amiga muy cercana de Anel. Otro amigo cercano de la familia Sosa-Noreña lo fue el doctor Roberto Chiprut quien, preocupado por los problemas de voz de José José, concertó una cita con el famoso doctor Kantor, un médico especialista cuyo consultorio se hallaba en Bedford Dr. Atendía entre otras personalidades a Frank Sinatra y era el médico idóneo para que el cantante mexicano se operara las cuerdas vocales.

—Necesita tomar medicinas, operarse, y después de la operación, va a tener que pasar un mes sin hablar —le dijo el doctor Kantor.

El 27 de enero de ese año el Príncipe de la Canción partió a trabajar a Santo Domingo. Fue otra vez un excelente pretexto para beber.

—A pesar de que mi hermano Manolo intentó convencerlo de regresar, José se quedó en la fiesta con José Feliciano. Manolo y los músicos sí regresaron, pero él se quedó en la República Dominicana. Por supuesto, faltó a su cita con el doctor Kantor, que tenía el 3 de febrero en el Cedars Sinaí.

A su regreso José José se mostró arrepentido y juró volver a intentar su rehabilitación. Lloró en el hombro de Anel, quien ya no sabía qué creer. Estaba triste y desesperada. Le causaba dolor que José José saboteara su felicidad y la de ella y sus hijos de tal manera. A su regreso discutieron y pelearon. Él, para contentarla, le compró un Mercedes Benz nuevecito.

La familia Noreña: Gaby, Anel, Marcela y Manolo.

ADIÓS AL MANAGER PERFECTO

Para 1986 la fiesta continuaba. Ese año Anel sufrió un terrible golpe anímico. Uno muy fuerte y profundo. Fue, acaso, el golpe que acaso más la cimbró y la hizo reflexionar acerca de su destino con el ídolo de la canción. Fue un golpe terrible, que la hizo tomar conciencia de la gravedad de la enfermedad de su esposo. Se trata del fin de Manolo Noreña como representante de José José.

—Mi hermano hizo una excelente mancuerna con José. Se entendieron de inmediato como seres humanos, como hombres y como gente dedicada al trabajo. Fue su mejor manager. No existía tanto el compromiso de desquitar un sueldo, como todos los demás, sino una relación de respeto, casi fraternal, y de dedicación al bienestar de todos. Manolo lo cuidaba. Lo acompañaba casi en todo. Cuidaba su imagen pública y privada. Salían de gira, iban de compras, se la pasaban muy bien como hombres que eran. Se divertían y trabajaban mucho. Manolo llegó a ser parte esencial de la familia Sosa-Noreña. Era un integrante más, no un simple trabajador a nuestro servicio. Manolo y José llegaron a ser como hermanos...

La revista *Ritmo* calificó a Manolo Noreña como "el manager perfecto de México". Se ponderaban sus habilidades de la siguiente manera: "Tiene una máquina en su cerebro que registra detalladamente todos los asuntos que tiene que atender para José José. No se le escapa nada: concierta citas, llena los calendarios, atiende las llamadas telefónicas, se ocupa de anotar los compromisos en la agenda, de conseguir fechas para actuaciones. Es un hombre eficaz y perfecto". Agregaba la nota: "Pensarán que quizá ésta es su obligación. Tienen razón. Pero es un trabajo que efectúa con infinito amor. Esto ha hecho que sea un elemento clave en la vida del intérprete de *Desesperado*. Se levanta muy temprano y es el último en acostarse. Se preocupa porque todo salga perfecto. Es un hombre trabajador, dedicado, puntual, exigente. Hace las cosas muy bien hechas y jamás piensa que ahí se va. Está al pendiente de cualquier imprevisto para solucionarlo". El texto lo alababa llamándolo "el más guapo (¿verdad que es un bomboncito?)", y como hombre de todas las confianzas del cantante: "es un ser fundamental en la vida de José José y éste así lo reconoce".

En 1979 sucedió algo que retrata muy bien la relación tan fraternal que mantenían Manolo Noreña y el Príncipe de la Canción.

—A mi hermano le dio un fuerte ataque de hepatitis. Le sucedió mientras viajaba en un taxi. Quedó inconciente y tuvieron que llevarlo de emergencia al hospital. José José se encontraba en Los Ángeles, en la grabación de *Romántico*, que hizo en los estudios de Herp Alpert. Apenas se enteró de lo que le pasó a Manolo, regresó casi de inmediato a México. Terminó la grabación del disco en dos días. ¡En dos días! Y lo fue a visitar al Sanatorio Español. Es un disco lindo. Entre los boleros que incluyó se encontraba la que era nuestra canción: "Regálame esta noche", y "Polvo enamorado", la composición que nos regaló Mauricio González de la Garza.

Para 1986, sin embargo, la relación se tambaleaba. José José bebía más y más, lo que se convertía en un serio problema laboral y personal para su representante. Manolo Noreña comenzó a ser testigo de cómo el alcohol se adueñaba de la voluntad y de la vida del cantante. José José y sus demonios alcohólicos. No era fácil lidiar con él en estas circunstancias. La carrera ascendente del príncipe de la canción conllevaba muchas satisfacciones pero también muchas presiones. Todo tenía que salir bien, el *show* debía ser perfecto, a fin de no lesionar la figura de José José. Manolo trabajaba arduamente pero se encontraba con un José José "fuera de sí", como lo define Anel, "muy afectado ya por el alcohol y las drogas".

—Era muy desgastante trabajar con él en esas condiciones —recuerda Anel—. Manolo podía con todo, claro, pero si José estaba lúcido, porque si no estaba sobrio todo podía salírsele de las manos. Su propio amigo, el doctor Chiprut, le pedía que se moderase. Él mismo le había conseguido actuar en la fiesta de gala de la Asociación Norteamericana contra el Cáncer y estaba preocupado por la salud de José. Manolo también sabía que debía asistir a las sesiones de Alcohólicos Anónimos, pero Pepe se negaba. Todos estábamos muy consternados. Pepe no podía dominar al alcohol.

Un día de mayo de 1986, mientras estaban de gira por Venezuela, todo salió horrible. Después de la rueda de prensa, Manolo partió al aeropuerto para recoger a los músicos. Cuando regresó al hotel se encontró a José José en pésimas condiciones. Lo llevó a que se diera un baño, y mientras lo hacía, aprovechó para quitar todo el servi-bar. También el teléfono. Y lo encerró. José quedó incomunicado mientras se le pasaba la borrachera. Por supuesto, no le gustó. Manolo terminó abriéndole pero el daño ya estaba hecho. Se dijeron de cosas, se disgustaron. Los propios músicos estaban asombrados de ver cómo dos personas que se llevaban tan bien estuvieran tan fuertemente enojados. Regresaron a México. Pero el pleito había sido tan grande que decidieron no volver a trabajar juntos…

—Nunca se reconciliaron. Desde entonces no se hablan…

Para Anel fue toda una sorpresa, si bien reconoce que "se amaban tanto como hermanos que terminaron odiándose también como hermanos". Fue el inicio del descenso para José. Perdió a su mano derecha y no la pudo recuperar, por lo menos no conforme a las alturas que con Manolo alcanzó su carrera. "José tenía el mejor show de México. Una gran orquesta, coros, valet, camiones, un buen equipo de luz y sonido, tan bueno, que incluso se lo rentábamos a Promovisión. Se le daba de comer a cerca de cuarenta familias, pues tal era el número de elementos del *staff* con que contábamos, entre músicos, choferes y ayudantes. José tenía la mejor casa y la mejor familia. También propiedades en Los Ángeles y en México, todo pagado y a su nombre, excepto Acapulco. Todo fue hecho con base en un gran esfuerzo de él, por supuesto, pero también mío y de Manolo. SACLICA era José, Manolo y yo".

Entre José José y Manolo se ponían a planear los itinerarios. Lograron una excelente dinámica de trabajo. Uno de sus triunfos fue cobrar conforme a las posibilidades de los empresarios. No había una cuota fija. Eso contribuyó a que nunca faltara el trabajo y que organizaran viajes que no tenían desviaciones o desperdicios de tiempo". Junto con Manolo, Anel luchó también a brazo partido para sacar adelante la exitosa carrera del cantante. "Mientras ellos viajaban, yo me encargaba de todo aquí. Hacer pagos, telefonemas, atender a la prensa, contactar empresarios. Durante muchos años fui ama de casa y también una trabajadora más de SACLICA. Yo estaba contenta, pues vivía mi sueño. Estaba en Camelot".

La renuncia de Manolo se hizo mediante una entrega administrativa tipo auditoría.

—Como José no quiso verlo ni recibirle nada, Manolo consideró que lo más apropiado era auditar todo para que no quedara ninguna duda en cuanto a manejos de dinero. José liquidó a Manolo con el equipo de luz y sonido y se separaron.

Así se le entregó la oficina al nuevo manager, que resultó Carlos Bustelo.

—Carlos lo intentó y lo intentó, pero tampoco pudo controlar a José en cuanto a sus adicciones...

EL JARDÍN DE LOS NARANJOS

"En el sube y baja del alcoholismo de Pepe nos fuimos toda la familia, en agosto de 1986, a Madrid. Conocimos a Paco Cepero y a su linda esposa, Rocío, a su hija, Pilar, y a su nieto recién nacido, Francisco. La pasamos muy bien, muy felices. Fuimos a Marbella y estuvimos en casa de Doña Jose López Dóriga, mamá de Cristina y de Joaquín. Fue una gran amiga mía. Se puso de mi lado y habló con José tratando de hacerle ver lo mucho que lo necesitábamos sobrio y lo guapo que se veía sin beber. Esto sucedió una tarde, en un precioso jardín de naranjos —mmmm, todavía puedo sentir ese magnífico aroma de los azahares—, frente a un tazón de chocolate y unos churros deliciosos. Nos presentó a lo más selecto de sus amistades en el puertoy pasamos noches maravillosas en ese sitio. Regresamos a Madrid y Ramón segura nos hospedó en su magnífico piso, donde había una piscina preciosa. También estuvimos en casa de Luisito Rey. Luis Miguel tenía 14 años. Nos reunimos asimismo con Hugo Sánchez. José estuvo muy bien y en sobriedad absoluta. Nos volvimos a jurar amor eterno y, una vez concluida la grabación de *Siempre contigo*, nos fuimos a Alicante a darle personalmente las gracias a la Virgen del Milagro, pues es ahí donde se encuentra su santuario. Regresamos a nuestro penthouse en Los Ángeles, desde donde presenciamos los fuegos artificiales que se lanzaron desde el Dodger's Stadium, con motivo del bicentenario de la Independencia de Estados Unidos".

Le contó a doña Elena, su mamá, lo que había pasado entre Manolo y José José.

—Por supuesto, se puso muy pero muy triste.

En Los Ángeles continuaron su gran amistad con Roberto Chiprut, quien organizaba cenas y comidas en su honor, con invitados como Lucho Gatica y el Doctor Rodríguez.

"Nos pusimos de acuerdo para ir todos juntos al Carnaval de Rio. Fuimos en febrero de 1987. A nuestro regreso me metí al centro médico de la Universidad de California en Los Ángeles (UCLA), a un programa de adelgazamiento. Debía ingerir por toda comida tres sobres diarios de suplemento alimenticio, junto con tres litros diarios de agua. Me había arrobado tanto de ver a José sobrio que decidí tener fuerza de voluntad y adelgazar. Bajé 45 libras. Por ese tiempo viajamos a Tahiti con Roberto Chiprut y su esposa. Yo cargué hasta con la licuadora, para hacerme mis bebidas nutritivas. Estaba enamorada y, aunque se me antojaran, no me acerqué a los deliciosos buffets que ofrecían en el hotel. Grabamos un video que es como una prueba de ese inmenso amor que nos teníamos. Mis hijos pueden ver la forma tan intensa como sus padres llegaron a quererse. No importa lo que sucedió o suceda después, yo siempre estaré agradecida con José por ese viaje y ese amor tan grande que nos tuvimos".

EL BETTY FORD CENTER

José José regresó a México a promover su nuevo disco *Siempre contigo*. "Algo pasó como a la tercera semana de gira, porque José empezó a beber. Se había mantenido firme en su sobriedad gracias al amor de su familia, a los viajes que hicimos juntos y a la ayuda de los amigos que en verdad lo querían, pero al verse solo, de nuevo en el camino de las presentaciones y de la fiesta, se llenó de aplausos y adulaciones, y cayó de nuevo en la bebida".

El corazón de Anel languidecía nada más de ver al cantante de nuevo en la fiesta y envuelto en la *dolce vita* de las borracheras. Su tristeza era tanta que era imposible ocultarla. Un día que fue a la escuela de Marysol, la directora la vio y se acercó a ella.

—¿Qué sucede? ¿Por qué esa cara? —preguntó en verdad preocupada madame Esther Kabbaz.

—Es que mi esposo no deja de beber —se sinceró Anel—. Está en México ahora. Me dicen que toma y toma y que trae una ojeras tremendas.

Madame Kabbaz se interesó en la pareja.

—Mira, hay un lugar cerca de aquí, en Palm Springs. Es el Betty Ford Center. Se especializan en problemas de alcoholismo. Es muy difícil de entrar, pero quizá yo pueda hacer algo…

Era amiga del senador Ted Kennedy. Prometió hablarle para utilizar sus influencias y hacerle un lugar a José José en el Betty Ford.

—Pero él tiene que estar dispuesto al tratamiento…

—Oh, sí, claro —prometió Anel.

Se comunicó por teléfono con José José, quien se encontraba en otra más de sus giras.

—Lo agarré crudo. Y crudo siempre me decía que sí a todo lo que sonara a desntoxicación.

Una vez que José José llegó a Los Ángeles, fueron al Betty Ford Center. Los recibió Claudia Thompson, una terapista. Le explicó el método de desintoxicación que seguían y lo llevó a la sala de registro para internarlo.

José José se negó.

—Entro, pero con una condición. Que también entre Anel. Ella es drogadicta. Toma pastillas para adelgazar.

Claudia Thompson le dijo en un tono muy tranquilo:

—Señor. Esta área es para problemas de alcohol y cocaína. No para pastillas. La señora no puede ingresar aquí…

—¿A no? Pues muchas gracias por su tiempo.

—No, no se vaya, señor Sosa —lo detuvo miss Thompson—. No pierda usted su gran oportunidad de recuperación.

José José no hizo caso. Tomó a Anel del brazo y salieron de ahí. Ella estaba frustrada, sin saber qué hacer. Se hospedaron en el hotel *Gene Autrey* de Palm Springs. "Yo me puse a llorar y él pidió de cenar y unas cervezas".

Se pusieron a ver la tele. Había un gran silencio entre ellos. Él lo rompió. Le dijo:

—No me pueden tener encerrado en contra de mi voluntad. Yo voy a salir de mis problemas por mí mismo y por mis hijos. Y por ti, porque estás a mi lado.

—¿Y la cerveza?

—Nomás es una… Créeme, conejo: la vamos a librar. Tenemos todo para ser felices.

La navidad siempre fue hermosa.

ÉL NO CAMBIABA Y YO TENÍA MIEDO

—Bubu, yo voy a salir de mi problema. Por mí, por mis hijos y por ti, porque estás a mi lado —era su promesa de siempre.

José José, sin embargo, continuaba en la fiesta. A mediados de 1987 pasó una semana en el Sanatorio Español, debido a sus adicciones. "La abstinencia no es suficiente para recuperarse", como ahora lo sabe Anel. "Se necesita la práctica diaria de los principios de Alcohólicos Anónimos, así como la asistencia al grupo. Generalmente hace falta el amor propio, y más si existen delirios de grandeza. La recuperación exige cambiar de personalidad. Se tiene que corregir, ante todo, cierto tipo de comportamiento que conduce a la bebida. Yo creí que con decirle, pedirle, rogarle, darle medicina, y sobre todo con haber pasado toda una vida juntos con honradez y confianza, iba a lograr que nuestro amor lo fortaleciera para que él dejara de beber y yo no bebiera". Por aquel tiempo, sin embargo, esa confianza en la recuperación comenzaba a tambalearse:

—Me di cuenta que en mi vida había un vacío. Mi alma la sentía con miedo, por completo inundada de llanto e impotente para actuar. Quería creer en él, en sus promesas. Casi podía escucharlo cantar: "Espera, aún me quedan primaveras para darte...", pero se nos agotaba el tiempo. Él no cambiaba y yo tenía miedo, ¡miedo!

Para ese entonces José José y Carlos Bustelo manejaban todo el negocio. El cantante le había pedido a Anel que se retirase de trabajar en SACLICA, para dedicarse a atender exclusivamente su hogar. Lo acompañaba poco o casi nunca a sus presentaciones. Para finales de 1987 el cantante realizó una malograda gira, algunas de cuyas fechas tuvieron que cancelarse por motivos de la fiesta. Bustelo estaba desesperado.

—Puedo cancelarlo todo, menos Nueva York y Guadalajara —le informó a Anel—. Ayúdame a que todo salga bien...

Se vieron en el aeropuerto de la ciudad de México. Era un miércoles y José José estaba muy amoroso. Le había dicho:

—Tengo ganas de verte y estar contigo en un hotel.

Anel estaba feliz. Días antes se la había pasado escuchando "Desesperado" y "Vale la pena intentarlo", y algo en su interior se había fortalecido. Tal vez sí había esperanza de recuperación. Tal vez sí había que confiar en que las promesas de José José se harían realidad.

—Ese día fuimos a comer a la *Sirenita*, un restaurante de mariscos. De puro gusto me tomé un whisky con mucho hielo.

José José, emocionado, lloró:

—Gracias por compartir una copa conmigo.

Se hospedaron por una noche en un hotel cercano al aeropuerto del DF. "Fue una noche maravillosa. La locura. Como el 15 de septiembre o el 4 de julio del amor". Estaban tan entusiasmados el uno con el otro que perdieron el avión de las once de la mañana. "Además del amor también estuvieron presentes los aditivos de la fiesta que José utilizaba. Se puso difícil. No quería viajar a Nueva York. Le pedí el desayuno, lo metí a la regadera… ¡Cómo nos divertimos, mojándonos ambos! Por fin pude hacer que llegáramos al mostrador de la aerolínea, pues nuestro vuelo salía esa misma noche, a las siete. Mientras checaba los boletos, se me escapó al Barón Rojo".

Cuando lo encontró se encontró con un José José cambiado. Estaba molesto, enojado.

—Ahí está tu hamburguesa —le dijo—. Come tú. Yo no quiero nada, sólo un trago…

—Pero, José. Recuerda que tienes un compromiso importante en Nueva York.

—¡Es en lo único que piensas! ¡Lo único que importa es que yo trabaje y trabaje!

Subieron al avión y el tono fue el mismo.

—Ana Elena, me has decepcionado —le decía con voz fuerte, para que los demás pasajeros lo escucharan—. No cumples con tus deberes de esposa. Me diste otra vez el avión y no te lo perdono.

Al poco rato se durmió. Anel lo cobijó y le puso una almohada. Al despertar lo primero que dijo fue:

—Necesito un etiqueta roja.

Anel no pudo más. Se levantó y fue al baño a llorar. Cuando regresó, el cantante le sonrió:

—Te asusté, ¿verdad?

En Nueva York se hospedaron en una hermosa suite del hotel Doral. "José pidió a uno de sus ayudantes que le consiguiera un pase de coca. 'A ver cómo le haces, pero me la traes rápido'. A la media hora trajeron unas flores para mí con una tarjeta de felicitaciones. Ahí también iba la droga que José había pedido. José la tomó y se encerró con llave en la recámara. Me volvió a dar miedo. De niña yo soñaba que me perseguían. Sucedía siempre después de comer. Veía una puerta por donde podía escapar, pero la puerta no se abría. O desaparecía. Era muy angustioso. Me despertaba por completo atemorizada y sudando a mares. Otro sueño consistía en tener una sensación muy fuerte de vacío en el estómago, como cuando uno se balancea en un columpio. Era como caer al vacío. Esos sueños se convertían en realidades con José. Tenía la puerta cerrada, no se abría. Al poco rato dejé de escuchar ruido y me espanté. Hablé a la recepción para que abrieran la puerta y lo encontramos dormido. Me di un baño de tina y después pedí de comer. Fue un súper *room service* consistente en salmón y un steak con papa al horno, crema y cebollines". El olor de la comida fue tal que despertó al cantante:

—Ya estás tragando de nuevo, ¿verdad? Al rato no vas a caber por las puertas.

A las dos de la tarde Anel decidió ir al salón de belleza.

—Al doctor tendrías que ir para que te operen el cerebro. A ver si así entiendes a tu marido —la recriminó el cantante.

Para el show en el Radio City Hall José José "se veía guapo, casi como un Dean Martin, muy elegante en su *smoking* Brioni. Empezó a cantar con algunos problemas, pero apenas calentó la garganta su voz volvió a lucir en todo su esplendor". El Príncipe de la Canción comenzó a bromear con el público, pero lo hizo a costa de Anel:

—Aquí está mi esposa. Se me pegó. Vieranqué tristeza me da que sólo me quieran por mi dinero. Bueno, hasta una copa se tomó conmigo con tal de que me la trajera de compras.

Anel no podía creer lo que escuchaba.

—Sus agresiones me dejaron muda.

EL INTENTO DE SUICIDIO

De regreso a México de Nueva York abordaron en primera clase.

—En pleno vuelo, de su gabardina sacó un sobrecito con sus aditivos. Incluso hasta me ofreció. Me quise morir. No supe ni qué hacer. Le pedí de favor que lo tirara. Me vio tan descompuesta que se levantó y fue al baño. Se tardó. Le tuve que pedir a una de las asistentes de vuelo que fuera a ver qué pasaba. Cuando regresó al asiento, José me dijo: "Ya lo tiré. Sonríe, te saliste con la tuya".

Llegaron a Guadalajara. "El empresario medio se dio cuenta del estado en que se enontraba José pero yo lo despreocupé. 'Necesita descansar, es todo', le dije".

Una vez que quedaron solos en la habitación, el cantante comenzó a poner muebles en la puerta, como si se tratara de una barricada.

—A ver quién les canta hoy en la noche, porque yo no —dijo.

Anel se moría de nervios. "No sabía qué hacer. Lo veía mal. Cómo estaría la cosa que ni encendió la tele. Empezó a hablar de cuando era pequeño. De su papá. José se quedaba dormido mientras escuchaban ópera en la madrugada, y eso enojaba a su padre. Se ponía muy severo. Su mamá no podía defenderlo porque le temía al marido, aseguró. Empezó a llorar. Me abrazó y me pidió perdón. Fue un momento muy emotivo. Nos perdonamos todo. Pero también fue algo muy triste verlo así".

Insistía en que no cantaría esa noche.

—Pero, Pepe, es un compromiso serio. No puedes cancelarlo así como así.

—Nada, nada. De aquí no nos sacan…

A las nueve de la noche llegó Carlos Bustelo. Tocó a la puerta pero José José se negó a abrirle. "Yo estaba desesperada. Llena de llanto le pedí a José que se arreglara, que se metiera a bañar". Al poco rato llegó el empresario. Estaba molesto y con justificada razón. Dio de golpes a la puerta y exigió ver al cantante. Le dijo:

—No sé ni me importa cuál sea tu problema, pero sales en media hora o mando tirar la puerta y tú y tu señora van aderechito a la cárcel. Estoy dispuesto a todo.

Sólo así José José entró en razón. Llegaron al sitio de la presentación pero el viacrucis de Anel no había terminado.

—José tomó el micrófono y comenzó a agredirme, a insultarme. Me echaba enfrente del público la culpa de todo. Me llamó mentirosa. Dijo que me odiaba porque yo tenía la culpa de tenerlo en esas condiciones. Llegó la gente de la empresa y lo bajaron. Nos llevaron al aeropuerto y nos metieron a un avión. Bustelo se quedó viendo lo de la demanda y a sacar nuestro equipaje del hotel. En el vuelo pidió una copa, pero la vomitó de inmediato. Un vómito de bilis y sangre. Me asusté y él también.

Apenas llegaron al DF le hablaron al doctor Cristerna, quien ordenó su hospitalización en el Sanatorio Español.

Anel regresó a casa deprimida y desolada. Se pasó horas llorándole a su nana. No quería hacer nada, sólo morirse. Se durmió pero volvió a tener sus pesadillas. Soñó de nuevo que la perseguían y en esa puerta que no se abría. Cuando Pepe y Marysol llegaron de la escuela los abrazó y les explicó que su papá se encontraba en el hospital.

Le habló a Fanny Schatz, para desahogarse:

—Te lo dije, mijita. Haz de cuenta que el llanto que ahora te escucho es el mismo de 1973, 1974 y 1975. No ha cambiado nada. Todo sigue igual, mijita. ¿Qué te pasa que no entiendes? Te lo dije —encontró por toda respuesta.

Estaba tan triste que pensó en el suicidio.

—Lo medité muy seriamente. No solamente me suicidaría sino que mataría también a mis hijos.

Tenía veneno para ratas. Un veneno muy potente. Unas gotitas le bastarían para poner fin a sus vidas.

—Ay, Dios mío, Dios mío, ya no aguanto —se quejaba—. ¿Cómo pude llegar a esto?

Tenía el frasco de veneno en lasmanos cuando recibió un telefonema. Era su hermano Manolo, desde Estados Unidos. Le hablaba para darle su nueva dirección en Portland, a donde se había mudado.

—Por supuesto, me volví loca de alegría de tan sólo escucharlo. Me sentí de nueva cuenta muy apoyada. Le conté lo que estaba a punto de hacer.

Hubo un largo silencio del otro lado de la línea. Por fin, escuchó de nuevo la voz de Manolo. Le preguntó con suave enojo:

—¿Cómo puedes decirme eso, si tú has sido mi hermana la fuerte, la que siempre ha salido adelante, la que aún siendo una jovencita ocupó muy bien el papel de madre con nosotros, la que es toda fortaleza y alegría?

Se disculpó por no salir corriendo de inmediato a verla. Recién había ingresado a trabajar para la Kodak y no podía darse el lujo de botar el empleo.

—Pero, escucha. No hagas tonterías. Mejor acuérdate de los buenos momentos. Acuérdate de la gira que hicimos en 1977, de pueblo en pueblo. Acuérdate de la energía que le imprimimos al trabajo José, tú yo. Acuérdate de nuestras conversaciones, de los chistes de Pepe, de las tortas y de las canastas de comida que nos preparabas. Acuérdate también de los 2 mil discos de *Gavilán o paloma* que repartimos. Acuérdate de las entrevistas que les hacían a ustedes dos, porque todo mundo reconocía la magnífica pareja que ustedes formaban. En fin, teníamos otra edad, pero somos los mismos. Anímate. Sé fuerte. Sigue adelante con tu vida y con la de tus hijos. Pelea por ser feliz. Te quiero. Lamento estar tan lejos de ti en estos momentos pero no quiero colgar sin saber que estás bien, que ya te quitaste aquellos negros pensamientos de la cabeza.

ME ROBARON

En el Sanatorio Español, José José convocó a una conferencia de prensa.

Atendió a los medios sentado en una silla de ruedas, con su botella de suero, vestido con la bata del hospital y con una enfermera al lado.

—El colmo fue lo que dijo. Informó que, si se encontraba hospitalizado, era debido al enojo que sufrió al enterarse que Manolo y yo lo habíamos dejado en la calle. ¡Qué desfachatez! En lugar de aceptar que su problema eran las drogas y la bebida, nos culpaba a nosotros de su estado. Y además, con una enorme mentira. Manolo entregó la oficina perfectamente auditada. Fue un manager honesto y profesional. A mí esa mentira me dolió enormemente. No podía creerla. Ahí empezaron a resquebrajarse muchas cosas entre José y yo.

Las penas, sin embargo, no terminaban para Anel. Doña Elena, su madre, tuvo que ser hospitalizada en Los Ángeles debido a problemas cardíacos. Estuvo con ella, cuidándola y mimándola. Cuando por fin se recuperó, Anel regresó a México. José José había ingresado de nueva cuenta a Alcohólicos Anónimos, y eso le daba gusto pero no esperanza.

SABOR A MÍ

En ese 1987 José José declaró con respecto a su carrera artística. "Me siento mejor que nunca a pesar de las críticas que he recibido en el sentido de no tener la voz de antes. Muchos creen que estoy acabado pero no es así. Es más, voy a redoblar esfuerzos para demostrar todo lo contrario. Claro, sin exagerar, porque uno no dura eternamente". En la radio aún sonaban los éxitos de *Promesas*, el álbum producido por Pérez Botija, y los de *Siempre contigo*, como "Dos amores" y "Por ti me muero", el acetato hecho en España por Francisco Cepero. A la presentación de este disco acudió en compañía de su madre, de Anel ("mi domadora", como la llamó ante los medios), de Pepito y Marysol. Durante el acto se exhibió un espectacular audiovisual en nueve pantallas gigantes. El príncipe de la canción llegó, informaba una nota, "con una hora de retraso a la cita y con un ojo *flameado*, pero fue calurosamente recibido y se mostró muy cordial y hasta bromista con todos los invitados, especialmente con sus cuates los reporteros gráficos y con los periodistas en general". La prensa lo adoraba y lo buscaba continuamente para entrevistas. Triunfaba asimismo en sus giras y en sus presentaciones en cabaret. Recibía premios y distinciones por doquier. Discos de platino y llaves de la ciudad. Sus discos se vendían como pan caliente. Carlos Amador pensó en él, además, para el papel protagónico de *Sabor a mí*, basada en la vida y canciones de Álvaro Carrillo. La película, dirigida por René Cardona Jr., contaba entre otras con las actuaciones de Carmen Salinas, en el papel de la prostituta conocida como La bandida, y de Angélica Aragón, Merle Uribe y Jorge Ortiz de Pinedo. Se trata de "un deleite visual y musical", como la definió Arturo Pacheco en *El heraldo de México*. "Los sentimientos que predominan son el buen humor y la ternura, tamizados por el candor de los años cuarenta". Carlos Amador se decidió por el príncipe de la canción porque, dijo, "nos parece que es un hombre que ha sentido como el compositor los rigores del medio, y que se ha levantado". Fue un papel a la medida de José José. Música y borracheras como una muestra del artista en plenitud. En una entrevista con Ricardo Bermeo, de la revista *Intimidades*, José José reconoció que la canción de Álvaro Carrillo que más le gustaba era "Como un lunar". "Bellísima. Me estremece con sus frases". No era para menos. Él también llevaba una mancha, porque era humano en un mundo tan profano. Esa mancha la llevaba desde su adolescencia y no se le había quitado, por más que lo intentara. Cuando Anel llegó de Los Ángeles para acompañarlo en la filmación de su nueva película, José José fue por ella al aeropuerto. Le llevó flores y se mostró muy tierno y amoroso.

—Ya estoy saliendo adelante —le dijo, refiriéndose a su deseo de mantenerse sobrio. Él mismo se daba cuenta de la descomunal lucha que llevaba a cabo con sus demonios. Trataba de enfrentarlos por un sentido elemental de sobrevivencia y dignidad. Pero lo derrotaban siempre. Se dejaba llevar por ellos porque eran más fuertes que su voluntad. Durante algún tiempo recurrieron a otras alternativas. Entre ellas, la meditación profunda. En un reportaje de la revista *Buenhogar* se daba cuenta cómo José José y Anel meditaban durante media hora al atardecer, en penumbra y acompañados de una cinta con mantras. "Llega un momento en que ya no sientes el cuerpo", le confió al periodista Leopoldo Guerrero. "Cuesta trabajo llegar ahí pero, una vez que lo logras, te hablas a ti mismo, mandas a tu espíritu al cosmos para que se cargue de energía y te vas purificando tú solito. Son ejercicios muy benéficos, pues 20 minutos de meditación equivalen a varias horas de sueño. Así que en poco tiempo descansas y te recuperas después de haber trabajado mucho". También estaba el psicoanálisis. José José y Anel asistían tres veces por semana al consultorio de la doctora Saldívar. José José era un creyente de las bondades de la terapia psicoanalítica, a juzgar por lo que declaró a una revista: "Ojalá y estuviera al alcance de todas las personas, porque así todos tendrían oportunidad de conocerse por completo. Es difícil, porque no está al alance de todo el mundo por lo caro. También se piensa, erróneamente, que quien asiste al psiquiatra está loco. Eso no es cierto, porque con el analista uno saca todo lo negativo que tiene y maneja mejor lo bello de esta vida. Se habla de los problemas más crudos, sin máscaras ni caretas. Con estas terapias controlé absolutamente mi enfermedad. Y mírame: ahora soy un hombre completo, íntegro, feliz… que ama a los suyos, que trabaja mucho y que le da gracias a Dios por todo lo que le ha dado".

Ante los medios todo parecía perfecto. José José aparecía como un hombre redimido tras mucho pecar. Sobrio, entregado a su trabajo y enamorado de la mujer ideal: Anel. "Sin Anel yo no soy nada, porque no es sólo mi esposa y la madre de mis hijos: es mi motor, mi bujía, la mujer que me alienta a salir adelante", declaró a *Buenhogar*. "Es la mujer por la que yo puedo salir dos o tres meses a trabajar fuera del país, porque sé que dejo en la casa a una leona".

La realidad, sin embargo, es que los demonios estaban sueltos. La fiesta continuaba con todas sus secuelas de crudas y problemas maritales. Anel y José José discutían. En 1986 ya habían tenido una seria diferencia a raíz del rompimiento entre el cantante y Manolo Noreña. El psicoanálisis servía para unirlos de nuevo, para reconciliar lo que parecía imposible. Él bebía y ella engordaba. Él se ausentaba por largas temporadas y ella sufría de desesperanza y desilusión.

MURIÓ DEL CORAZÓN, ELLA QUE TANTO AMÓ

El 6 de febrero de 1988 murió la madre de Anel. Estuvo atendida por los mejores médicos del Cedars Sinaí, uno de los hospitales más prestigiados de Los Ángeles. Roberto Chiprut se encargó personalmente de su estado físico y la puso en manos de un muy reconocido especialista en problemas del corazón, el doctor Jaruchi. Anel había estado con ella durante una primera intervención quirúrgica y convalecencia. Habían hablado largamente de las vicisitudes de sus respectivas vidas, haciendo hincapié en lo bueno, no en lo malo. Anel regresó a México para el inicio de clases de Pepe y Marysol. José José continuaba en Alcohólicos Anónimos. Retornaba de un paseo que habían hecho con el doctor Cristerna y su esposa, cuando a Anel le fue notificado el fallecimiento de doña Elena.

—Qué curioso que haya muerto del corazón, ella que tanto amó.

Fue una buena mamá y una buena suegra. Con José José se llevaba muy bien. Jugaban backgamon o canasta hasta el amanecer. Charlaban durante horas. Tanto a su propia madre como a la mamá de Anel las mandó juntas al Crucero del Amor.

Doña Elena murió en Los Ángeles. La acompañaban Gaby y Patricio, su nieto amado. Sus cenizas descansan en Forrest Lawn, el cementerio más lindo de la ciudad.

Anel se quedaba sola.

—El vacío de mi alma se agrandó, lo mismo que mis preguntas en torno al misterio y absurdo de la vida y de la muerte.

CUANDO FALLA EL AMOR

Las penas seguián creciendo en el corazón de Anel. Promesas e incumplimiento de promesas. Sobriedad y borracheras. Presencias y ausencias. El éxito modificó la vida de la pareja. José José se ausentaba más y más, debido a sus múltiples compromisos artísticos. Mientras el cantante triunfaba en su vida profesional y era aclamado de pie por sus logros artísticos, en el terreno matrimonial su relación se tambaleaba.

En 1989, en el marco de los festejos de su 25 aniversario como intérprete. Angélica Vale invitó a José José y a Pepe a acompañarla en una composición titulada "Es tan lindo".

Nada hubiera pasado a no ser porque el príncipe de la canción comenzó a beber. Lo hizo a mitad de la grabación, muy discretamente, sí, pero algo que no pasó desapercibido para Anel. Molesta, decidió marcharse a casa. Se llevó el carro. Estaba tan enojada que toda su molestia y rabia se enfocó en la comida. Su viejo enemigo volvía a aparecer en forma de un extraordinario antojo:

—Me fui derechito a la chocolatería Arnoldi y me compré trescientos pesos de chocolates, que no dejaba de engullir. Pasé a La castellana y me compré cuatro tortas, que devoré sin problema. Después llegué a La flor de Lys y me pedí dos tamales oaxaqueños y un litro de atole de fresa. Comía y manejaba, comía y manejaba. También lloraba. Casi me comí todo. Así se expresaba mi frustración. Él se emborrachaba y yo engordaba. La comida era mi refugio, mi abrigo…

Cuando llegó a casa escuchó el repiquetear del teléfono. Contestó. Era José José, quien le reclamaba airado:

—¿Por qué te fuiste?

—Porque estabas bebiendo, José.

El cantante resopló con enojo.

—¡Y a ti qué te importa! ¡Además, te largaste con mi portafolios! Estaba en el carro, en la cajuela…

Necesitaba unos datos y pidió que se los buscara. Anel fue al carro, sacó el portafolios, hurgó en los papeles y encontró uno con la letra de una de las coristas del *show*: "¿Seré requerida esta noche?", se leía. El texto era ambiguo, pero algo en su corazón de mujer la hizo sospechar. Los celos la invadieron. ¡Sólo eso le faltaba! "Hasta donde yo sé, José nunca me había sido infiel. Lo de Tijuana, cuando lo encontraron con unas muchachas en un cuarto de hotel, él juraba y perjuraba que le habían tendido un cuatro. Fue algo terrible, pero le creí. Luego, cuando Carlos Bustelo se hizo cargo como su representante, estuvo rodeado de *minas*, pero siempre mantuvo una actitud correcta. ¡Y ahora me salía con eso!". Guardó silencio por algún tiempo. Asistió a una sesión de embellecimiento y adelgazamiento a una clínica en Arizona llamada *Golden Door*. Cuando regresó lo confrontó en una sesión de psicoanálisis. Él lo negó.

—No, ¿cómo crees? Es una chica linda pero entre ella y yo no puede haber nada.

Después terminó confesando, muerto de risa:

—No accedió a mis coqueteos porque tú estabas en medio y ella no te haría algo así. Has sido linda con todas ellas y te respetan mucho. Me mandó a la goma…

Anel, víctima de la frustración y de sus propios demonios, volvió a engordar. Las dietas y rebotes habían hecho una evidente mella en su metabolismo. También la decepción ante el ser amado. José José parecía cada vez más distante. Era otro. De nada valía el amor entre él y ella, ni los preciosos hijos que habían procreado, porque José José siempre encontraba la forma de desilusionarla con una nueva borrachera, con su mal humor, sus constantes ausencias, la sombra de los celos y la infidelidad acosándola como un furioso cancerbero. Engordó. Llegó a pesar más de cien kilos. Se veía enorme. Frustrada. Derrotada.

—El alcohol se volvió a convertir en un Goliat para nosotros. Era un gigante que no sabía cómo pararlo. Me daba cuenta que nada había funcionado. Ni el psicoanálisis ni la pastilla, ni los hijos sanos ni la maravillosa maquinaria que había impulsado Manolo junto a nosotros en la oficina, ni mi labor como Florence Nightingale, nada. Era más fuerte que todos nosotros y yo comenzaba a sentirme cansada. No podía más.

En momentos así Anel recordaba la canción "Desesperado", de Rafael Pérez Botija: "Otro 'trajecito hecho a la medida y basado por completo en nuestras vidas, en nuestras idas y venidas". Anel se quejaba: "Señor, qué dolor. Todo son reproches, perdones, súplicas. ¿Es esto un espejismo? ¿Vivo en una burbuja de cristal? ¿Dónde quedaba mi amor, el psicoanálisis, mi vida, el brillo de mis ojos y la chispa de mis labios para hacerlo reír? ¿Y dónde estaba él para mí?".

Por aquel tiempo la compositora Esthercita Rodríguez les regaló "Vale la pena intentarlo". Por supuesto, era parte de su historia de idas y venidas. Pero Anel comenzaba a dudar si valía, en efecto, la pena el intento.

EL AMOR ACABA

Pepito y Marysol en muy pocas ocasiones vieron mal a su papá. Ayudaban los horarios tan disímbolos que tenían. La vida nocturna de José José y la diurna de sus hijos. Un día, sin embargo, José José llegó más tarde de lo acostumbrado. Eran las siete de la mañana y había pasado una noche completa en la fiesta. Regresó a casa en muy malas condiciones. Con tan mala suerte que su arribo coincidió con la llegada del camión de la escuela de Pepito. Éste lo vio mal.

—Papá —le gritó, dejó la mochila en el piso y corrió a su lado. Lo abrazó con ternura pero también con preocupación.

—¿Por qué tomas, papito? —le preguntó—. ¿Por qué tomas si te hace daño? No lo hagas. Yo te amo, te necesito.

Anel lo vio todo. Por supuesto, el corazón se le hizo añicos. Vio el rostro descompuesto de Pepito, entre de lástima y de interés por su padre. Lo vio llorar, por completo desconcertado y triste. Vio también la actitud de José José, quien al sentirse descubierto por su hijo se puso a llorar.

Anel le pidió:

—José. Esto ya no puede continuar así. Vendamos todo. Vámonos a donde nadie te conozca. A un lugar donde te puedas curar. A una montaña, si quieres. Pero ya. Esta vida no es buena para ti, para nuestros hijos ni para nadie…

José José la contempló desde el pedestal de su soberbia. Le contestó, en tono burlón:

—Claro, chulita, para ti es fácil. Porque tú no eres José José.

Anel lloró pero comprendió por fin cuál era el problema: José José había usurpado a José Sosa. Había matado a la persona para convertirse en el ídolo.

Se decepcionó de nueva cuenta.

—Chulita, yo voy a poder solo con esto. Voy a salir adelante por mí mismo…

"Era una situación desesperante. Rafael Pérez Botija retrata muy bien nuestra situación en "Yo no soy digno de ti". Y es que verlo beber de nuevo me aniquilaba. No podía estar cerca de él pero tampoco sabía estar lejos de él. Lo volvía a aceptar y a buscar. Y me volvía a rasgar el cuerpo y el alma porque tenía una gran necesidad de él. ¡Cómo te extrañaba, José! ¡Mucho! Me ponía toda nerviosa y enojada. Me sentía tan impotente que no quería hacer nada mas que comer y comer…"

Para ese momento Anel pesaba 105 kilos.

Volvieron las viejas discusiones en torno a las borracheras de uno y las dietas de hambre de la otra. "No nos peleábamos de manera interminable. Él no era de pleito. Alzaba la voz, gritaba y decía cosas, pero luego se le pasaba". Después, el problema dejó de ser el enojo y la pelea sino la falta de comunicación.

—Me agotaba ante la impotencia de sentir que no nos entendíamos. No se puede tener ningún tipo de diálogo con la bebida. Cuando la bebida toma el papel protagónico todo sale sobrando. Ya no hay otra cosa que hagas sino seguirle la onda. Pero yo ya no estaba dispuesta a eso. Estaba muy enojada. Me daba mucho coraje. Seguía sin entender qué pasaba, ¿por qué? No había motivos aparentes para su borrachera. Tratábamos este asunto en nuestras sesiones matrimoniales de psicoanálisis, pero, entonces, ¿por qué no avanzábamos? ¿Qué pasaba? Faltaba poder para que él pudiera remediar esta situación.

El amor comenzaba a acabarse. Parecía increíble, pero Anel empezaba a ver las grietas, los resquebrajamientos. Acudía al psicoanálisis en busca de ayuda. Le pedía a la doctora Saldívar su apoyo, que le explicara, que le dijera todo, que le hablara con la verdad. No entendía el comportamiento de su amado y sentía cómo el amor era ocupado por la hiel, por el coraje, la incomunicación. Se desgastaba a pasos agigantados. No encontraba solución. En su pesimismo pensaba con amargura: se acabó, aquí ya no hay nada, no le interesa nuestro bienestar a José José, no le importa nada en absoluto más que él mismo, su voz, su carrera. Se contemplaba como un fracaso. Se había alejado de los escenarios por él. ¿Y todo para qué? Para nada. Fue entonces que la doctora Saldívar sugirió lo que parecía imposible: mejor separarse".

Se preguntaba, no sin desconsuelo:

—¿Dónde me perdí, dónde me quedé? ¿Dónde había quedado Anel? No entendía nada de lo que pasaba en mi vida. Seguía como vacía.

Uno de los primeros efectos de este malestar se dio en la vida sexual. Anel comenzó a rechazar a José José. Sustituía su libido por comida. Comenzó a engordar y a olvidarse de los placeres de la cama. Preparaba platillos espectaculares que ofrecía al Príncipe de la Canción. De comer, lo que fuera. De hacer el amor, que se olvidara. Era su reacción al enojo terrible que sentía hacia José José y su interminable fiesta.

—Sé que hice mal, pero eso lo entendí después. No puedes dejar de atender a tu marido. Punto.

ALCOHÓLICOS ANÓNIMOS

José José continuaba asistiendo a Alcohólicos Anónimos. "Con ellos supe lo horrible del mal", declaró al periódico puertorriqueño *Por dentro*. "El conocimiento científico y real de lo que le ocurre al bebedor hacen reaccionar a uno. Y de eso se tratan las reuniones. Le devuelven la fe en uno, en Dios, la lucidez, la dignidad. Me siento totalmente recuperado". Incluso se atrevía a recomendar: "Mi mejor consejo es que nunca deben probar alcohol ni drogas. Esa es la única manera de no caer. Y, el que ya esté en eso, que se deje ayudar de gente calificada. A veces pienso que deberían prohibir el alcohol. Pero pasaría lo mismo que en los años veinte. Se daría el tráfico ilegal y comenzarían las gangas y asesinatos. Entonces, es cuestión de conciencia de cada cual".

El cantante tenía cuarenta años de vida y grandes deseos de dejar la bebida. Pero era imposible. A los momentos de sobriedad y victoria aparente sobre el alcohol, le seguían otros terribles de constantes derrotas por las borracheras.

—José, por favor —le insistía Anel.

—¿Qué no ves que estoy enfermo? —se defendía el intérprete—. El alcoholismo es una enfermedad.

"De eso se agarraba", recuerda Anel. "Era un enfermo y había que dejarlo con su enfermedad". Durante las primeras semanas de marzo de ese 1988 José José grababa "Soy así", otra composición biográfica hecha por Pérez Botija. Para Anel fue como la aceptación de un destino. O mejor: como una sentencia, una condena que debía aceptar. Soy así. Con una enfermedad incurable, progresiva y mortal". Por aquel tiempo el cantante comenzó también a requerir los servicios de una enfermera y de un tanque de oxígeno.

Anel amaba a su esposo pero se daba cuenta que ya no era lo mismo. El propio disco de ese año parecía cuestionar con su título la situación por la que pasaba el matrimonio Sosa-Noreña: *¿Qué es el amor?* Anel llegó incluso a declarar ante la prensa puertorriqueña, el 17 de febrero de 1989, día del cumpleaños 41 de José José, la índole de sus problemas con el cantante: "A veces José José, el artista, se mete por el medio y hace trizas la vida familiar. Es difícil aceptar que el marido vaya tan a menudo del tingo al tango. Pero nos queremos mucho. La base es sólida. En el fondo nos amamos mucho y eso nos ayuda a manejar las situaciones escabrosas".

Llevaban 14 años de matrimonio y era la primera vez que Anel informaba públicamente de sus conflictos maritales. El problema era José José, el artista. "A la persona José Sosa hay que separarla por completo. José Sosa era tierno, romántico, sano, vulnerable, sí, pero por lo mismo un auténtico ser humano. José José, en cambio, era soberbio, egoísta, interesado por desgracia nada más que en sí mismo".

—Imagínenlo cuando llegaba a casa después de recibir el aplauso de cientos o miles de personas en un teatro o en un cabaret. No le importaba nada de la vida cotidiana. O de mis angustias ante su manera de beber. Todo debía perdonársele porque él era "el gran José José". El ídolo.

El éxito había cambiado sus vidas. Las giras hacían que dejaran de verse por largas temporadas, lo que terminaba por enfriar el amor y la pasión. Cuando regresaba a casa tampoco salían, o muy poco. "Ya vivíamos agobiados por la fama. Todo mundo lo reconocía y no nos daban un minuto para nosotros mismos".

"Doy más guerra que un niño chiquito", le había advertido José José poco después de conocerse, veinte años atrás. Era una advertencia que Anel asumió con gusto porque lo amaba y estaba dispuesta a darlo todo por él. Había dejado atrás su propia carrera por estar junto al cantante. Nadie podía reprocharle su falta de amor al intérprete de "Amnesia" o "Almohada". Había sido una mujer entregada, incluso abnegada. Pero ya no podía más. Ella misma comenzaba a sentirse a disgusto. Dice:

—Me di cuenta que José también se había bebido mi vida. Estaba sola, vacía, cansada y muy trabajada. Se habían ido el brillo de mis ojos y la sonrisa de mis labios.

TENGO HAMBRE

Anel subió de nuevo de peso. Una vez puso por escrito las causas de su compulsión por la comida. Escribió:

"José volvió a beber. No llegó de nuevo a casa. Al despertarme corrí con mi nana a la cocina para pedirle que me dejara ayudarla a guisar, que me enseñara a hacer los tamalitos norteños, esos delgaditos, de carne deshebrada con chile colorado. Esos tan ricos. Por favor, enséñame, nana, tengo hambre. 'Pero, Ani, si ya está lista la comida'. No me importaba. Yo insistía y le rogaba, o le ordenaba que me enseñara a hacer chiles rellenos, su regio caldillo para los chiles rellenos, y el mole verde con lechuga y tomatillo de mi abuelita. Ella no entendía nada y yo tenía que explicarle, llena de desesperación: 'ay, nana, te digo que tengo hambre, mucha hambre. Quiero comer. Ella me contestaba: 'pero niña, si desayunaste como vaca, y los niños aún no llegan de la escuela. Espéralos'. Sí, nanita, pero mientras llegan, guisemos, vamos a comprar todo lo que necesitamos. Súbete al coche y deja de protestar. Cállate. No quiero saber otra cosa que lo que haya que comprar para comer. Tengo hambre. Escúchame, nana, tengo hambre. La llevaba al mercado de Coyoacán. Yo sabía entrar justamente donde estaba la barbacoa más deliciosa. Me sentaba a comer un buen consomé de carnero y un súper súper taco de barbacoa con salsa verde. Después me comía unas cocadas que hacía don Jorge. Después íbamos a los puestos de doña Refugio y de Érika y compraba todo lo necesario para que mi nana se pusiera a cocinar. Todo porque José no ha llegado. Porque debe andar mal. ¿Dónde está? Qué te importa, me contestaba mi nana, debe estar contento, luego viene. Pues sí, pero yo no estoy contenta. Tengo hambre, nana".

Esa fue la historia de su vida. Sustituir la falta de cariño por comida. Se sentía aún más triste, deprimida. Lloraba por todo. Le imploraba a José José: "deja de beber. No dejes el programa de Alcohólicos Anónimos". Incluso le dijo, en una ocasión:

—El alcohol no puede ser el número uno en la casa. Me llenas de miedo cuando bebes. Ya no aguanto más. Pepe, escúchame. Ayúdame…

Lloraron juntos. Lloraron muchísimo porque ambos sentían el resquebrajamiento del amor, de su relación, de sus vidas. Ana María Saldívar le recomendaba una separación amistosa. Separarse por algún tiempo les haría bien, pues la vida de pareja parecía gastada y sin salida. Siempre pensaban en tomarse lo que Anel denomina como un año sábático, en el que estarían libres de compromisos artísticos, se irían de viaje y dedicarían todo su tiempo a ellos mismos, únicamente. En 1990 dieron un paso importante para lograrlo. José José le dijo: "Te tengo una sorpresa". La llevó a Miami, a conocer un departamento precioso que había comprado en el edificio *The Imperial*, sobre Brickell Avenue. Doña Elena había muerto y ya no tenía sentido conservar su *penthouse* en Beverly Hills.

—Aquí nos vamos a venir a descansar todo un año, ya lo verás —le prometía el cantante.

Por supuesto, no fue así. José José grabó un nuevo disco, *En las buenas y en las malas*, que contenía el hitazo del año; "Amnesia". El trabajo volvió a lloverle por todas partes. El acetato incluía una composición de Rubén Amado que resumía muy bien el deseo del Príncipe de la Canción por dejar atrás la fiesta y entregarse al amor de Anel:

"He caído atrapado en la red que ha tirado tu corazón.
Se acabó la bohemia de noches enteras, no hay razón.
Despertar a tu lado es un acto sagrado que quiero yo".

"José juró y perjuró que dejaría atrás la fiesta. No mentía. Lo más terrible de todo es que sí estaba dispuesto. Pero la carne es débil. Llegó de nuevo la fiesta y nos volvió a revolcar".

En ese año se celebraron los veinticinco años de carrera artística del cantante. En la casa de Océano, tanto Anel como José José y Mario Santoscoy y Raúl Velasco planearon los festejos. Resultaron muy emotivos, con la presencia de amigos muy queridos como Libertad Lamarque, Marco Antonio Muñiz, Vicente Fernández, Manolo Muñoz, Lucha Villa, Valeria Lynch, César Costa, Coque Muñiz, Juan Gabriel y Alberto Vázquez, entre otros.

—Fue una noche hermosísima.

En diciembre organizaron una rica cena de Navidad. Gaby, su hermana, llegó con su novio Allan, y Carlos Bustelo con su esposa Delia. Fue el último año que Bustelo fungió como su representante. A partir de entonces al Príncipe de la Canción lo representaría Joaquín Guerrero su amigo de la infancia y magnífico contador, además de otros amigos de la infancia: Leoncio y Temo del barrio de Clavería. Esa Navidad Anel la recuerda con gusto. Fue otro momento de felicidad y reconciliación para ella y José José. De hecho, este último le propuso tener otro hijo.

—Acordamos que si era hombrecito le pondríamos Pablo Eugenio.

En Miami Anel hizo amistad con Olga Guillot, a quien comenzó a considerar como su tía, y ésta a su vez le presentó a dos buenas amigas, la "tía" Romy Garay, que vivía en Miami Shores, y a la "tía" Amparo Acosta, en U.S.1

Anel recuerda 1990 como un año difícil, "pero la libramos".

QUIERO DIVORCIARME

Un día de enero de 1991 acompañó a José José al *Hoyo 19*. El cantante ensayó algunos números de su nuevo repertorio.

—De repente lo vi que ya traía un trago en la mano.

Por supuesto, Anel se enojó. Se sumió llena de tristeza en el boot donde estaba sentada y se puso a llorar. Un llanto amargo y solitario.

En una mesa contigua había un grupo de guapas señoras. Eran clientes asiduas del restaurante y se habían quedado a ver, con la venia de los meseros, el ensayo del Príncipe de la Canción. Vieron a Anel y la invitaron a sentarse con ella.

—¿Sabes que eres la mujer más envidiada de México? —le preguntaron.

Anel se soltó llorando.

—Pero, ¿qué tienes, por qué lloras?

—Por él —señaló a José José.

—Pero, muchacha. Tan linda tú, y tan guapo él, y con esa voz que tiene… no es para que estuvieras llorando. Al contrario.

—Es que bebe. Ya trae un trago en la mano. Y no me gusta.

Bromearon:

—Mira chula nuestros maridos también deben y no cantan olé; no te preocupes.

—Es que ustedes no entienden…

Una de las señoras era abogada. Su nombre: Teresa Torres Landa. Le dio su tarjeta.

—Toma —le dijo—. Si algún día se te ofrece algo, estoy a tus órdenes.

Se despidieron. Cuando José José terminó de ensayar, éste partió a un programa de radio y Anel, junto con Pepe y Marysol, a casa.

—Me puse a esperar a José. Esperé toda la noche pero no llegó. Andaba de nuevo en la fiesta.

Como a la semana Anel se comunicó telefónicamente con la licenciada Torres Landa. Tras mucho meditarlo, por fin se había decidido.

—Quiero divorciarme —le dijo.

La licenciada Torres Landa fue a Océano a platicar con ella y con José José. Se le veía, más que molesto, extrañado.

—Anel exagera —aseguró—. No hay nada malo en nuestro matrimonio.

La llamó loca.

—No, no estoy loca. Lo que pasa es que ya no aguanto. ¡Tu mundo es con copas!

—Pues yo soy quien soy y me tienes que aguantar.

—Pues ya no quiero, Pepe.

Anel no dio marcha atrás. Se divorciaron el 13 de mayo de 1991.

VOY A SALVAR A MI PAPÁ

"El divorcio fue de común acuerdo. Yo no pedí nada. Todo estaba a nombre de José. Nos mandaba diez mil pesos mensuales".

José José se mudó a Polanco, a la calle de Aristóteles. Rentó una casa grande. En la parte alta vivía él y en la de abajo puso sus oficinas, donde laboraban sus cuates Leoncio Villalobos, Cuauhtémoc Sánchez y Joaquín Guerrero. La separación, sin embargo, no fue definitiva. Era un amor tan grande que se negaba a desaparecer. José José asistió con Anel y Marysol al estreno de *Los tenis rojos*, con Pepe y Angélica Vale. Pepe había heredado el talento vocal de su padre y lo demostraba no sólo con disciplina sino con una gran vitalidad actoral e interpretativa. Para él, su padre era un ídolo. Lo admiraba enormemente, lo quería mucho. Preocupado por su manera de beber, Pepe quiso ayudarlo. Habló con Anel:

—Voy a salvar a mi papá —dijo, y se mudó con él a Aristóteles.

Nada funcionó. Pepe, de dieciséis años, vivió en carne propia la fiesta de su padre. Tampoco pudo su amor para alejarlo de la bebida.

Anel por su parte reanudó su carrera artística. Luis de Llano la llamó para hacer *Alcanzar una estrella II*. Angélica Ortiz la invitó a hacer teatro junto con *Botellita de Jerez*. Fanny Schatz le recomendó bajar de peso y se puso a las órdenes de los doctores Magaña, "quienes me pusieron bien flaquita con base en inyecciones por todo el cuerpo, pastillas de colores y una estricta dieta".

La navidad y fin de año de 1991 la pasaron todos juntos: Anel, José José, Pepe y Marysol, así como Olguita y Gaby, quien llegó desde California. Se reunieron en la casa de Océano.

En 1992 partió a Miami para una temporada en el Habana Club. Terminó de nuevo en la fiesta, emborrachándose y hablando sin cesar de Anel, lo mucho que la quería, lo mucho que la extrañaba.

—El propietario del lugar, un señor de nombre Manny Nogueira, me habló y me dijo: "Oiga, quiero hacer unos videos con José José. Entiendo que están divorciados, pero necesito su ayuda. José José está muy mal. Necesita de usted. Le mando de inmediato los boletos de avión. Si quiere tráigase a sus hijos. Pero es necesario que venga. Está muy deprimido y se siente muy mal sin su familia. Sólo usted puede ayudarlo". Eso fue un jueves. Hablé con Pepe y Marysol y acordamos en ir de nuevo al rescate de papá.

Llegaron al departamento que habían comprado en Miami en 1990, en el edificio Imperial de la calle Bricknell.

"Los primeros días de convivencia fueron difíciles, pues José no entendía nada ni sabía nada. El señor Nogueira, quien así como llegó a nuestras vidas así desapareció, puso los gastos al corriente de nuestro departamento, ya que en todo 1991 no se había pagado nada".

José José reaccionó favorablemente y al poco tiempo volvían a ser una familia feliz. Se mantuvo en sobriedad por algún tiempo, lo que alegraba los corazones de Anel y de sus hijos. Vendieron algunas propiedades en México y se quedaron todo ese 1992 en Miami.

El conjunto contaba con una alberca fabulosa, en la que practicaron aerobics acuáticos. Anel estaba muy conciente del cuidado de su cuerpo. Había logrado adelgazar mucho. Se le veía contenta por José José, quien no bebía. Entablaron amistad con unos suizos que vivían al lado, quienes los introdujeron a la comunidad católica de la iglesia de San Kirian. "El padre venía seguido a la casa a tomar chocolate y a conversar". También recibían la visita de la "tía" Olga Guillot. Pepe entró al Newsa, un colegio maravilloso, y Marysol al Saint Agnes, un colegio católico de Key Biscayne.

—Éramos otra vez una familia bonita.

Los problemas, sin embargo, no tardaron en aparecer. "Ariola ya traía entre manos otro súper disco: *40 y 20*, que contenía de nuevo composiciones muy fuertes que giraban en torno a nuestra vida, como 'Así de fácil', 'Eso nomás' y 'Lo que quedó de mí'. Como para cortarse las venas". Al terminar la grabación José José no llegó a casa. "Me asusté. Encendí la radio en el programa de Lourdes Montaner y me enteré que Pepe había estado en su bar muy contento". Anel sintió el regreso de todos sus miedos y preocupaciones. Le habló a la tía Amparo que vivía cerca de ella y le contó que José no llegó, y ésta la llevó al vidente para que supiera dónde estaba José.

—No te preocupes —le dijeron—. Yo conozco un vidente. Con la baraja nos puede decir dónde está.

Fueron con el vidente, quien las despreocupó:

—Va a llegar más tarde. Yo lo veo contento y bien.

Anel no podía creerlo. "Estaba yo sufriendo igual que en 1972. ¡Y ya estaba divorciada!". Todo era muy confuso. Se daba cuenta que no podía vivir sin José José. Pero tampoco podia vivir con él. No así, enfiestado, en la constante *dolce vita*, sin control de sí mismo.

José José se apareció más tarde. No dio explicaciones. Debía partir a México para una sesión de fotografías promocionales de *40 y 20*. "Me imaginaba a todos sus amigotes relamiéndose los bigotes por su pronta llegada. Y yo, cada vez más confundida, más temerosa". El cantante se quedó algunos días de más en México pero regresó a Miami muy tierno y cariñoso. Llevó a las muchachas de Océano, Aurea y Alicia, para que ayudaran con el quehacer de Bricknell. Fueron juntos a misa a San Kirian.

Para fin de 1992 surgió la posibilidad de actuar toda la familia junta en el teatro *Blanquita*. "Regresamos a México. José se olvidó de pasar por nosotros al aeropuerto y tuvimos que tomar un taxi. Llegamos y nos encontramos con un José dispuesto de nuevo a la sobriedad. La noche anterior había dejado la fiesta. Se puso en manos de sus doctores, Cristerna, René Torres y Gerardo Díaz Bautista, y empezó su rehabilitación. Sudaba y sudaba". Ensayaron sus números y debutaron como familia en el *Blanquita*. Pepe cantó, Marysol —de apenas diez años— bailó, Anel actuaba en *sketches* junto con Chuty Rodríguez, José José interpretaba composiciones clásicas de su repertorio y de su nuevo disco, y todo parecía perfecto. Pero no lo era. El príncipe de la canción cayó de nuevo víctima de las tentaciones. Anel, desesperada, pensó en darle de nuevo el Etabús. Pero temía su furia. Recordaba a la perfección la forma como el cantante la había encarado para exigirle que no se metiera en su vida.

—Comenzó de nuevo el infierno. Apareció otra vez el "demoño rojo", como lo llamaba José.

Lo pensó y lo pensó, y por fin resolvió darle un vomitivo que actuara cada vez que el cantante ingiriera alcohol. "Mezclé licopodio con *nux vomica* y se lo daba a escondidas".

YO TAMPOCO PODRÍA SEPARARME DE TI NUNCA

El 11 de julio de 1992 José José no podía conciliar el sueño. Se sentía mal, inquieto, apesadumbrado. Eran las cuatro de la mañana cuando le escribió a Anel, en un papel estampado con dos rosas rojas:

Ana Elena:

Como puedes ver, una vez más, no he podido dormir. Pero ha sido gracias a tus palabras, pues no cabe duda que Dios te ha iluminado para hablar conmigo y estar conmigo en los momentos más difíciles y desesperantes de mi existencia. Sólo Él sabe por las que estoy pasando, pero por eso estás a mi lado. Lo tengo a Él y es her-

moso saber que te tengo a ti y a mis hijos, pues a veces me siento terriblemente solo y muy pero muy deprimido, cuando empiezo a dar vueltas en círculo sin resolver nada. Gracias por tus maravillosos consejos y por estar conmigo otra vez. Yo tampoco podría separarme de ti nunca, pues eres el amor de mi vida, mi compañera, mi esposa, la madre de mis hijos.

Pero recuerda que el resto de nuestras vidas eso es lo que tienes que seguir siendo para mí, no mi mamá ni nada que se le parezca. Así como hoy hablamos con toda la verdad, así seamos siempre, dialogando, sin gritos, sin imposiciones de ninguna especie, y verás cómo la felicidad que tanto hemos venido buscando florecerá de repente en nuestros corazones, porque somos gente buena y nos merecemos vivir en armonía con todo lo que nos rodea.

Le doy gracias a Dios una vez más por haberte puesto en mi camino, pues sin ti me sería imposible vivir. Te amo, mi compañera, mi esposa, mi verdadera y única amiga, que siempre ha querido lo mejor para mí, y que además lo va a lograr, porque es sincero, de corazón, desde hace tiempo.

Ha costado mucho trabajo llegar a donde estamos, pero no olvides que, a pesar de todo, seguimos avanzando juntos, que es lo más importante. Ten confianza en mí, pues aunque por momentos parezco desfallecer, teniéndote a ti y a mis hijos, me saldrán fuerzas para renovarme y seguir mi lucha.

El Señor sabe bien cuánto le he pedido que me ilumine para no caer y ser fuerte, y por eso me tiene a tu lado otra vez, porque a pesar de todo tú eres mi fuerza y mi luz.

Gracias, mi amor, por ser tan honesta y tan mujer como siempre. Aunque estés un poco loca, te amo tal como eres desde que te conocí.

José.

Padre e hijo fundidos en un abrazo.

MONTE FÉNIX

Pasaron juntos la Navidad de 1992, junto con la "tía" Romy Garay, quien los visitó desde Miami. José José prometió a Anel y a sus hijos, en la alborada de 1993, que la copa con la que brindaba por el año que pasó y el que venía, sería la última.

—Se los juro.

Le pidió que lo acompañara en sus giras, como antes. También los acompañaría la pequeña Marysol. Ingresó de nuevo a Alcohólicos Anónimos y estuvo un tiempo sin beber.

—Esta vez sí vamos a salir adelante —prometió el cantante.

Volvieron también a sus sesiones de psicoanálisis. En una de las sesiones, precisamente, José le leyó en voz alta su carta fechada el 11 de julio de 1992, donde le daba gracias a Anel por seguir a su lado y él renovaba su deseo de combatir el vicio que lo aquejaba. "Nos abrazamos. Así, abrazados, combatiríamos al *de moño rojo*. Parecíamos los sobrevivientes de los Andes. Escuchábamos violines en nuestros corazones por la sobriedad de José".

Pero en la Feria de León volvió a la bebida. Fue en marzo, a los dos meses de haber ingresado de nuevo a Alcohólicos Anónimos.

—Me decepcioné enormemente. Me puse muy mal. No soportaba verlo así. Sentí como si de un tajo me cortaran la cabeza. ¡Dios mío, qué hacer! Sentía que ya no tenía paciencia, que ya no creía en él. Sobrio sí, pero con copas, no.

Anel tomó a Marysol y marcharon a Océano, en la ciudad de México. Cuando José José regresó se armó el pleito.

— ¡Prometiste que sería la última!

— ¡Yo hago lo que quiero! ¡Tú no eres quién para meterte en mi vida, ya te lo he dicho una y mil veces!

—Haz lo que quieras —le contestó Anel—. Nomás no vengas a la casa borracho, por favor.

José José marchó con su amigo Antonio Benumea, "porque él sí lo entendía". Volvieron a separarse de nuevo. Tres, cuatro meses estuvieron separados. Ella, sufriendo. Él, bebiendo. Un día de junio se volvieron a ver para despedirse, ahora sí, por siempre de sus vidas.

"Me dijo que Showtime había comenzado a representarlo y que le habían puesto a un español que sí iba a poder con él. Su nombre: Willie Vicedo. Él le presentó también a una tal Sara Salazar Quezada, con quienes trabajaría de ahora en adelante. 'Ellos sí me entienden', aseguró. Lo vi muy flaco y con el cabello ralo y gris. Definitivamente sus nuevos acompañantes le permitían todo, pues se veía fatal".

En agosto Anel recibió una llamada. Era de una señora de Ariola. La compañía de discos organizaba su convención anual en Puerto Vallarta. José José era uno de los invitados. Pero su condición era pésima.

—José está muy delgado —le dijo—. Cualquiera que lo viera pensaría que tuviera sida. Yo sé que están separados, pero tú estás bien, sana, y él está mal, muy mal. Fatal. Ayúdalo.

Anel ya había hablado con su amiga Malú Álvarez Amézquita, quien le recomendó los servicios del doctor Loaiza, un especialista en problemas de alcoholismo. Habló con Pepe y Marysol y entre los tres le hablaron a José José para convencerlo de entrar a un programa de rehabilitación. Éste, para su sorpresa, aceptó. Fueron por él al aeropuerto. "Se veía peor, cadavérico casi". Se reunieron con el doctor Loaiza, así como con su compadre Rafael Díaz Piñeiro, Malú y la doctora Olga Rivera, tres amigos de su entera confianza. La idea era convencer al cantante de ingresar a una institución llamada Monte Fénix, reconocida ampliamente por sus programas de desintoxicación y de ayuda contra las adicciones.

Fue una sesión terrible. Espantosa. José José se mostró como una víctima de Anel. "Aseguró que nunca lo acepté alcohólico y que le deshice su existencia. Dijo que nos odiaba y que él ya tenía otra vida". Estaba súper irritado y despotricaba de manera continua contra Anel. El doctor Loaiza trató de explicarle lo necesaria que era su desintoxicación pero él no entendía razones. Fue una sesión catártica donde se dijeron cosas dolorosas y horribles. "Uno de los días más horrendos de mi vida".

—Por fin, como a eso de las siete de la noche, mandé pedir por una ambulancia de Monte Fénix. A regañadientes, pero logramos convencerlo de que entrara. Al llegar a nuestro destino me dolió ver las lágrimas de desesperación de Pepe, quien le pedía a su padre que se quedara en ese sitio para rehabilitarse.

José José aceptó quedarse, "pero únicamente si lo dejaban con una botella". Se la dejaron y se quedó. No duró mucho tiempo. Al segundo día Anel fue notificada de que el cantante había pedido un taxi para ir a Clavería. Se refugió de nuevo en casa de su amigo Toño Benumea.

Cuando éste escuchó la voz de Anel le dijo:

—Sí, aquí está —y se lo pasó. José José se negó a escucharla.

Anel, desesperada, no sabía qué hacer. Habló por enésima vez con Fanny Schatz:

—Fanita, por favor, ayúdame.

—No te preocupes, ya veré qué hago.

La legendaria representante habló con Tina Galindo, ésta con Ricardo Rocha, y entre los tres convencieron a José José de ingresar a un centro de desintoxicación y rehabilitamiento. Ellos pagaron el mes de tratamiento.

X

¿DE DÓNDE ME SACASTE, SEÑOR?

ME DI CUENTA DE LA REALIDAD

La vida sin José José fue terrible para Anel. Tanto amor y para qué. Estaban separados, distantes el uno para con el otro. Lo extrañaba, sí. Lo seguía queriendo, también.

—Yo tenía una asquerosa codependencia y los codependientes somos truculentos y sadomasoquistas. Me di cuenta que nuestras neurosis habían coincidido, que habían embonado a la perfección para dar rienda suelta a nuestras distorsionadas necesidades. Nos anclamos en eso y no pudimos salir.

Para finales de 1994 hizo lo impensable: invitar a José José a pasar navidad con Anel, Pepe y Marysol. "Ya tengo novia, nos dijo, mi novia tiene dos hijos y quiero que los conozcan". Fue tal el gusto que a todos les dio por ver de nuevo al cantante, que no opusieron ninguna objeción. "Le pedí las tallas de las dos hijas de su novia y les mandé a hacer sus trajecitos de angelitos". Marysol y Pepe se ataviaron como la virgen María y San José. La posada que se organizó estuvo en grande. Hubo piñata y un delicioso ponche. Asistieron también Roberto Mitzuko, Maricarmen y Emilio Letayf, "mis hermanos, mi papá, los Moreno y los Ballesteros".

José José y Sara Salazar llegaron acompañados de las dos hijas de ella, Celine y Monique. El ambiente era tenso pero diplomático. Todo mundo trataba de hacer su mejor parte para pasársela bien. Se conversaba de manera animada y los niños se pusieron a jugar entre ellos.

—Me dio gusto ver a José bien. Sobrio. Además, tuvimos oportunidad de conversar sobre temas importantes. Por ese tiempo le escuché una entrevista en la radio donde José aseguraba que quería vender Océano. Le dije que esa casa era tanto mía como de él, puesto que amos habíamos trabajado muy duro para obtenerla. "A mí me encanta y me encantaría quedármela". Él accedió. Dijo que se las dejaría a Pepe y Marysol en partes iguales. Le hice ver mi parecer al respecto: que si ésa era su decisión, adelante. Pero que de todas formas a mí me dejaba en la calle. ¿Qué si el día de mañana se casan y al yerno o a la nuera no les gusta y quieren venderla? Me quedaría sin casa. Gracias a Dios, Pepe lo entendió. "Tienes razón", dijo. "La voy a poner con el 50% a ti, el 25% a Pepe y el otro 25% a Marysol".

—José estaba cerca de mí pero ya no era lo mismo. Ahí me di cuenta de la realidad. Estábamos divorciados.

A partir de ese momento José José estableció una relación muy bonita con sus hijos. No dejaba de comunicarse con ellos y trataba de hacerse presente de muchas maneras, así sea únicamente por vía telefónica, dada la distancia: él en Miami y Pepe y Marysol en el DF.

—Un día nos habló para decirnos que se iba a casar. Invitó a Pepe y Marysol.

José José y Sara se casaron el 8 de febrero.

—Otro día nos dijo que tendría un bebé con su nueva señora y que nos aumentaría la pensión alimenticia.

CON 50 AÑOS Y 100 KILOS

Anel, por su parte, decidió reordenar su existencia. En 1994 cumplió 50 años de vida. Se dio cuenta de dos cosas importantes: la primera, que ya no veía a José José "tan absurdo", y la segunda, que sentía una especie de cruda moral por haberse divorciado. Sufría también por sus hijos, a quienes veía "como dos víctimas de mis errores". No sabía qué decirles y extrañaban mucho a su papá. Anel se metió de nueva cuenta de lleno en el psicoanálisis, pero la culpa seguía ahí. Se deprimió enormemente. Por fin, poco a poco, fue saliendo del bache. Asimiló lentamente el proceso de divorcio como algo necesario. Algo no había funcionado en los dos. Hizo un balance de su vida pasada y vio sus altibajos, sus alegrías y sus sufrimientos. No le echaba la culpa a él y tampoco a ella. Un divorcio es cosa de dos. Lo importante era dejar su pasado atrás. Debía empezar a pensar qué hacer de ahí en adelante. Por lo pronto decidió luchar de nueva cuenta contra su peor enemigo personal: la obesidad. Pesaba más de cien kilos. "Estaba desesperadamente gorda", dice, así que se sometió a una liposucción con el doctor Ríos Mercadillo. Era una forma de recuperar la figura de antes pero también de buscar el reingreso al mundo artístico, del que se había alejado trece años antes.

—El gusto de la liposucción me duró unos nueve meses, porque la gorda volvió a comer.

En 1991 Luis de Llano le dio un superestelar en *Alcanzar una estrella II* y recibió también un llamado de Emilio La Rosa para invitarla a actuar en una telenovela: *Tú y yo*, con Joan Sebastián y Maribel Guardia

Asimismo, Fanny Schatz la volvió a aceptar como una más de sus protegidas.

—Tienes que quererte a ti misma —le dijo—, rehabilitar tu vida, bajar de peso, porque no es posible que peses lo que peses, muchacha...

Fanny se portó de nueva cuenta como una amorosa madre con ella. Le consiguió trabajo en otra telenovela: *Agujetas de color de rosa*. Alternaba con Angélica María y Alberto Vázquez. Eduardo Liñán interpretaba a su esposo, quien por cierto protagonizaba a un alcohólico. "Ya tengo experiencia. Me va a salir muy bien este papel", bromeaba Anel.

Se puso otra vez a dieta pero el víacrucis continuaba. Bajaba y subía como yoyo. Esa falta de control la deprimía. Ella misma se regañaba: "¡Pues no comas!". Pero no era tan sencillo. "Es una adicción, una enfermedad, una cadena de carencias, un vacío que yo sentía desde chiquita. No atinaba a llenar ese vacío. Pensé que lo podía llenar con todo el amor que le tenía a José. O con cosas materiales: autos, joyas, abrigos. Pero no. Todo lo tuve y ese vacío no se iba". Y, aparte, el divorcio. Quería salir a trabajar, a hacerse un sitio de nuevo en la tele y el cine, y al mismo tiempo quería quedarse en casa, solitaria, en paz. "En mi casa siempre hay mucho que hacer. Me gusta contribuir a que se vea bien". Comenzó a juntarse asimismo con otras amigas: Paty Buenrrostro, Mili Gálvez, Liz Enriquez, Marta Mota y la güera María Fernanda Preyser. "Era un grupo de gente lindísima, muy divertidas y creativas". Se autodenominaban "Las reinas" y salían a comer de vez en cuando, a platicar de sus experiencias post-matrimoniales y a echar un vodka o un tequila. "Me sacaban un poco de mi depresión".

Las pesadillas, sin embargo, continuaban. El pasado no dejaba dormir tranquila a Anel. Continuaba soñando con puertas que no se abrían y con ella sin ninguna posibilidad de escapatoria. "Sentía un gran miedo y un gran vacío". También, un gran temor y preocupación con respecto a sus hijos. "Con ese papá y esa mamá, ¿cómo irán a ser ellos?". Se arrepentía de no haber usado el veneno para acabar de una vez con sus vidas, y se arrepentía asimismo de tener este pensamiento: "¡No, qué horror! Eso es matar. Ni pienses en esas cosas, no seas estúpida, Anel". Se pedía paciencia y el tiempo fue el mejor consejero. "Empecé a ver que las cosas se iban acomodando en su sitio. Que nuestra nueva vida, con todo y los problemas inherentes al divorcio, era más agradable y tranquila. José se llevaba bien con sus hijos y era muy cortés conmigo".

En ese 1994 José José invitó a su hijo Pepe a España, a grabar a dueto una canción de Manuel Alejandro: "La fuerza de la sangre", incluida en su nuevo disco *Grandeza mexicana*. Lo llevó también en su *show* y a promocionar juntos esta composición. "Tuvieron una muy bonita convivencia todo ese año, así como en 1995, 96 y 97. De ahí surgió la oportunidad de que Pepe grabara su primer disco". Éste se grabó en Miami en enero de 1998 y quedó muy bonito. "Lo escuchamos un primero de mayo en casa de Enrique Ortiz y Chelita, su esposa. Pepe estaba muy ilusionado. Se lo llevó a su papá en su cumpleaños número cincuenta. Más tarde, sin embargo, problemas en la disquera motivaron que el disco no se distribuyera. Todos nos pusimos muy tristes. Se llamaba *Lo que arde dentro*, y era para Polygram".

CANSADA Y CARGADA

El 12 de diciembre de 1997 la vida de Anel comenzó a cambiar.

Ese día le habló una de sus mejores amigas, Maricarmen.

—No quiero que termine el año sin darnos un abrazo —le dijo.

El tono de su voz era muy alegre y cordial. Parecía una mujer feliz.

Antes no lo era. Después de muchos años de un matrimonio ejemplar, el marido se había fugado con otra. Fue un descubrimiento terrible y doloroso, que la había entristecido enormemente. Anel, al enterarse, había acudido de inmediato a su casa para consolarla. Nada, sin embargo, podía aliviarla de su dolor. La pobre mujer quedó llorando y deprimida por varias semanas. El 16 de abril de 1996 Maricarmen le habló a Anel y le dijo: "quiero pasar a tu casa a llevarte algo". Llegó acompañada de su hija Corina. Se le veía cambiada, mejor. El regalo consistió en una Biblia.

Año y medio después esta amiga querida volvió a llamarla. Su tono de voz era distinto. Se le notaba por completo repuesta y recuperada.

—No podemos terminar el año sin darnos un abrazo. Te invito a cenar a mi casa, el próximo viernes.

Anel aceptó la invitación. "Me dijo: 'va a ser una cena cristiana'. A mí me daba igual si era cristiana o italiana, francesa o mexicana. Me imaginaba tan sólo los platillos, que iban a ser su-culentos". Llegó a una casa bellísima, toda olorosa a perfumadas esencias. "Yo iba feliz, pues sabía lo magnífica anfitriona que era mi amiga. Ella misma me abrió la puerta. Quedé extasiada al verla tan guapa, tan elegantemente bien vestida. Usaba su perfume Diva y estaba más fresca que una auténtica rosa de Castilla".

—Amiga, ¡ya regresaste! —le dijo Anel.

—No, ya resucité —fue la respuesta.

La velada transcurrió de manera muy agradable. "Nadie fumaba y nadie tomaba alcohol. Las únicas bebidas eran the, refrescos y café. Se ofrecieron canapés antes de la cena y la charla fue muy interesante". Los demás invitados eran: el ingeniero Carlos Treviño y su esposa Karina, el licenciado Rogelio Espinosa y su esposa Patricia, Ricardo Balderas y su esposa Diana, y Mario y Mercedes Barrios. Todos contaban sus experiencias de vida de una manera muy respetuosa y haciendo hincapié en cómo Cristo guiaba sus existencias.

"Todos eran profesionistas muy formales y muy guapos que hablaban de cómo habían sido transformados y sanados por Jesús. ¡Eso era una novedad para mí! Hubo quien contó cómo obtuvieron tal o cual empleo, cómo fueron salvados en el mismo quirófano, cómo fueron perdonados después de una grave infidelidad, cómo habían logrado conjuntar psicoanálisis y las enseñanzas de Jesús. Todos ellos responsabilizaban a Jesucristo de su propia salvación y estaban agradecidos por su bienhechora presencia en sus vidas. Yo como que al principio no entendía nada, pero me sentía muy a gusto escuchándolos".

—¿Y tú, cómo estás con Dios? —le preguntaron.

—Yo trato de molestarlo poco. Por un lado, me da pena molestarlo con mis problemas. Por el otro, parece que ni caso me hace. Me dirijo a Dios, pero no sé a qué Dios me dirijo porque parece no escucharme.

—¿Y cómo te diriges a Dios?

—Rezo. Asistí a un colegio católico donde el rosario era diario. Pero creo que mis problemas empezaron el día en que un cura excomulgó a mi mamá, no sé por qué motivo. Por esa causa no pudo acompañarme a la iglesia cuando salimos de la escuela. Ahí estaban todos los papás con sus hijos, menos mi mamá. Yo creo que desde entonces tengo bronca con Dios. Pero, bueno, voy de vez en cuando a la iglesia. Me sé una oración que empieza: Oh, my beloved lord Maytreya... Es una oración larga y en inglés.

Carls Treviño tomó la palabra y le dijo:

—Hace veinte años, en una casa de la colonia Nápoles y en una noche como ésta, recibí a Cristo en mi corazón y le pedí que fuera mi salvador personal.

Mencionó un versículo que le llamó poderosamente la atención a Anel. Era de Mateo 11:28.

"Venid a mí todos los que estáis trabajados y cargados y yo os haré descansar".

—Carlos: ésa soy yo, precisamente —comentó Anel-. Así me siento, trabajada y cansada, y ya no puedo más.

Anel se soltó llorando. La consolaron entre todos. Pasaron a la mesa, y tras de dar gracias por los alimentos, Carlos Treviño volvió a dirigirse a ella:

—¿Quieres hacer una oración? ¿Quieres recibir a Cristo en tu corazón?

—¡Sí quiero! —Anel respondió con emoción profunda.

—Bien, pues entonces inclina tu rostro y repite conmigo en el silencio de tu corazón:

Señor, en esta noche vengo a ti con todos mis pecados y te pido perdón.

Señor, entra en mi corazón y límpialo.

Yo recibo a tu hijo Jesucristo como mi salvador personal

Amén

Al término de la cena, Carlos Treviño le regaló un librito azul de bolsillo con el título *Agua fresca*, que contenía el Evangelio según Juan.

—Te recomiendo que lo leas. Léelo una y otra vez todos los días. Te invito, además, a que asistas con nosotros todos los jueves a la predicación en mi casa.

"Me sentí muy emocionada. Abracé a mi amiga y a todos los asistentes. Fue una de las mejores veladas a las que he asistido".

EL BARRO EN LA OREJA

La Navidad de ese 1997 la pasó en Los Ángeles, en compañía de sus hermanas. Manolo no pudo asistir, pues se encontraba en Portland. Anel trataba de vencer la depresión, si bien la época no contribuía mucho para mejorar su ánimo. Se sentía triste por la separación definitiva de su amado. "Fue una Navidad linda pero también muy llorona". La alegraban sus hijos, su familia, y también el hecho de que apenas comenzando 1998 comenzaría a hacer otra telenovela. Acababa de terminar *Tú y yo*, con Maribel Guardia y Joan Sebastián, y Juan Osorio la había llamado para actuar en *Vivo por Elena*. Estaba también más delgada. Eso la alegraba y alentaba.

En Los Ángeles Marysol se quejó de algo que le molestaba detrás de la oreja.

—Era una bolita. Parecía un barrito.

Anel la llevó con un dermatólogo. Éste la revisó, tomó un bisturí, le dio un piquetito y algo brotó, como si en verdad se tratara de un barro enterrado.

Cuando regresaron a México, el 7 de enero, la bolita había vuelto a crecer. A Anel le pareció raro y llevó de inmediato a Marysol con una otorrinolaringóloga de su confianza, la doctora Mercedes Baledón.

—Esto no me gusta —fue el primer diagnóstico que escucharon.

La operaron al día siguiente. Lo que parecía una intervención sencilla se complicó. Hora y media fue el tiempo que duró en la sala de operaciones. Anel estaba muy preocupada. Temía por la salud de Marysol. Su hija estaba a punto de cumplir 16 años y se negaba a creer que alguien tan joven pudiera tener su salud en peligro. Dio vueltas y vueltas, nerviosa, en la sala de espera. Cuando Marysol salió, lloraba desconsolada. Detrás de ella salió la doctora, quien le mostró un frasco.

—En su interior se veía una especie como de hongo con patitas...

Lo mandaron a patología, a analizar. Al cabo de diez días entregaron los resultados.

—Se trata de un carcinoma muy agresivo, alojado en la glándula parótida.

—Pero nosotros no somos una familia donde haya antecedentes de cáncer.

—Eso no importa. Le puede suceder a cualquiera. Lo importante es actuar con rapidez...

La doctora Baledón le sugirió que acudiera de inmediato a ver a un especialista: el doctor Sánchez Marle, en el Hospital Inglés.

Anel, antes de cualquier cosa, se decidió a hablar con José José. Le explicó con angustia lo que había pasado y los resultados de los análisis.

—¡No puede ser! —replicó el cantante—. ¡Cómo que cáncer!

Debe ser otra cosa, por tantas porquerías que come.

—Pues será lo que sea, pero hay que atenderla —respondió Anel.

—No te preocupes. Yo voy a ver qué hago aquí, para que la atienda el mejor doctor del mundo. Por lo pronto, hay que hacer algo. Llévala con Díaz Bautista.

Se trataba del doctor Gerardo Díaz Bautista, especialista en medicina alternativa, que los había atendido por varios años en su consultorio de Bosques de Aragón. Anel hizo caso de la recomendación y la llevó con él.

Al cabo de algún tiempo José José habló con Anel y le ordenó:

—Mándame a Marysol de inmediato.

—¿Ya encontraste a un buen doctor?

—Ya.

—¿Y quién es?

—La doctora naturista de Sarita.

Anel puso el grito en el cielo:

—¡Cómo que una doctora naturista¡ ¡Es cáncer, José! ¡Cáncer!

EL VACÍO LLENO

Marysol partió a Miami para someterse a tratamiento. Entre José José y Anel convinieron en no decirle nada a su hija de la gravedad de su dolencia. Jamás dirían frente a ella la palabra cáncer, para no preocuparla. Se quedó más de dos meses allá, por motivos lo mismo médicos que por migratorios. "Se tuvo que esperar mientras le llegaba su tarjeta verde". Fueron días de una gran angustia para Anel. Temía lo peor. Consultaba por su cuenta en México a otros especialistas. Amigas como Julieta Bracho y Paty Buenrrostro se solidarizaron en su dolor, recomendándole y llevándola con distintos médicos. "Fue todo un víacrucis para mí. Tenía terror de que algo malo le sucediera a mi hija". Por fin, tras algunos días, José José le tuvo noticias:

—Me dice la doctora que no tiene nada. Ya le vio el iris y todo está perfecto. Sólo hay que cambiarle por completo la alimentación.

Marysol, por recomendación médica, se volvió vegetariana. Anel no entendía nada, pues el tratamiento indicado le parecía todo, menos científico. ¿Cómo se iba a curar el cáncer con dieta y baños fríos? ¿Cómo podía alguien creer semejante cosa? Pero confiaba en el amor de José José a su hija. En su devoción y sentido común de padre para cuidarla y darle lo mejor. Esos días de angustia la volcaron de lleno a Cristo. La Biblia se convirtió en su compañera. Comenzó también a frecuentar los desayunos que hacían un grupo de mujeres cristianas.

Se trataba de Karina Treviño, Margarita de Pérez, Paty de Espinosa y Maricarmen Letayf. Con ellas compartía el alimento para el cuerpo y también para el espíritu, a través de las charlas llenas de versículos citados de la Biblia. Su oración y compañía le parecían muy gratificantes a Anel, necesitada de alivio para sus penas y su angustia de madre para con la enfermedad de Marysol.

—¡Orábamos juntas! La verdad es que sentí, por vez primera en mi vida, algo distinto. El vacío que experimentaba parecía empezar a llenarse. Estaba en paz conmigo misma. No tenía hambre ni ganas de llorar. Mi casa otra vez me pareció mía. No la sentí sola ni fría. Algo en mí había cambiado.

Anel encontró consuelo en Cristo. Se le veía contenta, entusiasmada. Empezó a ir los jueves a casa de Carlos Treviño, para escuchar la predicación. Anel crecía en su fe y en la fuerza que le daba escuchar la palabra del Señor. Bien pronto ella misma organizó un grupo para escuchar su palabra en su propio hogar, en Océano.

—Se empezó a hacer un grupo grande de señoras. Todas teníamos como común denominador la necesidad imperiosa de cambiar nuestras vidas.

En aquel 1998 Anel contaba con 53 años y una vida muy rica en experiencias. Pero vacía. "Siempre viví con un vacío en el alma. Lo quise llenar con comida, con trabajo, con relaciones sentimentales, con psicoanálisis, pero ese vacío se mantuvo hasta que Cristo llegó a mí". Por aquel tiempo ya había comenzado a trabajar en *Vivo por Elena*. También había regresado Marysol. Su dieta vegetariana volvía loca a Anel. Por las mañanas, al cuarto para las siete en punto, la llevaba en persona a la secundaria Green Hills, en San Jerónimo, y de ahí enfilaba a la casa de Maricarmen, para tomar discipulados.

—Empecé a entender que, ya en Cristo, los problemas se convierten en inmejorables oportunidades para comprobar la presencia de Dios en uno mismo. Mi conocimiento comenzó a crecer en la palabra de Dios y empecé a sentirme contenta con mi pasado. En Cristo el pasado no existe, pues ya me perdonó al recibirlo. Tampoco el futuro, pues el futuro sólo le pertenece a El. Él te lo hace. El presente lo es todo. Lo que hagamos con nuestras vidas ahora. Fue así como pude enfrentar el cáncer de Marysol: entregando a Jesús a mi hija y orando sin cesar.

Manuel Noreña, su padre, también se dejó llevar por el entusiasmo y cambio de actitud de su hija. Cuando se enteró de la enfermedad de Marysol, trató de estar el mayor tiempo posible con Anel, ofreciéndole su apoyo y consuelo. Incluso la acompañó a sus reuniones cristianas. A sus más de ochenta años abrazó el cristianismo. Escuchaba con atención la oración y recibió a Cristo en su corazón, por decisión propia. "Yo estaba feliz de verlo", recuerda Anel. "Nos hablábamos todas las noches por teléfono para orar por la salud de Marysol". Para el 25 de marzo le organizó una gran fiesta de cumpleaños. "Fue una fiesta cristiana, con predicación y todo. Me dio gusto verlo contento". El primero de mayo de ese año falleció. Una complicación cardiaca, al decir de los médicos.

-Siempre le huí a los velorios. Me parecían tétricos, tristes. Estuve en el de mi abuelita Anita. El féretro estaba ahí, en medio de la sala, y lloramos y lloramos. Me pareció terrible. Me impactó muchísimo. Pero el de mi papá me pareció por completo distinto. "Tu papá está ahora en el cielo", me dijo Carlos Treviño. "Porque ése es el regalo, el cielo, para los que reciben a Cristo en su corazón y lo hacen su Salvador personal", y esas palabras me confortaron muchísimo.

EL CÁNCER, ENCAPSULADO

Marysol también recibió a Cristo en su corazón.

—Un día le dijo a Jesús: "Señor, si tú quieres que testifique de ti enferma, heme aquí. O sana, heme aquí. Pero tómame en tus brazos y no me sueltes jamás. Yo recibo a nuestro señor Jesucristo como mi salvador personal, mi rey y mi dueño".

Marysol lleva ocho años en Cristo. "Estudió una licenciatura en la Universidad de las Américas en Comunicación Humana. Su meta es convertirse en terapista de personitas especiales que tengan problemas para oír y hablar. También quiere meter a la radio una buena canción, que le deje mucho dinero para abrir una clínica donde pueda atender a estas personitas con problemas, y donde lo mismo pueda atender a los que puedan pagar por sus servicios y a los que no. También canta precioso..."

Marysol pasó cuatro años con medicina alternativa para curar el cáncer que la había aquejado. En 2001 fue llevada por Anel a Cancerología, donde fue atendida y operada por el doctor Barrera Franco. "Gracias a dios el cáncer se había encapsulado en la parótida del lado izquierdo. Hablé con José antes de la operación y me dijo que iba a pedir un préstamo, pues no tenía dinero para costear la intervención quirúrgica. No hubo necesidad de recurrir a eso. El doctor Barrera Franco no nos cobró nada. Nos dijo que era un honor haber operado a Marysol. Su papá sólo pagó un día de hospital y al *staff* del doctor".

Pepito, por su parte, primero reacio, terminó igualmente por recibir a Cristo. Sucedió primero como parte de una historia de amor adolescente, por seguir a una bella y joven actriz cristiana, y más tarde por convicción propia. Se ha convertido en una importante figura joven en el mundo artístico musical de México. Ha participado lo mismo en obras de teatro que como solista, ofreciendo a su público el don inigualable de su voz. Herencia es destino, y él ha sabido conjugar muy bien la sombra de un nombre como el de su padre, junto a las bondades de su propio y singular talento. Su nombre artístico es José Joel. Con él se ha abierto paso en la industria del espectáculo. Es un homenaje a sus padres, ya que Joel se integra por la primera y última sílabas del nombre de sus padres.

Para Anel, "José Joel es un joven cristiano predestinado por herencia al vicio. Sin embargo, es un muchacho muy sano. Se ha convertido, además, en un gran apoyo para su hermana y para mí".

LA SANACIÓN

—Soy una mujer nueva, distinta –afirma Anel.

Encontró a Dios. Llenó el vacío que la angustiaba.

"Tal es la razón por la que decidí escribir este libro. Encontré, por fin, la razón de mi vida. Nunca supe lo que eso quería decir. Un día encontré a Cristo. Le dije: 'Señor, ya no puedo más. No tengo más que piezas de mi corazón tiradas por todas partes. La verdad, ya no puedo más. Vengo a ti y ante toda la gente a declararme pecadora, la más terrible pecadora. Ahora comprendo que te he ofendido a ti, que diste tu vida por mí en la cruz. Nadie ha podido darme en el mundo nada que saciara mi angustia. Que me quitara las afrentas a las que me he tenido que enfrentar. Que llenara ese vacío que siento desde que nací. Ahora comprendo el por qué de mis sueños sobre puertas que no se abrían. Me despertaba muy asustada y sudando de miedo. Ahora sé que esa puerta es Cristo. Gracias, Señor, porque mis hijos y yo siempre estemos llenos de tu Espíritu Santo. Que se haga en nosotros tu voluntad, Señor, y nada más. Así puedo hoy con mi vida. Rompo mis cadenas de atrasos para que yo misma, mis hijos y las generaciones que vengan estén para servirte a ti. Para decirles a todos nuestros hermanos, amigos y enemigos, ¡lo que tú has hecho con nuestras vidas!'".

Anel comprendió asimismo el verdadero significado de la Navidad:

"Tú eres la Navidad. Eres tú, Señor, el que nos regalas... Nos regalas la Salvación. Me resolviste el miedo horrible que le tenía a la muerte. Tú la venciste. Todo el mundo juega o evade el tema, pero lo cierto es que no sabemos como tratarlo".

QUIÉRANME. ACÉPTENME. EXISTO.

Anel escribió la siguiente oración el 23 de marzo de 1998, en los momentos en que Pepe y Marysol se encontraban en Miami:

—Yo estaba clavada en mi casa, inerte, apanicada y sola —explica sus razones para redactarla-. —Tomé papel y lápiz y escribí lo siguiente con el deseo profundo de entregárselo personalmente a Jesús y constatar que él me escuchaba. Mi corazón esperaba respuesta y consuelo. Le era verdaderamente necesario.

La oración lleva el siguiente epígrafe:

"Es, pues, la fe la certeza de lo que se espera, la convicción de lo que no se ve".

Hebreos 11:1

La empezó a las 7:40 de la mañana:

"Señor, haz que todo vuelva a tu verdad. Déjame regresar a tu casa, a tus brazos. Estoy sola y tengo mucho miedo. He pecado mucho, sí, Señor. Tengo 52 años y no sé cuál es el sentido de mi vida. Estoy sola y tengo miedo, por mí y por mis hijos, por lo que les pueda pasar. Temo no poder cuidarlos, protegerlos y educarlos como es debido, Señor. Mi carácter es fuerte, dicen. Pero en el fondo no sé ni lo que es carácter., pues de fuerte no tengo nada. Me pregunto quién eres. ¿Cómo eres? ¿Dónde vives? ¿Cuál es tu plan para mí? Tengo mucho miedo de todo. De la muerte, Señor. Me asusta la lápida, la tierra arrojada sobre la caja de mi cuerpo muerto. Siento la asfixia de la sepultura, el frío y la soledad del panteón. Señor, ayúdame. Estoy muy cansada. No me puedo mover. Sólo quiero llorar y no tengo consuelo. Necesito en este momento una mirada de amor sobre mi carne. Mis hijos no están aquí. Mi madre ha muerto. Mi papá vive pero ya es mayor. Mi nana Ana Luisa también murió. Y mi pequeña y amada hija Marysol, de sólo 16 años, tiene cáncer. Señor, no hay nadie que me mire con cariño. Tengo miedo. El mismo miedo de siempre. Quiéranme. Acéptenme. Existo. Ése ha sido mi llanto y mi petición desde que me acuerdo de mí misma, de Ana Elena, de aquella Ana Elena de cinco años, la que se abrazaba su madre fuertemente después de escuchar el portazo de mi papá que se iba. Ella lloraba con un llanto desesperado y yo también. Desde entonces escucho portazos. Así quedó presente ese dolor y esa angustia en mi corazón de niña, luego de adolescente y ahora de mujer. Tengo el mismo llanto de mi madre ante el resonar de esa puerta, que es la puerta de la pena y el desamor humano. ¿Cómo librarme de eso si antes no tenía antes otra cosa que mi infinita tristeza y profundo desprecio a la vida? Pero ahora yo te he tomado como Padre y tú a mí como tu hija y te creo. ¿Cómo te creo? Necesito creerte. Dame, por favor, la certeza en mi corazón. Déjame llenar mi alma contigo. ¿Dónde, Señor, está el alma en mi cuerpo? Físicamente, sí, dime, pues me duele el alma y también la piel.

Estoy muy cansada. Estoy muy cargada. Perdóname de lo que me acuerde y de lo que no me acuerde. Sí, fui horrible. Pero así me humillo ante ti y te pido que me llenes de tu Espíritu Santo y que se haga tu voluntad en mí.

"Abrázame, Jesús.

Amén".

POLVO ENAMORADO

Un día, el polémico Mauricio González de la Garza, quien les había escrito y regalado a José José y a Anel su canción "Polvo enamorado", le dijo:

—Eres muy inteligente, Anel.

Ella no lo creyó. Lo admiraba a él por tantos libros que había escrito: "en todo caso él es el inteligente, no yo", se dijo. Por supuesto, en su vanidad de mujer se sintió halagada por lo que consideró un piropo diferente, singular, un piropo que nunca nadie le había hecho antes, pero no lo creyó. Ella era una cara bonita, nada más. Una mujer afortunada, que había pasado de chacha a estrella del cine y la televisión. Una vedette. Y las vedettes no pensaban, ¿con ese rostro y ese cuerpo que los hombres aplaudían y admiraban, para qué? Nunca se consideró dueña de una gran inteligencia sino de muchos sueños. Pasó por la vida presa de dudas, más que de certidumbres, de miedos antes que de mostrarse valerosa ante las adversidades. Vivía la vida como venía. Así pecó, así amó, así sufrió, así triunfó, así se casó, así se enfrentó a la maternidad, así se quedó sola. No fue maliciosa sino ingenua. Se entregó por completo a un hombre pensando que iba a ser para siempre y terminó divorciada, con lágrimas de dolor en los ojos y en el corazón. Durante algún tiempo pensó que su vida no tenía sentido. A las preguntas fundamentales de ¿quién soy? ¿para qué existo? ¿adónde voy? ¿qué quiero?, no tenía la respuesta. Se pasó años y años de su vida, una vida intensa e interesante, tratando de entenderse a sí misma y a la vida.

La existencia le parecía dolorosa y absurda. Por eso no quería traer hijos al mundo. ¿Para qué? ¿Para que sufran? ¿Para que no sepan cómo llenar sus propios vacíos? ¿Para que mueran? Era un ser abatido por la incertidumbre. Sus sueños parecían haberse convertido en realidad, pero no era así. Vivía una existencia opulenta, sí, pero precaria. Tenía todo lo material que quisiera pero le faltaba lo espiritual. El alimento del alma. Por eso engordó. Por eso se prostituyó, porque tenía hambre de autos, departamentos, joyas, piropos. La vida con José José tampoco llenó ese vacío. Era polvo enamorado, sí, pero polvo al fin y al cabo, con sus ecos de tristeza y de tumba. El amor no triunfó. Nunca fue lo suficientemente poderoso para hacer cambiar a José José. Para los demás era un hombre atormentado por sus demonios. Un cantante guapo, millonario y exitoso. Para ella, que tenía que limpiar sus vómitos, que debía ver cómo se envolvía en su nube de mariguana, que debía ocuparse de sus crudas, era un hombre al que amaba pero que también sufría. Anel, en nombre de ese amor ("el amor más grande jamás sentido en mi corazón", como afirma), lo dejó todo e intentó hacerlo cambiar pero él se mantuvo lamentablemente en la *dolce vita*, en la fiesta eterna. La llegada de sus hijos no sirvió tampoco de mucho. Modificó en parte su afición al alcohol y las drogas, pero volvió a caer. Anel lo levantó, lo cobijó en su regazo, lo protegió de sí mismo cuantas veces fue necesario. Lo hizo una y otra vez, a través del gesto amoroso o la discusión matrimonial. Quería su bien y la de su familia. No lo logró. Un día se cansó y puso punto final a esa historia de alegrías y tristezas, de triunfos y fracasos, de borrachera y sobriedad. Se alejó del amor de su vida por un espíritu claro de sobrevivencia. Tenía más de cincuenta años y una necesidad enorme de vivir. Pero no sabía cómo. Durante un tiempo se sintió triste, deprimida. No quería levantarse de la cama ni salir nunca de casa. Su vida fue llorar y llorar. Lamentarse y sufrir. Hasta que encontró a Cristo. Fue un momento de revelación, sí, pero también de reconocimiento, de emociones puras y de una gran inteligencia. Por fin comprendió las palabras de Mauricio González de la Garza. Supo que había sido puesta a prueba. Que había caído a los abismos de la vida para levantarse con nuevos ánimos. Que pasó por su propio víacrucis personal para encontrar su redención. Pidió perdón. Se quitó los lodos del camino, las dudas y los miedos, su pasado lleno de errores, y entendió, por fin, que su vida tenía un sentido. Que era polvo, sí, pero polvo en Cristo y ya no le importaba.

EL ENSAYO DE MI VIDA

"Voy a cumplir 63 años y me encuentro milagrosamente mejor que nunca. Contemplo mi vida con otros ojos. Una vez, hace mucho tiempo, comenté mi deseo de escribir mi biografía y recibí el regaño. Mi paso por el mundo, me dijeron, merecía el silencio, la generosa lápida del misterio. Mejor ocultar mis errores y mis pecados. Piensa en tus hijos, argumentaron. Me pareció razón suficiente y callé. Lo hice por décadas. Pero la mujer que calló era otra, más frágil, más vulnerable, más temerosa, más niña. Sucede que he cambiado. He decidido hablar de mí no por vanidad sino por contradecir al destino de muchas mujeres obligadas a negarse a sí mismas porque escuchan la sempiterna y autoritaria voz que les dice: tu vida no vale. No es así. Todas las vidas valen. La mía no la creo peor ni mejor. Si la hago pública es por imaginar que puede ser de utilidad para otras mujeres que, como yo, tengan ese vacío en el alma que les quema y no les da alivio ni sosiego. Mi propia vida fue así. Lo tuve todo: joyas, riquezas, viajes, propiedades, hombres guapos y poderosos, la fama y éxito, así como el amor más grande del mundo. Pero algo no estaba bien. Engordé, me prostituí, me dejé llevar por lo material, y el hueco seguía ahí.

"Puedo decir ahora que mi vida fue una investigación, un constante ensayo. Sí, pero el ensayo de un crimen. Quería matar a Anel. No fue sino hasta el impacto de Cristo en mi vida que cambié esta percepción. Él me transformó por dentro y por fuera. Él me cambió.

"Hoy, sin mis armas (mi juventud y mi belleza), sin dinero (hoy mi economía es la centésima parte de lo que fue), el Señor me regaló la salvación y eso venció a la muerte. Hoy tengo la certeza de que mi destino es el cielo. Él me lo regaló, me dio una nueva ciudadanía en el cielo. Así que soy extranjera en el planeta Tierra. Por eso hoy vivo con muchísimas menos necesidades y apegos. Me conformo con tener algo de cada cosa. Un abrigo. Un auto. Una casa. Y sobre todo comida que me satisfaga. Mis clósets me sobran. Tengo unos zapatitos con suela de goma para caminar segura y sin caerme, pues a mi edad no me puedo dar ese lujo. Ahora, ¡botas y tacones sólo para las fotos! Tengo una persona que me hace la limpieza en casa una vez por semana. Vivo en mi misma casa de hace 29 años, y está más linda que hace 29 años. ¡Hay paz!

"Nunca tuve una educación formal, así que sumar y restar lo he aprendido en mis cuadernos, con un lápiz y una buena goma para borrar. Así es como también llevé mis aciertos y mis errores. No tengo tarjetas de crédito. ¡Ya no estoy gorda! Llegó a mi vida Margarita Aburto, propietaria y descubridora de un producto único en el mundo, que te modela el cuerpo sin dietas ni ejercicios, sólo con una loción herbal nacida de los estudios y el conocimiento acumulado por Margarita. Se congela para su aplicación y actúa como un borrador de grasa, dándote un masaje escultural. En catorce semanas muy intensivas, eso sí, me bajó de talla 20 a talla 6-8. ¡Increíble! Desde entonces soy el mejor incentivo para cientos de personas que, como yo, han tenido o tienen problemas con el sobrepeso. Visito todas sus concesionarias en la República y doy mi testimonio sobre los beneficios de este producto. También le pido a Cristo Jesús dominio sobre mí misma para no engordar y bendigo cualquier comida que entre por mi boca. A cinco años de distancia, aquí estoy: con talla 6-8, a Dios gracias, pues lleno asimismo de esperanza a todas mis gorditas que toman el tratamiento. El encuentro con Margarita Aburto fue de milagro. Tanto ella como yo teníamos 20 años en la misma ciudad y con la misma gente, como dice la canción de Juan Gabriel, y nunca habíamos coincidido. Hoy tengo la talla casi de cuando comencé a trabajar en TV, en 1967.

"Precisamente, porque ya no estoy gorda, fui a pedir de nuevo trabajo en la televisión, que tanto amo, pues fue mi sueño desde niña. Se hace otro milagro y aparece una hada madrina con el nombre de Ma Pat, quien me contrata para su telenovela *Yo amo a Juan Querendón*, con un papel súper importante, divertido y hermoso. Por otra parte, a principios de 2006, Silvia Pinal, a quien he admirado desde siempre como actriz y considero una de mis ídolos más grandes, tuvo a bien hacer un capítulo sobre mi vida en su serie *Mujer, casos de la vida real*. Rosita Salazar Arenas escribió el libreto, luego de escucharme hablar de mi lucha contra las anfetaminas. Parecen casualidades pero no lo son. Son milagros del Siglo XXI porque uno los pide con fe. Desde luego, se hace la voluntad de nuestro Señor. Vean: yo podría estar pesando 150 kilos, podría estar diabética y amargada. Pero no lo estoy. Hoy tengo la mejor vida que nunca. Tengo proyectos, tengo experiencia, y sobre todo, una forma inteligente de vivir. NO TENGO PRISA. Este es otro milagro en mi vida. Antes todo lo quería para ayer. Nunca aprendí a tener paciencia hasta que entendí que la paciencia es uno de los regalos del Espíritu Santo, tal y como se dice en Galatos 5:22. Al ser hija de Dios, él te la regala. Eso es pedir conforme a su voluntad.

"Erré, es cierto. Pero todo lo que me conforma, las alegrías y las tristezas, las borracheras y la sobriedad, el amor y el desamor, la calma y la tempestad, lo que se hizo bien y lo que se hizo mal, mis recuerdos y mi presente, mis muertos y mis vivos, constituyen parte de mi experiencia terrena, que he vivido únicamente para comprobar la presencia y el gran amor de Jesucristo en mi vida. Su templo es mi cuerpo. Ahora es armonioso y, sobre todo, sano.

Se dice que el perdón y la sanación existen. Recibí al Señor Jesucristo con alegría y humildad. La humildad es reconocer que no podía yo con mi vida. Hoy no siento ese vacío. Hoy tengo una nueva y gran familia que comparto con mis hijos. Sin templo ni denominación para reunirnos, nuestro grupo tiene un Pastor que es Jesús y un predicador que es Carlos Treviño. Nos reunimos en la sala de su casa o en la mía. Lo hacemos únicamente para seguir al Señor Jesucristo, quien nos instruye y nos hace vivir sus enseñanzas. Hoy tengo quien controla mi destino y quien rige un imperio espiritual que abarca una tercera parte del planeta tierra.

"Contemplo con desdén los dimes y diretes, chismes y noticias sensacionalistas de quienes buscan medrar con la existencia de los otros o de quien no está conforme consigo mismo y hurga en los demás el origen de sus males. Yo sí tengo voz para hablar, se trata de una voz decidida y poderosa, forjada en la adversidad y en la esperanza, pero la utilizo para alentar y educar lo mejor que puedo a mis hijos, y para hablar de las maravillas que Jesús hace en mí.

"Bien que han valido las vicisitudes que he tenido a lo largo de mi existencia, porque me han hecho llegar a tus brazos, Jesús.

"Hoy agradezco a mis padres haberme dado la vida. Yo también traje al mundo a dos hijos maravillosos, sanos, guapos y salvos, producto del amor de mi vida. ¡Gracias, José!

"No tengo herencia para dejarles a mis hijos, pero los dejo con su Padre Celestial que los amó y los ama muchísimo, incluso más que yo, y quien los querrá y proveerá hasta el día de su muerte. Con Él lo tienen todo, sin Él todo sería inútil.

"Gracias, Padre, por inspirarme esperanza y por enseñarme compasión al manifestarme tu amor. Yo estoy segura de que mis padres me amaron pero no me lo enseñaron. Por eso llegaste tú a mi vida, para que yo pasara la estafeta a Pepe y Marysol.

Ellos, talentosos por herencia, han hecho suya también tu palabra. Alegran la vida nocturna en la capital con sus canciones, pero no tienen vicios ni utilizan el alcohol y las drogas para vencer sus miedos o justificarlos. Amé y fui amada. Me entregué en cuerpo y alma al único hombre que he amado en verdad en mi vida. Después de él, nadie. Pero hay vida fuera de él. Por eso esta biografía es mía, no suya. En este sentido estoy contenta, plena, satisfecha. Tal vez mi vida no sea el mejor ejemplo, pero es mi vida, algo tiene de singular, sí, pero también de valor. He recuperado el brillo en mis ojos y mis labios hablan cosas agradables con sonrisas y consejos y ayuda a quienes me rodean. Ojalá alguien encuentre como yo la puerta angosta que lleva al lugar de paz y realización continua, pese a las circunstancias de cada día. Esa puerta es Jesús, quien carga nuestras existencias y nos muestra la verdad. Yo la encontré en Él. Es con Él con quien compartiré la eternidad en el cielo".

MI MÁS CARA POSESIÓN

"En la gaveta de mi clóset hay dos cajitas preciosas que hice de tafeta. Una azul, para Pepe, y una rosa para Marysol. Son las indicaciones para el día de mi muerte. Mi última voluntad. Dicen así:

José Francisco Carmelo Augusto:
Mi hijo amado. Quiero dejar en tu corazón el mío, con mi más cara posesión: la fe en el Señor Jesucristo. He aquí las instrucciones para mi funeral: da ese día la más hermosa predicación de regocijo y verdad, pues

yo ya estaré dormida en mi cajita. Te pido que me entierren. También, que vivas siempre con la certeza de que nos veremos y reconoceremos en el cielo.

Mamá.

"La de Marysol es igual. Lleva el mismo cariñño y las mismas instrucciones".

SOY ANEL Y SOY CRISTIANA

"Tuve muchos errores pero al final encontré el camino. Sé que los errores han quedado en el olvido para Dios. He relatado en este libro de mi nacimiento a mi funeral, una vida llena de sorpresas y de enseñanzas, y no me queda más que darle conclusión. Durante mucho tiempo me torturé preguntándome quién o qué era. Hoy lo sé. Soy Anel y soy cristiana.

"Gracias, José, por el tiempo de nuestras vidas que compartimos. La verdad, fui muy feliz a tu lado. Sin embargo, lo que más te agradezco es que, gracias a tu ausencia, llegué a los pies de Jesús".

ÍNDICE